suhrkamp taschenbuch
wissenschaft 720

Die Themen des vorliegenden Bandes variieren das neuzeitliche Leitmotiv der *alia ratio philosophandi* in jener Wendung, die es durch das auf Hegel gemünzte Diktum vom »Ende der Philosophie« genommen hat. Was mit Hegels System endet, ist der Weg zur »ersten« Philosophie als metaphysischer Gründewissenschaft, während das Denken nach ihm auf Gegenwegen zu seinem anderen Grund zurückfindet. Es sind Wege zu einer »zweiten« Philosophie, die heute nicht mehr im Gegensatz zur »ersten« steht, sondern sich »dazwischen« bewegt und im Überschreiten von Grenzen Grunderfahrungen des Lebens, der Geschichte, der Natur auslegt.

Manfred Riedel ist Professor für Philosophie an der Universität Erlangen-Nürnberg. Veröffentlichungen: *Theorie und Praxis im Denken Hegels*, Stuttgart 1965, [2]1976; *Zwischen Tradition und Revolution*, Frankfurt/M. 1969, [3]1982; *Metaphysik und Metapolitik*, Frankfurt/M. 1975; *Verstehen oder Erklären?* Stuttgart 1978; *Lineamenti di Etica Communicativa*, Padua 1982; *Fra Mito e Scienza. L'inizio della filosofia greca*, Neapel 1986.

Manfred Riedel

Für eine zweite Philosophie

Vorträge und Abhandlungen

Suhrkamp

CIP-Titelaufnahme der Deutschen Bibliothek
Riedel, Manfred:
Für eine zweite Philosophie :
Vorträge u. Abh. / Manfred Riedel. –
1. Aufl. – Frankfurt am Main :
Suhrkamp, 1988
(Suhrkamp-Taschenbuch Wissenschaft ; 720)
ISBN 3-518-28320-0
NE: GT

suhrkamp taschenbuch wissenschaft 720
Erste Auflage 1988

Satz und Druck: Wagner GmbH, Nördlingen
Printed in Germany
Umschlag nach Entwürfen von
Willy Fleckhaus und Rolf Staudt

1 2 3 4 5 6 – 93 92 91 90 89 88

Inhalt

ANHANG

Vorwort

Stößt Weltveränderung an Grenzen, dann sind sie zu erkennen. In ihrem Erkennen nimmt Philosophie Abschied von der Hoffnung, als hielten unsere Begriffe von der Welt einmal an und würden zu Bildern; als ließen Bilder sich anschauen ohne ihre Interpretation. An der Zeit ist dann keine »erste« oder »letzte Philosophie«, sondern eine »zweite«: *Hermeneutik in praktischer Absicht*.

Philosophie, die einmal überholt schien, erhält sich in der Zeit, wenn sie Erfahrungen der Zeit zurückholt. Vor diesem Hintergrund beleuchten die folgenden Studien die Lage des Denkens im Zeitalter der Wissenschaft (1.1), seine Regression zum Schulbegriff der Philosophie, der ihre Befreiung zum Weltbegriff in der Epoche von Kant und Hegel in Ost und West zurückgenommen hat. Ohne die Verlustgeschichte des Gedankens und seinen Verfall ins Spezialisten- und Fachmenschentum zu übersehen, teilen sie nicht die posthegelianisch-postmoderne Illusion vom »Ende der Philosophie«: als müßte sich das Denken nach der Vollendung bei Hegel im Anderen seiner selbst »verwirklichen«, in Wissenschaft oder Politik, in Kunst oder Technologie. Was mit Hegel zu Ende geht, ist nicht »die« Philosophie. Es ist ein durch die Entscheidung des Denkens zugunsten des Seins bestimmter Weg, der Denkweg der *ersten Philosophie*, die sich von Aristoteles über Descartes bis hin zur Cartesianisch geprägten Bewußtseinsphilosophie der Neuzeit und ihren letzten Ausläufern in der transzendentalen Phänomenologie von Husserl als philosophische Grundwissenschaft versteht. Diese These hat sich im Rückblick auf die verschiedenen Wege des europäischen Denkens seit den Griechen zu bewähren, die der Vortrag über den *Universalitätsanspruch der Wissenschaft* nachzuzeichnen sucht (1.2). Er ist auf der Suche nach einer *zweiten Philosophie*, die sich hinter jenen Wegen verbirgt. Mit diesem Namen bezeichnet Aristoteles gelegentlich, was der ersten Philosophie folgt, der Wissenschaft vom Sein als solchen (ὄν ᾗ ὄν), das heißt: von keinem Anderen (οὐχ ᾗ ἕτερον), das sich verändern kann. Sobald zu den Grundbestimmungen des Seins (der Einheit, Selbständigkeit, Unveränderlichkeit) eine andere hinzukommt, z. B. Bewegung und Veränderung, geht sie in eine »zweite« Wissenschaft über.

Aristotelisch ist das die *Physik*, die sich in der Hauptsache mit natürlichen Werdeprozessen des Belebten befaßt, mit allem, was in sich selbst ein Prinzip der Bewegung und Veränderung besitzt. Würde es kein prozeßfreies Sein geben, argumentiert Aristoteles, wäre die Wissenschaft von der Natur das Erste. Nacharistotelisch wird es die *praktische Philosophie*. Ist der Mensch das höchstwertige unter allen Lebewesen, dann sind Politik und praktisches Wissen die obersten Wissenschaften – ein Argument der Aristotelischen ›Ethik‹, das Aristoteles verwirft, während es die Neuzeit von Hobbes bis hin zu Marx als selbstverständlich akzeptiert. An ihre Stelle, so scheint es, tritt gegenwärtig die *Naturphilosophie*. Diesem Zusammenhang gehen die Studien über *Naturphilosophie und Anthropologie* und *Die Natur in der Theorie der Geisteswissenschaften* nach (II). Es sind Annäherungsversuche an Fragen des Verhältnisses von Natur und Geschichte des Menschen in einer veränderten Welt, die bis heute nicht einmal richtig gestellt, geschweige denn beantwortet sind. In welcher Richtung die Antwort gesucht werden könnte, zeigen die Untersuchungen im Umkreis der Studien über den *Hermeneutischen Weg zur praktischen Philosophie* (III) an. Sie sind, wie ich mir bewußt bin, Programm und in jeder Hinsicht ergänzungsbedürftig. Eine überzeugende Antwort zu finden fällt schwer, solange wir nicht die große Einsicht des späten Schelling zurückgewinnen, daß neben der ersten eine zweite Philosophie immer da war und bleiben wird; und daß diese weder mit dem »Sein« noch mit dem »Werden« zusammenfällt, sondern etwas »dazwischen« ist. Ihr auf die Spur zu kommen, dazu sind die vorliegenden Studien unterwegs.

Nürnberg, im November 1987 Manfred Riedel

Erster Teil
Begriffsgeschichte

Philosophieren nach dem »Ende der Philosophie«

Zur Sache des Denkens im Zeitalter der Wissenschaft

Von vorn anzufangen, – dies ist bis hin zu Hegel der Gestus europäischen Philosophierens gewesen. Womit, so hatte Hegel gefragt, muß der Anfang der Philosophie gemacht werden? Nach Hegel, von Marx und Comte bis hin zu Adorno und Heidegger, begleitet der Gestus nicht mehr die Rede vom Anfang, sondern vom Ende der Philosophie. Der Wechsel, durch das Vordringen von Wissenschaft und wissenschaftlich angeleiteter Lebensführung in Technik, Wirtschaft, Politik und Medizin hervorgerufen, zeigt an, was man gemeinhin eine Verlegenheit, in gehobener Sprache eine Aporie nennt. »Aporie« bedeutet ursprünglich die Not eines Reisenden, dem auf der Fahrt durch schwieriges Gelände plötzlich der Weg versperrt ist, auch die Lage desjenigen, der bei der Verteilung von Gütern ausgeschlossen wird oder sonstwie zu kurz kommt. Beide Bedeutungen umschreiben die Lage des Philosophierens heute. Nur die heutige Lage? Darauf sei im folgenden eine Antwort gesucht. Was ich versuche, ist eine Klärung der Lage unter dem Gesichtspunkt der Frage, worauf sich der Wechsel gründet. Mit welchem Recht, so möchte ich fragen, kann von der Philosophie gesagt werden, daß sie *in der Zeit endet* oder sich, wie Marx gemeint hat, geschichtlich »verwirklicht«? Der folgenreiche Satz vom Ende der Philosophie verweist auf eine sachliche Anfrage, nämlich darauf, wie *Philosophie im Zeitalter der Wissenschaft möglich ist*. Die Frage nach ihrer Möglichkeit ist selbst eine philosophische Frage. Sie ist, in gewisser Hinsicht, sogar die Grundfrage der Philosophie.

Um eine Antwort zu finden, müssen wir uns zuvor von der veränderten Wirklichkeit der Philosophie im wissenschaftlich-technischen Zeitalter Rechenschaft geben. Damit meine ich nicht den Satzbestand eines philosophischen Systems oder den faktischen Bestand verschiedener philosophischer Richtungen, die sich gegenwärtig unverträglich gegenüberstehen. Gemeint sind vielmehr Tatbestände, die auf einen Wandel von Rahmenbedingungen des

Philosophierens hindeuten. Was sich gewandelt hat, ist der *habitus cogitandi*, die äußere Gestalt von Philosophie. Philosophieren vollzieht sich heute *primär institutionell, im Rahmen von Großorganisationen der Wissenschaft* und damit unter *Rahmenbedingungen jener Gesellschaft*, in der *Wissenschaft*, nach den Prognosen von Marx und Comte, in der Tat zur *wichtigsten Produktivkraft* geworden ist. *Als soziale Institution des wissenschaftlichen Zeitalters* – so lautet meine erste These – *ist die Philosophie Wissenschaft unter Wissenschaften, ein Fach unter Fächern ebenso wie ein Beruf neben anderen Berufen einer hochgradig arbeitsteiligen Gesellschaft auch.*

Die These betrifft zunächst Probleme einer Soziologie des Wissens und der Wissenschaftssoziologie, die ich hier nur in Grundzügen andeuten kann. Sie stützt sich empirisch auf den historisch langfristigen Vorgang einer sozialen Institutionalisierung von Philosophie, der, den Prognosen von ihrem Ende genau entgegengesetzt, parallel zur Organisation von Wissenschaft in unserem Jahrhundert stattgefunden hat. Auffälligstes Symptom ist der planmäßig betriebene Ausbau einer marxistischen Schulphilosophie mit einer Vielzahl meist beamteter Anhänger, die seit der Oktoberrevolution von 1917 in der Sowjetunion, danach in China und anderen Ländern des Ostens, heute auch in Afrika und Lateinamerika entsteht. In den westlichen Ländern, voran in den USA, Großbritannien und Skandinavien, korrespondiert dem ein analoger, wenngleich mehr naturwüchsiger Institutionalisierungsprozeß. Während das revolutionär-marxistische Denken ironischerweise Traditionen vielfach weiter konserviert, zieht er hier, auf dem Hintergrund einer entschieden anti-hegelschen Opposition, jene Habitus-Änderung nach sich, die von Oxford-Philosophen, mit einiger Übertreibung, gern als »Revolution in der Philosophie« bezeichnet wird.[1]

Bis zum Ende des 19. Jahrhunderts, so hat man gesagt, teilten die Philosophen ihre Gedanken in normalen Tageszeitungen und Zeitschriften einer breiten Öffentlichkeit mit. Seither publizieren sie in philosophischen Fachzeitschriften oder in Akademie- und Kongreßberichten – eine Gewohnheit, die sie mit Physikern, Chemikern, Archäologen, Geologen oder anderen Spezialisten gemeinsam haben und die dazu führt, daß sich das Philosophieren zunehmend an Standards von Argumentations- und Beweistechniken sowie an Spezialproblemen mit fließender Grenze hin zu anderen Fachwissenschaften orientiert. *Diese* Revolution, die Institutionalisierung von Philosophie als Wissenschaft in der Gesellschaft, ist heute weltweit im Gang. Sie bedeutet eine mit traditionellen Gestalten des Philosophierens unverträgliche *Professionalisierung*, eine bis in Details von Routinearbeiten (wie Editionen, Kommentare, Dokumentation usf.) reichende *Partialisierung* und eine bereits weit vorangetriebene *Instrumentalisierung* des Denkens.

Die Symptome werden erst dann diagnostizierbar, wenn wir die historische Kennzeichnung: *Zeitalter der Wissenschaft* um eine weitere ergänzen. Unser Zeitalter ist nicht allein die Zeit der Großorganisation von Wissenschaft, ja nicht einmal die Zeit der großen Technik. An seinem Grunde ist es das *Zeitalter der »großen Politik«*. Mit dieser Kennzeichnung meine ich die Anfänge der Großorganisation von Herrschaft in unserem Jahrhundert, den Kampf um die Erdherrschaft, der das Ende der »kleinen Politik«, lokaler Staaten, kontinentaler Friedensgarantien und nationaler Kriege, voraussetzt. Grundzug des Zeitalters der großen Politik ist der weltweite Prozeß der Demokratisierung, der von den bürgerlichen Revolutionen der Neuzeit ausgegangen und heute in die Phase seiner Entscheidung getreten ist. Vordergründig der Machtkampf konkurrierender Herrschaftszentren, bewegt er sich im Hintergrund um das Prinzip »Demokratie«, das, um es so auszudrücken, der »Philosophie« der miteinander Kämpfenden gemeinsam ist. Jetzt erst, so drückt Nietzsche die neue Lage aus, »ist das Zeitalter der Zyklopenbauten! Endliche Sicherheit der Fundamente, damit alle Zukunft auf ihnen ohne Gefahr bauen kann!«[2]

Daß der Habitus des Philosophierens vom politischen Kontext eines Zeitalters geprägt ist, liegt auf der Hand. Wie schon Hegel notiert hat, sind die Philosophen des Altertums ursprünglich selbständige Individualitäten und ein eigener Stand in der Gesellschaft, während sich in der Folgezeit individuelle Selbständigkeit im Philosophieren, die Einheit einer Lebensform, mit beruflichen Ausdifferenzierungen der Stände verliert. Die Philosophen der Neuzeit leben in Institutionen des bürgerlichen Lebens, in Abhängigkeit von Arbeit, Amt und Beruf, oder sie sind Privatpersonen, deren Privatheit sie ebensowenig vom gesellschaftlich Allgemeinen isoliert. Während Hegel noch davon ausgehen mochte, der äußerlich fest gewordene Zusammenhang der Welt sei von solcher Macht, daß das philosophierende Individuum ihm angehören und sich doch zugleich, in der »Reflexionsform des Systems«, das Korrektiv einer inneren Welt erbauen kann, vergrößert sich danach der Zwiespalt im Leben des Philosophen. Sofern er uns nicht ausschließlich als Staatsbeamter entgegentritt, ist er entweder Rentner der neuen kapitalistischen Wirtschaft, der er einfach zuschaut (Schopenhauer), arbeitet im anderen Beruf (F. A. Lange), treibt nebenberuflich eine Fachwissenschaft oder wird, wie Nietzsche und andere nach ihm, freier Schriftsteller.[3] Heute ist die philosophische Lebensform teils zur freischwebenden des »Intellektuellen« zurückgebildet, teils ist sie hinter Zwängen des Wissenschaftsbetriebs ganz verschwunden.

Im Zusammenspiel von Wissenschaft und Politik ist die Sozialinstitution »Philosophie« mit dem Übergang zur modernen Welt aus ihrer vormals beherrschenden Stellung verdrängt und durch die Institution »Wissenschaft« ersetzt worden. Nicht die Logik des wissenschaftlichen Fortschritts allein, sondern der Demokratisierungsprozeß beschleunigt den Wechsel. Was wir heute »Erfahrungswissenschaft« nennen, ist bis an die Schwelle des 17. Jahrhunderts häufig Nebensache von Dilettanten, Amateuren und Abenteurern gewesen. »Erfahrung« war Sache der »Kunde« und »Kennerschaft« weniger, die aus dem Rahmen der Normalität europäischer »Schulen« und ihrer tradierten Wissenssysteme herausfielen. Erst im Zeitalter der vordringenden Demokratie wird Erfahrungskunde mit den geregelten Verfahren neuzeitlicher Wissenschaften institutionalisiert, zunächst an den Akademien der Aufklärung, danach an den Universitäten und technischen Hochschulen des 19. Jahrhunderts. Indem sie über die »große Politik« mit Technik und Wirtschaft in einen gesellschaftlich-geschichtlich folgenreichen Zusammenhang tritt, wird Wissenschaft, wie Max Weber erkannt hat, zum »Beruf«.[4] Über den Prozeß der Demokratisierung steht unser Zeitalter, wie kaum eine Zeit vorher, unter Wirkungen der Wissenschaft als Berufsinstitution, in der sich Philosophieren selber beruflich institutionalisiert. Die Aporie der heutigen Situation besteht jedoch darin, daß wir in einer Zeit steigenden philosophischen Interesses und expandierter Berufsphilosophien leben, ohne zu wissen oder auch nur gewissenhaft zu fragen, was »Philosophie« ist.

Fragen vom Typ: »Was ist Philosophie?« sind zweideutig. Sie können einmal besagen: Welche Klasse von Personen und/oder

Sätzen benennt das *Wort* »Philosophie«, – eine wiederum zweideutige Frage, die entweder meinen kann, wie es traditionell gebraucht wird, oder welchen Wortgebrauch wir selbst vorschlagen, – zuletzt eine Definitionsfrage, die als solche der Ersetzung durch das Wort »Wissenschaftstheorie« oder Gleichsetzungen mit Worten wie »Okkultismus«, »Mystik« usf. beliebig Raum läßt. Gleichzeitig weist die Was-Ist-Frage über rein terminologische Festsetzungen wie über Begriffsgeschichten hinaus. Wenn wir etwa fragen, was die Zeit oder was der Mensch ist, wollen wir nicht wissen, was das Wort »Zeit« und das Wort »Mensch« heißt; wir verlangen vielmehr nach Sachkenntnis. Wer so fragt, will also etwas über die Sache wissen, mit der es die Philosophie zu tun hat.

Auf die Gefahr hin, allzu einfach und damit leicht trivial zu werden, sei an dieser Stelle gesagt, daß Philosophieren eine Tätigkeit, nämlich *Denken* ist. Dasselbe meint Hegel, wenn er geistreich – und vielleicht deshalb aus umgekehrten Gründen der Situation nicht ganz angemessen – vom *Versuch, auf dem Kopf zu stehen*, spricht. Denken ist eine Tätigkeit, die ein »Können« aktualisiert, das mit anderen Tätigkeiten vergleichbar und von ihnen zugleich unterschieden ist. Während es einige Dinge gibt, die wir auch ohne nachzudenken tun, z. B. einen Kopfstand machen, die Füße bewegen, verdauen, können wir andere ohne Denken entweder gar nicht oder wenigstens nicht »gut« tun, z. B. ein Gedicht machen, ein Haus bauen, kochen. Obwohl es niemand einfallen wird, das zum Hausbauen oder Kochen nötige Denken »philosophisch« zu nennen, liegt es nahe, das Philosophieren, wie jede andere Tätigkeit auch, als eine Art »Tatsache« zu betrachten, die als solche analysiert und der Definition dessen, was Philosophie ist, zugrunde gelegt werden kann. Eine der Besonderheiten der Philosophie besteht jedoch darin, daß sich die Frage, was sie ist, nicht unabhängig davon beantworten läßt, wie sie sein soll. Was von der Kochkunst gilt – daß sie immer auch Versuch ist, die Aktualisierung eines Könnens, das sich in Übereinstimmung mit Standards einer »guten Küche« zu bringen sucht –, gilt nicht minder vom Philosophieren. Es läßt sich formal als ein Können definieren, das sich bei jedem Aktualisierungsschritt in der Spannung zwischen Sein und Sollen bewegt. Damit stellt sich die Frage nach dem *modus cogitandi*, der spezifischen Weise philosophischen Denkens. Wer philosophiert, tut dies immer schon »inmitten« von Wissen, er weiß, daß er etwas weiß und zugleich nicht weiß, aber wissen will und, recht verstanden, auch wissen soll. Wir sprechen hier von *Mit-wissen* oder von *immanenter Reflexion*.

Die Tätigkeit des Philosophierens – so behaupte ich in einer *zweiten These* – *ist unabhängig von einer wie auch immer beschaffenen Institution; sie vollzieht sich ursprünglich, im Modus immanenter Wissensreflexion. Als Reflexion ist Philosophie keine Wissenschaft unter Wissenschaften, auch nicht Wissenschaftstheorie, Synthese von Fachwissenschaften oder monarchische Grundwissenschaft, sondern Klärung und Rechtfertigung jenes reflexiven Mit-wissens, das sich analog auch in anderen Gestalten ausbildet und diese zur Einheit einer gesellschaftlich-geschichtlichen Kultur verbindet.* Die Elemente des Wissens, das in methodisch-wissenschaftlicher Gestalt intersubjektiver Prüfung und allgemeiner Zustimmung fähig ist, sind: 1. *Beobachtung*, 2. *Experiment*, 3. *Symbolkonstruktion* und 4. *Überlieferung*. Zu ihnen tritt 5. *Reflexion*, – für die Wissenschaft das »letzte« Element, das sie, so viel als immer möglich, ausschalten muß, für Philosophie das »erste«, dem sie – ein stets aporetisches, zu keiner Zeit voll realisiertes Unterfangen – die Gestalt von Wissenschaft zu geben sucht.

Philosophie und Wissenschaft, so möchte ich gegenüber einer heute weit verbreiteten Auffassung behaupten, sind in der europäischen Tradition des Philosophierens keineswegs fraglos eins gewesen.[5] Obwohl über Gründe- und Beweisforderungen von Anbeginn mit Wissenschaft verbunden, stellen sich Begründungsprobleme des philosophischen Wissens stets anders dar, von Thales bis Epikur ebenso wie von Descartes bis Kant und von Hegel bis Whitehead und Habermas. Klassische Beispiele für die Fraglichkeit ihres Verhältnisses sind Platos Kritik am hypothetischen Verfahren der Geometer oder Kants Diktum, in den Wissenschaften sei nur soviel Wissenschaft enthalten, als Mathematik darin ist, – nicht etwa Philosophie, deren Begriffsbildung stets reflexiv und damit außerhalb der Grenzen strenger Wissenschaft verläuft.

Zum Aufbau der Wissenschaft aus ihren Elementen gehört, und zwar methodisch, infolge der Vielzahl von Prüfverfahren, wie sachlich, infolge generischer Verschiedenheit der Wissenselemente, arbeitsteilige Vielheit. »Die« Wissenschaft existiert nicht, es existieren nur *Wissenschaften*.[6] Es gibt daher auch keinerlei

Einheitswissenschaft, wie es umgekehrt keine philosophische Fachdisziplin für alle Wissenschaften, unter dem Titel: »Wissenschaftstheorie«, geben kann. Möglich – und in gewissem Umfange stets »wirklich« – sind dagegen Reflexionen auf Einzelwissenschaften und zusammengehörige Wissenschaftsgruppen, – ein Geschäft, das, über fachwissenschaftliche Methodenlehren hinaus, immer nur vereinheitlichende Theorien mit begrenzter Geltungsweite hervorbringt und sowohl von philosophierenden Wissenschaftlern als auch von wissenschaftlich ausgebildeten Philosophen wahrgenommen wird. Im Gegensatz zu den nicht-reflektierenden Wissenschaften ist die Reflexion der Philosophie auf sie selbst untrennbarer Bestandteil der Philosophie, – einer der Gründe für die vergleichsweise intensive Beschäftigung mit ihrer eigenen Geschichte. Reflektiert etwa ein Physiker wie Heisenberg auf die Geschichte und Theorie seines Fachs, so tut er dies nicht mehr in seiner Eigenschaft als Wissenschaftler, der dem Satzbestand der Physik etwas hinzufügt, er tut es als Philosoph. Ähnlich ist auch die Theorie der Geschichte kein Problem der Geschichtswissenschaft, sondern der Philosophie, – was den Historiker nicht daran hindern wird, propädeutische Aufgaben philosophischer Fachdisziplinen zu ergänzen und im Nebenberuf Geschichtstheorie zu treiben. Dagegen sind Theorie und Geschichte der Philosophie für sie selbst ein Problem, und zwar nicht nur eines unter anderen, sondern ein Grundproblem des Philosophierens, das ihm von Anbeginn zur Lösung aufgegeben ist.

Wer unter »Wissenschaftstheorie« die Nachfolgedisziplin der Philosophie versteht, mißversteht daher sowohl die Wissenschaften als auch die Philosophie. Nicht minder folgenschwere Mißverständnisse enthält das aus der Philosophie selbst hervorgegangene Konzept der Letztbegründung, das teils in den historisch wechselnden Gestalten einer Universalwissenschaft, mit dem Namen »Metaphysik«, teils in der Gestalt von Partialwissenschaft auftritt, – in Orientierungen philosophischen Denkens an universalisierten Fachdisziplinen wie der Mathematik, Psychologie, Geschichte, Soziologie und – neuerdings – der Linguistik. Während dort die Elemente strengen Wissens oft aus dem Blick geraten oder sich im Wirbel subjektiver Reflexion auflösen, werden hier Wissensfundamente in Abhängigkeit von partialer Begriffsbildung gelegt. Auf beiden Seiten bleibt das Ergebnis unbefriedigend: entweder die reflexive Überanstrengung des Denkens bis hin zu willkürlicher Begriffsspekulation oder begriffsblindes Reflektieren, das sich an eine Wissenschaft – meist die gerade modische – fixiert.

Nachdem in den Grundlagenkrisen unseres Jahrhunderts die Wissenschaften selbst reflexiv geworden sind, haben sich diese Gestalten als haltlos und damit in der Tat als Endgestalten der Philosophie im Zeitalter der Wissenschaft erwiesen. Die Alternative zur Wissenschaftshörigkeit, die sich in ihnen dokumentiert, ist jedoch nicht der anarchische Ausbruch in Wissenschaftsfeindschaft oder Flucht in den Mythos, sondern Rehabilitierung des Philosophierens als eines spezifischen Könnens, das sich in der Situation des »Endes« wieder an seinem Anfang und damit – vielleicht – am tatsächlichen Können der Wissenschaften orientiert. Unter diesem Gesichtspunkt ergibt sich als *dritte These: Was Philosophie mit Wissenschaft verbindet, ist weder Methodenzwang noch endliche Sicherheit der Fundamente, sondern methodische Skepsis, verstanden als Wissen darum, die Wissenschaft nur vorläufig zu besitzen und sie immer erst noch zu suchen. Die Suche nach Wissenschaft heißt »Forschung«; sie umschreibt zugleich die Praxis immanenter Wissensreflexion.*

»Forschung« ist einer jener Begriffe, die im Zeitalter der Wissenschaft am häufigsten gebraucht, aber am wenigsten bedacht werden. Der moderne Staat, in den Prozeß der »großen Politik« hineingezogen, betreibt Großforschung, die er an Wissenschafts-Institutionen delegiert. Man spricht von »Grundlagenforschung« und »angewandter Forschung«, von »Forschung in der Hochschule« und vom Grundsatz der »Einheit von Forschung und Lehre«. Die Gedankenlosigkeit reicht weit, – bis hin zum Standardwerk philosophiehistorischer Gegenwartsforschung, das, zwischen »Formwechsel« und »Fortschritt«, einen Artikel über »Fortpflanzung«, nicht aber den Begriff »Forschung« kennt.[7]

Seine Geschichte soll hier nicht nachgetragen, wohl aber darf daran erinnert werden, daß noch zu Humboldts Zeiten »Forschen« für »etwas vollständig zu erkennen streben« stand. Das Forschen, sagt Humboldt, »wenn es die Gründe der Dinge, oder die Schranken der Vernunft erreichen soll, setzt, außer der Tiefe, einen mannigfaltigen Reichtum und eine innige Erwärmung des Geistes, eine Anstrengung der vereinten menschlichen Kräfte voraus«.[8] Es handelt sich um ein »Können«, das spezifisch menschlich ist oder den Menschen im Ganzen betrifft, weil es

sich inmitten von Gründe-Wissen stets auch am Abgrund des Nicht-Wissens entlang bewegt.
Wer forscht, weiß etwas, um weiter wissen zu wollen, er weiß, daß jede Wissenschaft durch Nicht-Wissen begrenzt ist. Wer nie Begrenzungen gesehen und niemals an Grenzen gestanden hat, der wird die Wissenschaft nicht voranbringen und insofern nur Lehrer, kein Forscher sein, – wenn wir darunter die Fähigkeit verstehen, Bekanntes in Frage stellen und noch nicht Bekanntes durch Weiterfragen entdecken zu können.
Forschen hat nicht nur mit methodischer Disziplin, es hat – neben Phantasie und Neugier – mit methodischer Skepsis zu tun. Während der Skeptiker gewöhnlich Zweifelsübungen an allem und jedem anstellt, um sich dann auf ein absolut sicheres Fundament – entweder des Wissens (Descartes) oder nicht-wissender Skepsis – zurückzuziehen, ist der Forscher jemand, der radikal zweifelt. Im Unterschied zum bloßen Skeptiker stellt er noch den Zweifel in Frage, indem er fragt, was er tut, wenn er zweifelt, und ob er auch radikal, etwa am Zweifel selbst, zweifelt. Methodisch-skeptisches, auf Untersuchung und nicht Zweifel oder Gewißheit gerichtetes Fragen-Können ist konsequenter Skeptizismus, der geschichtlich am Anfang der antiken Philosophie wie am Anfang neuzeitlicher Wissenschaft auftritt. Dem Skeptizismus, der in der Bewegung des Untersuchens bleibt, verdankt sich der Begriff »Forschung«. Er bezeichnet eine Praxis, die Wissenschaft und Philosophie gemeinsam ist.
Daraus leitet sich eine *vierte These* ab: *Wer philosophiert, verhält sich weder skeptisch oder alles Behaupten in Frage stellend noch dogmatisch oder jede Behauptung begründend, sondern zetetisch oder forschend: Behauptungen untersuchend. Als Forschung bezieht sich Philosophie nicht auf eine wie immer verstandene Wirklichkeit des Wissens, das »Faktum der Wissenschaft«, sie ist auf mögliches Wissen und insofern auf eine ihrem Wissenschaftsstatus nach problematische Idee von Wissen überhaupt bezogen.*
Daß Philosophie selbst nicht Wissenschaft, sondern im ursprünglichen Sinne »Forschung«, d. h. als mögliche Wissenschaft erst noch zu suchen sei, – dies ist eine Voraussetzung, die am griechischen Ursprung des Philosophierens selbstverständlich, in der Neuzeit hingegen umstritten, ja zuweilen ganz vergessen ist. Sie ergibt sich aus der Lage desjenigen, der in der Aporie, nämlich bei der Aufteilung der verschiedenen Wissenschaften und Wissen-

schaftsgebiete zu kurz gekommen ist oder sich jedenfalls nicht im Besitz einer Wissenschaft, sondern zu ihr auf dem Weg und damit immer schon in schwierigem Gelände weiß. Ihr entspringt der Begriff »Philosophie«. Vor Platon mit vielerlei Nebenbedeutungen verbunden, bezeichnet er im Verlauf des Platonischen Philosophierens die Sokratische Einsicht, daß der Mensch weder jemand ist, der ohne Wissen sein Leben führt, noch jemand, der über das zur Lebensführung notwendige Wissen vollständig verfügt.[9] Wer, wie ein Gott, das Ganze des uns möglichen Wissens wirklich weiß, oder in der Nachahmung göttlichen Alles-Wissens das Wirkliche ganz zu wissen meint, philosophiert ebensowenig wie der Fachmann, der sein Teilwissen genau weiß. Nicht ein Gott oder der Fachmensch, auch nicht der sogenannte Kulturmensch, der Mensch philosophiert. Er ist stets Mensch *inmitten* einer gefährdeten Kultur, deren heutige Lage im Spannungsfeld der Weltmächte durch das Zusammenspiel von Wissenschaft und »großer Politik« entschieden wird. Wozu, in dieser Lage, Philosophie?

Im Unterschied zu Heidegger, der »Philosophie« mit »Metaphysik« und diese mit ihrer »Aufhebung« in Wissenschaft und Technik gleichsetzt,[10] aber auch im Gegensatz zu Popper und manchen anderen Anhängern der Wissenschaftstheorie, die darin nur Konventions- und Definitionsfragen zu sehen geneigt sind,[11] scheint mir zur Beantwortung dieser Frage eine Besinnung auf die streng-begriffliche Fassung des *Wortes* Philosophie und seinen Zusammenhang mit der Aporie des Menschen in der geschichtlichen Kultur unumgänglich zu sein.

»Kultur« bedeutet formal den Inbegriff des den Menschen eigenen Könnens, die Natur und von ihr vorgezeichnete Anlagen zweckmäßig zu gebrauchen. Wenn wir unter »Philosophieren« Denken-Können verstehen, scheint Denken, nicht anders als Essen und Zeugen, eine Naturanlage zu sein. In Analogie zum Nahrungs- und Geschlechtstrieb spricht man denn auch von einem Erkenntnistrieb des Menschen. Ohne mich in anthropologische Untiefen zu verlieren, ziehe ich mit Kant vor, hier von »Erkenntnisvermögen« zu sprechen. Wer denkt, »kann« etwas, das er zugleich immer besser zu können versucht, er hat es mit einer eigentümlichen Sache, der *res cogitandi*, zu tun. Damit schließt sich unsere Besinnung an die bisher gegebenen Begriffsbestimmungen an. Denken, so haben wir gesagt, vollzieht sich im Modus immanenter Reflexion, die sich in Wissenschaft und Philosophie als Forschung darstellt. Im Zeitalter der Wissenschaft, so haben wir weiter gesagt, vollzieht sich Forschung organisiert, im Rahmen von Wissenschafts-Institutionen und deren Hilfsmitteln, Apparaten und Aufträgen. Die Forschungsziele der Wissenschaft sind wohldefiniert: Sie stellt methodisch überprüftes Wissen bereit, das grundsätzlich von jedermann angenommen, zur Grundlage weitergehenden Forschens dienen, damit die Kenntnisse des Menschen von sich selbst und der Welt vermehren und so, in einem offensichtlich ganz unproblematischen Sinne, seinen Erkenntnistrieb befriedigen kann. Was ist demgegenüber das Forschungsinteresse der Philosophie?

Es ist eine »Sache«, die als solche zuerst inmitten der griechischen Kultur bezeichnet und in den Dialogen Platons mit dem Namen *Sokrates* verbunden worden ist. Die Sache (pragma), die Sokrates in Verruf und zuletzt vor Gericht bringt,[12] ist nichts anderes als *das Vermögen, selbständig zu denken* und *Selbstverständliches in Frage stellen zu können*, und bei Gelegenheit dieses Beispiels darf man sich wohl darauf berufen, daß auch das deutsche Wort »Sache« auf »Gerichtsstreit«, »Verhandlung«, »Auseinandersetzung« hindeutet. Mit Rücksicht auf eine der miteinander streitenden Seiten ist die Sache gewöhnlich »ihre Sache«, von der wir sagen, daß sie jemand zur seinigen machen, vertreten oder verteidigen kann. Im Philosophieren hingegen sind es nicht Parteisachen, es ist die »Sache selbst«, die strittig ist. Nicht von den Philosophien, so hat zu Beginn unseres Jahrhunderts Husserl verkündet, sondern von den Sachen und Problemen muß der Antrieb der Forschung ausgehen.[13] Was sie am Grunde antreibt, läßt sich freilich weder mit Parolen noch durch Etymologie erklären. Ich versuche eine Antwort, indem ich die globalen Behauptungen über das Verhältnis von Wissenschaft und Philosophie anhand einiger Gemeinsamkeiten und Unterschiede zwischen *wissenschaftlicher* und *philosophischer Forschung* weiter differenziere.

Wie das Genus »Forschung« schon andeutet, haben beide mit Sachen und Problemen zu tun. »Problem« ist der schwächere Ausdruck für »Aporie«, die Verlegenheit des Nicht-Wissens, die zum Forschen antreibt. Der Fachmann einer Wissenschaft ist wie der Philosoph Forscher, der, bestimmte Sachverhalte untersuchend, für bestimmte Probleme Lösungen sucht. Was den Forscher auszeichnet, ist Problembewußtsein, d.h. sein Vermögen,

Probleme dort zu sehen, wo sie ein anderer vor ihm nicht gesehen hat, und die Probleme »richtig«, nämlich so zu sehen, daß eine Lösungsaussicht besteht. Was die Forschung irreleitet, ist auf seiten der Philosophie der Schein, den die Richtung ihrer Probleme auf das Ganze des uns möglichen Wissens leicht erzeugen kann, – der illusionäre Schein, als hätte sie es nur mit Aporien, den sogenannten »ewigen« oder »unlösbaren« Problemen und darin mit der »Sache selbst« zu tun. Auf seiten der Wissenschaft entspricht dem die Illusion des Fachmenschen, der die Begriffe und Methoden einzelwissenschaftlicher Problemlösungen für das Ganze hält, – eine Verwechslung, der sich jedoch mehr der logisch und hermeneutisch ungebildete Dilettant, der eigentlich so zu nennende »Fachidiot«, als der wirklich wissende Fachforscher, der niemals Fachidiot sein kann, schuldig macht.
Philosophische und wissenschaftliche Forschung unterscheiden sich weniger hinsichtlich der Elemente, in denen sich Wissenschaft aufbaut; der Unterschied liegt in der Methode, die im philosophischen Forschen auf Reflexion beruht. Die Wissenschaften beziehen sich auf partikulare Gegenstände und Gegenstandsbereiche, denen unabhängig davon, ob und wie sie erforscht werden, Existenz zukommt. In bezug auf existierende Sachverhalte bilden systematische Beobachtung, experimentelle Kontrolle, metrische Beschreibung und historische Quellenkritik in Verbindung mit Regeln des logischen Folgerns und hermeneutischen Verstehens Methoden, die Probleme begrenzen und dadurch überprüfbares Fachwissen produzieren. Dagegen kann sich die Philosophie, soweit sie sich nicht als Partialwissenschaft mißversteht, weder auf einen bestimmten Gegenstand bzw. Gegenstandsbereich noch auf eine bestimmte Methode oder Methodenkombination stützen. Sie bedient sich reflektierender Methoden von höchst unterschiedlicher Leistungsfähigkeit und Reichweite, um Problemisolierungen und methodisch verfestigtes Wissen, das immer zugleich Nicht-Wissen und dadurch spezifisch fachwissenschaftliche Begrenzungen produziert, wieder aufzubrechen.
Im Gegensatz zur wissenschaftlichen Forschung, die ihre Gegenstände stets außerhalb ihrer selbst aufzeigen kann, fällt der Gegenstand philosophischer Forschung, um es so auszudrücken, in die Philosophie selbst: Philosophieren heißt im buchstäblichen Sinn die Philosophie »setzen« oder als solche erst »hinstellen«, nämlich Nicht-Wissen in der Richtung auf mögliches Wissen

»thematisieren«. Da die Philosophie, genaugenommen, keinen Gegenstand hat, ist die Frage nach einem Gegenstand der Philosophie ebenso sinnlos wie die im Zusammenhang mit der These von ihrem Ende auftretende Behauptung, sie habe ihn mit dem Übergang zur Moderne durch Ausdifferenzierung an die Fachwissenschaften »verloren«. Um Mißverständnisse zu vermeiden, sprechen wir nicht von einem Gegenstand, sondern vom *Thema der Philosophie*.[14] Philosophische Forschung kann weder Wissen über existierende Sachverhalte oder neue Tatsachen bereitstellen noch diese dem von ihr gesuchten Wissen subordinieren. Ihr Thema ist das dem Menschen mögliche Wissen, verstanden als eine *andere Art von Wissen*, das nicht unter dem Gesichtspunkt von Tatsachen, sondern von *Grundannahmen über Wissens- und Handlungsnormen* strukturiert ist. Dieses zumeist bereits vor- oder außerwissenschaftlich strukturierte Wissen heißt herkömmlich *praktisches Wissen*. In Verbindung mit Logik und Hermeneutik ist *praktisches Wissen das einheitliche Thema der Philosophie*, das sich stets zu einer Vielheit von Themen auseinanderlegt. Neben Sprache, Geschichte und Religion ist es die Frage nach dem »guten Leben«, der Ethik, Technik und Politik, die das Philosophieren als Dauerthema bewegt. Philosophie, so würde ich deshalb kurz definieren, ist *Mitwissenschaft des Multiversums einer geschichtlichen Kultur*.

Vermutlich gründen diese Unterscheidungen zuletzt im unterschiedlichen Verhältnis der wissenschaftlichen und philosophischen Forschung zur *Sprache*, so daß ich der immer noch sehr unzulänglichen Skizzierung unserer Ausgangsfrage abschließend eine *fünfte These* hinzufüge: *Während den Wissenschaften aus der sprachlichen Darstellung keine in ihren eigenen Gegenstandsbereich fallenden Probleme erwachsen, ist die Sprache für das Philosophieren ein methodisches Problem, das unmittelbar zu ihren Sachproblemen gehört.*

Die Sprache – das hat, lange vor der »linguistischen Wende« des Philosophierens in der Mitte dieses Jahrhunderts, bereits Wilhelm von Humboldt erkannt – ist jenes universale Element, das alle möglichen Wissenselemente, von der schlichtesten Alltagsbeobachtung bis hin zu philosophisch-subtilster Reflexion, noch umgreift: Ohne Wissen keine Sprache, aber ohne Sprache auch kein Wissen, weder Wissenschaft noch Philosophie. Sie ist zunächst Voraussetzung und tragender Grund für den Prozeß der Forschung, der erst in der Darstellung, durch das gesprochene oder geschriebene Wort, Gestalt erhält. Für die Sachverhalte, die sie entdeckt, benötigt jede Wissenschaft eine Fachsprache oder Terminologie. Eine fachwissenschaftliche Terminologie ist weder selbst Sprache noch ein spezieller Teil der Sprache, sondern – in verschiedenem Grad – ein Symbolismus ähnlich dem der Mathematik. Er setzt eine Sprache voraus, die ihn interpretiert, da die Termini einer Fachsprache bekanntlich nur durch Definition verständlich sind, und um nur *einen* Terminus zu definieren, benötigen wir schon Sprache. Die Sprache ist ferner *Gegenstand verschiedener Wissenschaften*, in ihrer Vielgestaltigkeit der *Philologien*, als sie selbst der allgemeinen *Linguistik*. Sie ist zugleich *Thema der Philosophie*, – vielleicht *das* Thema des Philosophierens heute, im Zeitalter der Wissenschaft und großen Politik, dessen Gewicht an dieser Stelle freilich nur noch angezeigt werden kann.

Während die Sprache Element des umgreifenden Allgemeinen einer geschichtlichen Kultur ist, schließen terminologische Fachsprachen einander aus. Wechselseitige Ausschließung ist logisches Merkmal auch ihrer einzelnen Bestandteile. Ein Wort wird erst dann zum Terminus einer Wissenschaft, wenn es eine festgelegte, konstante Bedeutung besitzt, die wechselseitiges Überschneiden mit anderen Termini ebenso ausschließt wie wechselweise Bestimmungen von Wörtern, die für den Fortgang eines Gesprächs charakteristisch sind. Im Kontext wissenschaftlicher Aussagen *müssen* Termini einander wechselseitig ausschließen, sofern ihre Sachverhalte entsprechend scharf getrennt sind. Das gilt nicht nur für empirische Wissenschaften wie die Biologie, deren Sachverhalte entweder Pflanzen oder Tiere, unter diesen entweder Wirbellose oder Wirbeltiere sind; in schärferem Maße – die Empirie kennt immer Übergänge – gilt die Regel wechselseitiger Ausschließung für Strukturwissenschaften wie die Geometrie: Linien sind entweder gerade oder gekrümmt, keine Linie kann beides zugleich oder ein drittes sein. Während die Wissenschaften stets um die Entwicklung einer die Vieldeutigkeit vermeidenden Terminologie bemüht gewesen sind, ist die Philosophie von Anbeginn einen anderen Weg gegangen. Soweit sie überhaupt Termini bildet, haben sie ihre Bedeutung immer wieder gewechselt, und zwar in einer Weise, die das genaue Gegenteil von dem zu sein scheint, was die Wissenschaften tun: durch kritisches Aufbrechen

von Terminologien oder Bedeutungserweiterung von Termini, die sie wieder dem Sprechen, der Sprache des lebendigen Gesprächs, annähern.
Wer darin einen Abweg von den Wissenschaften oder auch umgekehrt einen Beweis von Überlegenheit und Stärke sieht, der wird leicht dazu neigen, die methodische Schwierigkeit der Philosophie und das ihr eigentümliche Sachproblem zu übersehen. In den Wissenschaften – ich darf das wiederum an einem Beispiel erläutern – sind sprachliche Ausdrücke für Wissen und existierende Sachverhalte verschieden. Der Satz: »Ich weiß, daß die Lichtgeschwindigkeit c die höchste Geschwindigkeit für die Bewegung von Massen ist« heißt: »Die Geschwindigkeit von 299 790 km/s ist eine Grenzgeschwindigkeit, und ich weiß das«. Nicht so in der Philosophie. Sagt jemand beispielsweise: »Ich weiß, daß die Würde des Menschen oberstes Verfassungsgut ist«, so kann dies zwar auch heißen: »Der Satz steht in Art. 1 des Grundgesetzes, und ich weiß das«. Aber diese Deutung, die ihn strukturell auf die gleiche Ebene wie den Satz über Grenzgeschwindigkeiten bringt, nimmt den Satz gerade nicht als das, was er ist: als *praktischen Satz über eine Grundannahme*, von der wir in gewisser Hinsicht immer schon wissen, die aber nur *denkend*, durch *Reflexion auf den sprachlichen Ausdruck* und die durch ihn *gemeinte Sache zu erfassen und verständlich zu machen ist*. Das Wort »Würde« bezeichnet weder einen unabhängig vom Sprecher existierenden Sachverhalt, noch meint es ein Rechtsgut neben anderen Rechtsgütern, das sich von ihnen dadurch unterschiede, daß es das oberste Gut wäre. Es handelt sich vielmehr um einen an ihm selbst unbestimmten Inbegriff von Rechtsgütern, der begrifflich stets weiter zu explizieren und auszulegen ist – *das* Rechtsgut oder die »Sache selbst«, philosophisch gesprochen: ihr Begriff. Wenn der Sprecher sagt, daß der Schutz der Menschenwürde oberstes Verfassungsgut sei, so spricht er damit, auch ohne Philosoph zu sein, einen philosophischen Begriff aus. Aber er macht zugleich eine Grundannahme; er nimmt nämlich an, daß der Mensch *Person* und als solche Anfangs- und Grenzbegriff aller möglichen Sach- und Rechtsgüter einer geschichtlichen Kultur, daß er, anders gesprochen, *Subjekt von Menschenrechten ist*. Und diese Grundannahme, die Sache, worauf sich der Begriff bezieht, ist bekanntlich strittig. Sie wird jedenfalls immer wieder in Frage gestellt, weshalb auch ihr sprachlicher Ausdruck nicht so unmittelbar ver-

ständlich und klar ist wie der sonst analoge Ausdruck über die Lichtgeschwindigkeit c. Begriffe dieser Art und die ihnen zugrunde liegenden Annahmen verständlich zu machen, – das ist, im Zeitalter der Wissenschaft und großen Politik, die Aufgabe der Philosophie.

Ich berühre damit nichts eigentlich Neues, sondern das Älteste des Alten, mit dem Philosophie im Kampf gegen Verkehrungen des Denkens durch die Sophistik allererst beginnt: das Problem der Begriffsbildung in Wissenschaft und Philosophie. Strukturell neu an der heutigen Lage ist ein anderes: der Versuch, dieses Problem und damit die Möglichkeit philosophischen Sprechens unter Verwendung fachwissenschaftlicher Terminologie voreilig aufzulösen oder mit anderen Mitteln, ohne methodisch strenge Begriffsreflexion, zu umgehen. Philosophieren ist nicht zufällig, sondern wesentlich ein sekundäres Tun, das sich im Bereich der Sprache und der in ihm niedergelegten Begriffe bewegt. *Begriffsanalyse* und *Begriffsinterpretation* stehen an seinem Anfang. Aber die sprachliche Reflexion ist nicht selber Zweck philosophischer Betätigung. Sie wird vielmehr als Mittel gesucht, um ihren eigentlichen Zweck, die *Rechtfertigung von Grundannahmen*, philosophisch gesprochen: der die Wissens- und Handlungsorientierungen einer geschichtlichen Kultur tragenden Fundamentalbegriffe oder Prinzipien, zu erreichen. In der Gegenwart haben sich beide Aufgaben verkehrt. Die angelsächsisch-analytische Philosophie treibt Begriffsanalyse in der Regel um ihrer selbst willen, während dialektisch-philosophische Richtungen fundamentale Begriffe meist ohne vorhergehende Klärung zu rechtfertigen versuchen, womit sie sich immer wieder aus der Philosophie heraus- und in kulturell-geschichtliche Basisideologien des Zeitalters der Wissenschaft und großen Politik hineinreflektieren. Die Trennungslinie verläuft im Philosophieren selbst: Rechtfertigungen von Grundannahmen einer geschichtlichen Kultur, die ihre Begriffe analytisch und interpretativ ungeklärt lassen, sind *Ideologien*, – gesellschaftlich notwendiger Schein, der als solcher Thema der Philosophie ist.

Eine Grundannahme kann erst dann im philosophischen Sinne »gerechtfertigt« heißen, wenn sie mindestens drei Bedingungen genügt. Die erste ist *Widerspruchsfreiheit*, die sich ihrerseits aus Grundannahmen der Logik ergibt. Widerspruchsfrei müssen sowohl die fundamentalen Begriffe als auch der Anwendungskontext einer Grundannahme sein. Wer beispielsweise den Begriff der Menschenwürde von besonderen Gruppen ausschließt oder die Menschenrechte nach außen, nicht aber im eigenen Land vertritt, widerspricht sich selbst. Die Sache der Menschenrechte – ein umgreifendes Allgemeines – wird partikular und damit leicht aus einer politisch gerechtfertigten Grundannahme zur Ideologie. Um gerechtfertigte Grundannahmen von gesellschaftlichem Schein unterscheiden zu können, müssen wir ferner von *hermeneutischen Implikationen* der Begriffe oder von *Begriffsgeschichte* wissen. In der Reflexion auf die Sprache versuchen wir zu verstehen, welche Bedeutung politisch-rechtliche Fundamentalbegriffe besitzen, was mit ihnen ursprünglich oder in gegenwärtigen Handlungskontexten gemeint ist und ob gegebenenfalls ein Bedeutungswechsel vorliegt. Zur Entscheidung von Bedeutungsfragen bedarf es zuletzt der *Überprüfung an existierenden Sachverhalten*.

Während der Philosoph für die ersten beiden Bedingungen gut gerüstet ist, erscheint er hier nicht mehr in einer sonderlich privilegierten Position, da die Erforschung von Sachverhalten Hauptaufgabe der Wissenschaften ist. Im Zeitalter der Wissenschaft, so haben wir daraus gefolgert, bedarf der Philosoph fachwissenschaftlicher Kooperation; er darf sich dabei aber nicht die eigene Methodik der Rechtfertigung durch universale Wissenschaftsansprüche aus der Hand nehmen lassen. Aufgabe der Wissenschaften ist die *Erklärung* entdeckter Sachverhalte durch Gesetzesannahmen und ihre *Deutung* im Rahmen empirisch überprüfter Theorien, während die Philosophie erklärte und gedeutete Sachverhalte in der Beschränkung auf ihre Hauptaufgabe, zum Vergleich von Grundannahmen mit empirisch relevanten Tatsachen, heranzieht. Rechtfertigungen sind keine Erklärungen, wie andererseits Erklärungen von Tatsachen noch keine Rechtfertigungen für Grundannahmen, auch nicht für die einer Wissenschaft, sind.

Die Mittel der Wissenschaft – das wird allzu oft übersehen – sind ihrerseits methodisch stets beschränkt. Sie erlauben weder eine Falsifikation praktischer Grundannahmen noch entsprechende Verifizierung. Wie sich Normen vom Typ der Menschenrechte, z. B. der Satz, daß alle Menschen gleich und frei geboren sind, aus Tatsachenaussagen nicht ableiten lassen – die Ergebnisse empirischer Wissenschaften sprechen mehr für das Bestehen natürlicher

Unterschiede und Ungleichheiten unter Menschen –, so lassen sich umgekehrt Normen und Tatsachen auch nicht widerlegen. Theoretische und praktische Sätze bleiben ihrer logischen Form nach getrennt. Gleichwohl sind sie an ihrem Grunde ungeschieden: sie entspringen derselben Reflexion, die dem »Leben selbst« immanent ist.

Im Lichte dieser Unterscheidungen nimmt sich die Sache des Denkens im Zeitalter der Wissenschaft etwas anders aus, als es die These vom »Ende der Philosophie« nahelegt. Soweit sie nicht dem positivistischen Aberglauben an die Allmacht der Wissenschaften entspringt, verdankt sie sich einem spezifisch deutschen Geschichtsglauben, – dem von Heidegger wie Adorno geteilten Glauben daran, daß die mit Hegel und Marx entstandene Lage dem Philosophieren zum »Schicksal« geworden, d. h. geschichtlich unüberholbar sei. Diese im Kern historizistische These, deren Wirksamkeit durch den spätromantischen Affekt des seinsgeschichtlich-dialektischen Denkens gegen den Übergang zur modernen Welt – ein nicht minder deutsches Geschichtsphänomen – noch verstärkt wird, ist sowohl historisch als auch in der Sache fragwürdig. Die Rede von der »Aufhebung der Philosophie« in den Wissenschaften oder in der Gesellschaft impliziert selbst wiederum Annahmen über Wissens- und Handlungsfundamente, die nicht zu rechtfertigen sind. Sie gehört zu jenen Denkweisen des wissenschaftlich-politischen Zeitalters, die eine geschichtlich bestimmte Lage philosophisch verabsolutieren, ohne sich selbst analytisch und hermeneutisch durchleuchten zu können.

Über diese Lage ist die Entwicklung der Wissenschaften und ihrer technischen Anwendbarkeit in unserem Jahrhundert hinweggegangen. Weit davon entfernt, die Philosophie überflüssig zu machen, haben die Wissenschaften der philosophischen Forschung neue Gebiete erschlossen, in denen die Fundamente der Wissens- und Handlungsorientierungen strittiger denn je sind. Historisch gesehen führt der Aufstieg der Wissenschaften zur Befreiung der Arbeit mit nachfolgender Hochqualifizierung der technischen Berufe in den industrialisierten Gesellschaftssystemen. Der weltweite Prozeß der Demokratisierung geht Hand in Hand mit der Verwissenschaftlichung des Arbeitsprozesses. Die aufsteigende Demokratie bedarf zur Institutionalisierung eines höheren Wissens- und Handlungsniveaus, fordert Skepsis, kritische Urteilsfähigkeit und Verantwortungsbereitschaft des Einzelnen. Wenn sie die politisch notwendige Stabilität nicht erreicht oder sich auf anderen Wegen verfehlt hat, so liegt dies nicht zuletzt an einem falschen Glauben an die Wissenschaft, der ihre mehr als 200jährige Geschichte in ideologisch wechselnden Gestalten begleitet. Heute artikuliert er sich im außerwissenschaftlichen Gebrauch von Wissenschaftsterminologien, in der Gestalt totalisierter Partialsprachen wie der Kybernetik und soziologischer Interaktionstheorien, die sich im Zwischenfeld von Wissenschaft und Technik als Basisideologien des Zeitalters der großen Politik etablieren und dabei die gesprochene Sprache – die Sprache des Lebens, die der Boden von Reflexion und Überlieferung und zugleich das einzig verbindende Medium demokratischer Willensbildung ist – zu verdrängen suchen. Unser Zeitalter, dem die Wissenschaft zur Destruktivkraft geworden ist, kann sich weder den Aberglauben an die endliche Sicherheit der Fundamente noch die Ausflucht in Gegenwelten zur modernen Welt länger leisten. Befreiung von Aberglauben heißt »Aufklärung«. Aufklärung aber ist kein Prozeß, der je in der Zeit enden könnte. Als Aufklärung realisiert Philosophie, was ihr Begriff in sich enthält: das zeitlich nicht begrenzte Streben nach Klarheit, das in der Strenge wissenschaftlicher Forschung wie im philosophischen Rechenschaftgeben am Werke ist.

Die Universalität der europäischen Wissenschaft als begriffs- und wissenschaftsgeschichtliches Problem

Dieser Beitrag behandelt das analytische und hermeneutische Problem, das der europäische Wissenschaftsbegriff, seine Freilegung in der Antike und seine Geschichte in Mittelalter und Neuzeit, für das gegenwärtige Konzept der »wissenschaftlichen Revolution« des 17. Jahrhunderts darstellt. Es wird zu zeigen versucht, daß sie im Kern eine Begriffsrevolution impliziert. Der Beitrag untersucht die für den Aufbau der Wissenschaft konstitutive Funktion der Begriffe »Theorie«, »Lehre« und »System«, denen ein je verschiedener Typus von Wissenschaftseinheiten entspricht, der geschichtlich dem klassisch-griechischen (a), christlich-mittelalterlichen (b) und neuzeitlichem Wissenschaftsbegriff (c) zugeordnet wird. Die Topik dieser Begriffe und ihre Verschiebungen in der Neuzeit sind der Schlüssel zu einem neuen Verständnis der Wissenschaftsgeschichte, das über die Grenzen bisheriger, an den Naturwissenschaften orientierter, Konzeptualisierungen hinausweist.

Die Universalität der europäischen Wissenschaft, – unter diesem Titel behandele ich einige Aspekte des Verhältnisses von Wissenschaft und Geschichte, genauer gesagt: das universale Problem, das der europäische Wissenschaftsbegriff selbst, seine Freilegung in der Antike und seine Wandlungen in der Neuzeit, für uns Heutige darstellt. Was ich versuche, ist ein Beitrag zur Klärung des gegenwärtigen, auf Europa nicht mehr beschränkten Verständnisses von Wissenschaft unter dem Gesichtspunkt einer Frage, – eben der nach ihrem Begriff.

»Begriff« ist ein Terminus der Logik, der seit ihrer Entdeckung in der griechischen Philosophie zu den unentbehrlichen Mitteln wissenschaftlichen Denkens gehört. Die Philosophie aber – mit dieser Vorbemerkung möchte ich beginnen – weiß bis heute nicht zu sagen, was ein Begriff ist. Sie weiß nur, daß er mehr als Mittel und auch mehr als bloßer Terminus ist. Termini sind *Zeichen* für Begriffe, *Elemente besonderer Wissenschaftssprachen*, die terminologisch fixiert und grundsätzlich durch beliebige Zeichengefüge, durch Buchstaben, Zahlen oder andere Symbolkonstruktionen, ersetzt werden können, während *Begriffe Elemente der Sprache selbst* und damit eines Allgemeinen sind, das alle Terminologien übergreift. An diesem übergreifenden Allgemeinen der Sprache, die wir sprechen, ihrer durch nichts ersetzbaren Universalität, haben Begriffe teil. Wenn die Sprache das universale Medium menschlichen Sprechens und Sichverständigens darstellt, ist sie dann auch der Boden für die Geschichte der Wissenschaften, – der Verständigung über ihren »Begriff«?

Als sich Max Weber zu Beginn dieses Jahrhunderts den Fragen zuwandte, die uns gegenwärtig erneut bewegen, da stellt er sie im Blick auf einen ganz bestimmten Wissenschaftsbegriff. Universalhistorische Probleme sind nach Weber unvermeidlicher- und berechtigterweise unter der Fragestellung zu behandeln, welche Verkettung von Umständen dazu geführt hat, daß »gerade auf dem Boden des Okzidents, und nur hier, Kulturerscheinungen auftraten, welche in einer Entwicklungsrichtung von universaler Bedeutung und Gültigkeit lagen«[1]. Als erstes nennt Weber die mathematisch und experimentell exakte und rationale Naturwissenschaft, deren Rationalität auf eine ähnlich universale »Kulturerscheinung«, den okzidentalen Kapitalismus, verweist. Die Naturwissenschaften, das ist Webers wissenschaftssoziologische Folgerung, können weder mehr von Einzelnen noch ohne Kapitalmittel größeren Umfangs betrieben werden, so daß es in ihrer Betriebsform zur Auflösung der klassisch-ökonomischen *Einheit von Ort, Werkzeug und Stoff der Wissensproduktion*, zur »Trennung des Arbeiters von den Produktionsmitteln« kommt. Die Produktion von Wissen, eine Sache von Spezialisten und deren Kooperation zugleich, geschieht an Wissenschafts-Großbetrieben, in denen Hunderttausende ihren Beruf finden[2].

Webers Prognose, daß dieser Vorgang auch die Kulturwissenschaften, die Sozial- und Geisteswissenschaften erfassen werde, hat sich in einem von ihm wahrscheinlich nicht voraussehbaren Ausmaß erfüllt. Nicht nur, daß er über die herkömmlichen Stätten der Wissenschaften längst hinaus- und über quasi-wissenschaftliche Institutsbildungen in Parteien und Verbände, Gewerkschaften und Kirchen, Arbeits- und Freizeitorganisationen eingedrungen ist; bemerkenswert ist vielmehr, in welchem Umfang und mit welcher Beschleunigung derselbe Prozeß einer *Ver-*

wissenschaftlichung der Welt, den Weber auf die einprägsame Formel ihrer »Entzauberung«, der Berechnung und Beherrschung aller menschlichen Lebensverhältnisse gebracht hatte, in jenen Ländern Osteuropas, Asiens und Afrikas verläuft, die nach eigenem Verständnis die universalhistorische Phase des okzidentalen Kapitalismus entweder schon hinter sich oder sie, wie die Mehrzahl heutiger sozialistischer Staaten, gar nicht erst durchlaufen haben. Wenn sich *diese* Entwicklungsrichtung auf Dauer stellt, was hat es dann mit der universalen Bedeutung und Gültigkeit der Wissenschaft auf sich?

Es ist die Grundfrage unseres Zeitalters, die inzwischen die Wissenschaftler selbst in allen Teilen der Welt beunruhigt. Was sich als Problem aufdrängt, ist die *Entstehung der okzidentalen Wissenschaft*: – die Geschichte der »wissenschaftlichen Revolution« des 17. Jahrhunderts, die dem politisch-sozialrevolutionären Geschehen der Neuzeit präludiert. Während Webers wissenschaftssoziologische Fragestellung diesen Zusammenhang unberührt läßt, konzentriert sich das Probleminteresse in unserer Zeit ganz auf die Entstehungsgeschichte des »Neuen«, das der Neuzeit den Grund legt, und soweit professionelle Wissenschaftshistoriker das Strukturschema »wissenschaftlicher Revolutionen« aus den mathematisch-experimentellen Kernfächern Physik und Chemie gewinnen, betrifft sie wiederum die Naturwissenschaft[3]. Dabei hat sich allerdings gezeigt, daß die Entstehung jener »Wissenschaft«, die, um noch einmal mit M. Weber zu sprechen, der Sohn der modernen europäischen Kulturwelt als universalhistorisch »bedeutsam« und »gültig« anerkennt, durch bestimmte wissenschaftliche Grundentscheidungen herbeigeführt wurde, ja mehr noch: daß ihr Entstehen auf verdeckte Weise mit der Bedeutungs- und Geltungsfrage eng verklammert ist. Mein Beitrag versucht, diesen Verdeckungen unter Gesichtspunkten nachzugehen, die, so viel mir bekannt ist, von der Wissenschaftsgeschichte bisher vernachlässigt werden. Die wissenschaftliche Revolution des 17. Jahrhunderts ist ein geschichtlich komplexes Ereignis von zugleich außerwissenschaftlicher, d. h. politischer und moralischer Tragweite. Im Kern, so möchte ich zeigen, ist sie eine *Revolution des Wissenschaftsbegriffs*, – der geschichtlich folgenreiche Wandel in der Verständigung des Menschen über das ihm mögliche Wissen, die Möglichkeit von Wissenschaft.

Es soll versucht werden, diese These in drei Schritten zu begründen. Zuerst exponiere ich die philosophische Dimension unseres Themas: was der logische und hermeneutische Ort des Begriffs, seine Topik ist (I). Dann werde ich die begriffsgeschichtliche Dimension der wissenschaftlichen Grundentscheidungen des 17. Jahrhunderts skizzieren (II). Und schließlich versuche ich eine Diagnose ihrer wissenschaftlichen Folge, der A-Topik des heute vorherrschenden Wissenschaftsbegriffs (III).

I

Daß sich Begriffe verändern, diese Annahme mag befremdlich erscheinen, wenn wir daran festhalten, daß sie die Elemente wissenschaftlichen Denkens sind, mit deren Freilegung bei den Griechen die Verständigung des Menschen über das ihm mögliche Wissen erst in Gang kommt. Wissenschaft ist nicht Einzelwahrnehmung, wie sie auch nicht partikulares Meinen oder »logisch« abgestütztes Für-Wahr-Halten sein kann; sie muß, so etwa folgert Platon, der diese Unterscheidungen zuerst getroffen hat, etwas schlechthin Universales: das eidetische Element des Logos selbst sein[4]. Können Universalien – die Elemente des »Logischen« – eine Geschichte haben?

Diese Fragen haben Frege und Husserl, die beiden Erneuerer der Logik zu Beginn unseres Jahrhunderts, mit einem unmißverständlichen »Nein« beantwortet. »Was man Geschichte der Begriffe nennt«, bemerkt Frege, »ist wohl entweder eine Geschichte unserer Erkenntnis der Begriffe oder der Bedeutungen der Wörter. Durch große geistige Arbeit, die Jahrhunderte hindurch andauern kann, gelingt es oft erst, einen Begriff in seiner Reinheit zu erkennen, ihn aus den fremden Umhüllungen herauszuschälen, die ihn dem geistigen Auge verbargen«[5]. Frege und Husserl beziehen noch einmal den platonisierenden Standpunkt einer Gleichsetzung von Wissenschaft und Begriff. Die Wissenschaft richtet sich auf eidetische, mit sich identische Gegenstände, die durch die zu irgendeinem Zeitpunkt in der Geschichte gebrauchten Wörter und Sätze der Sprache verdeckt oder jedenfalls unzulänglich erfaßt werden, und ihre wahren Eigenschaften – die »Bedeutungen an sich« – bilden einen Zusammenhang notwendiger Beziehungen, der nur mit den Mitteln der Logik dargestellt werden kann. Die Richtigkeit dieser begriffsuniversalistischen

Grundannahme, der auch die analytische Philosophie von Moore und Russell bis hin zu Wittgenstein und Ayer gefolgt ist, hat noch der späte Wittgenstein in Zweifel gezogen. »Man sagt«, heißt es in den ›Philosophischen Untersuchungen‹, »es kommt nicht auf das Wort an, sondern auf seine Bedeutung; und man denkt dabei an die Bedeutung, wie an eine Sache von der Art des Worts, wenn auch vom Wort verschieden. Hier ist das Wort, hier die Bedeutung. Das Geld, und die Kuh, die man dafür kaufen kann«[6]. Mit der Einsicht in die Unhaltbarkeit dieser Position geht Wittgenstein, in grundsätzlicher Übereinstimmung mit Heidegger und der hermeneutischen Philosophie, den Weg vom Begriff zur Sprache zurück. Die Bedeutung des Wortes, so läßt sich der neue, der begriffsgeschichtliche Ansatz kurz charakterisieren, ergibt sich aus dem Gebrauch, der Unterscheidungspraxis im Miteinandersprechen und Sichverständigen, die stets in kontingente Beziehungen von Sprach- und Lebensformen eingelassen bleibt. Was wir »Begriff« nennen ist, in gewisser Hinsicht, eine Schöpfung unserer von den Griechen geprägten Sprache. Wie kein Wort für sich selbst »eingeführt« oder auf eine Bedeutung hin analysiert werden kann, so haben wir keinen Begriff von einem Gegenstand, solange wir nur sagen, daß ein Wort unter ihn »falle«. Vielmehr ist jeder Begriff immer schon mit einem Wort und dadurch mit anderen Begriffen verbunden; er steht im sprachlichen Kontext einer Mannigfaltigkeit von Begriffswörtern, die nicht analytisch wegerklärt, wohl aber hermeneutisch verstanden, und das heißt: begriffsgeschichtlich aufgeklärt werden kann.

Der Wissenschaftsbegriff hat allerdings die Eigenschaft an sich, kein wissenschaftlicher Begriff zu sein, und vielleicht ist es diesem Umstand geschuldet, daß er, im Prinzip nichts anderes als Sprachen und Lebensformen, Völker und Staaten, Parteien und Klassen, eine Geschichte hat. Als Bezeichnung aller möglichen Fächer dienend, fungiert er in keiner von ihnen als Bauelement und auch nicht als eigenes Fach. »Die« Wissenschaft existiert nicht, wir kennen nur Fachwissenschaften, weshalb schon die Frage: Was ist Wissenschaft? im Grunde haltlos bleibt. *Erstens* ist der fragliche Begriff nicht *analytisch*, da sich in der Zukunft Zweige von Wissenschaften entwickeln können, deren Merkmale im einzelnen unableitbar sind. Und *zweitens* ist er nicht *empirisch*, sofern er weder unmittelbar raumzeitliche Individuen (z. B. Gebhardts ›Handbuch der Geschichte‹, die Hamburger Universität) repräsentiert noch sich durch einfache Generalisation bildet, die aus der Reihe solcher Individuen ein Gemeinsames gewinnt (z. B. »Buch«, »Universität«). Während die Bedeutung empirischer Begriffe stets durch Rekurs auf Erfahrungsbeispiele präzisiert werden kann, erscheint es wenig sinnvoll, sich hier auf Beispiele zu beziehen, etwa zu sagen, »Wissenschaft« sei alles dasjenige, was im Vorlesungsverzeichnis gegenwärtiger Universitäten als Fach aufgeführt und durch mindestens einen Lehrstuhl vertreten wird. Bei solchem Vorgehen hieße »Wissenschaft« lediglich die Menge M aller Fächer $X_1 \ldots X_n$, von denen gilt: X ist ein Element der Menge M genau dann, wenn jedem Element von M die Eigenschaft E zukommt, symbolisiert: V_x (XεM ~ E (M)). Um einen Begriff von ihr zu gewinnen, müßten wir demnach wissen, worin die gemeinsame Eigenschaft aller Elemente der Menge M besteht.

Der Begriff der Wissenschaft – das läßt sich diesen Definitionsschwierigkeiten entnehmen – ist weder ein Mengen- noch ein Klassenbegriff im elementarlogischen Sinne. Er gehört vielmehr einer Reihe von Begriffen an, deren Bedeutung mit logischen und/oder empirischen Mitteln nicht ausreichend geklärt werden kann. Glieder dieser Klasse sind begriffliche Universalien wie »Wahrheit«, »Sein«, aber auch so unterschiedliche Ausdrücke wie »exakt«, »Gerechtigkeit«, »Geschichte«, »Kunst«, »Gemeinwesen« usf. Sie mögen kurz *Sinnbegriffe* oder, in Anknüpfung an Kants Sprachgebrauch, *Ideen* genannt werden. Begriffswörter und Ideen erfüllen synthetische Funktionen, sie sind verschiedene Modi der Einigung eines Mannigfaltigen. Während diese das vielfältig Erfahrbare semantisch aufgliedern und deuten, verknüpfen jene die mannigfachen Wortbedeutungen zu einer *Einheit*, wofür ich im folgenden den Ausdruck »Begrifflichkeit« verwende. Unter »Ideen« verstehe ich daher begriffliche Universalien, die Erfahrungsgehalte weder unmittelbar repräsentieren noch mittelbar durch Abstraktion gebildet sind, sondern diese auf ein Ganzes von Erfahrung hin *interpretieren* und so jedem Teilbegriff seinen Ort anweisen. Die Idee ist nicht etwas über der Sprache Schwebendes oder gar sprachfrei Verschwebendes; sie stellt sich immer nur in der *Einheit einer Begrifflichkeit* dar, – woraus sich ergibt, daß auch antiidealistische Wissenschaftskonzeptionen, ob Positivismus oder historischer Materialismus, von Ideen bestimmt sind. Wenn beispielsweise A. Comte die erste Grundbedingung einer jeden als »wissenschaftlich« anzusprechenden Theorie in der beständigen Unterordnung der Einbildungskraft unter die Beobachtung sieht, ohne daß ihm »Wissenschaft« schon mit bloßer Anhäufung von »Tatsachen« zusammenfällt[7], und wenn auf der anderen Seite K. Marx angesichts der materiellen Wirklichkeit des industriellen Produktionsprozesses feststellt, daß »die Wissenschaft, die die unbelebten Glieder der Maschine zwingt, durch ihre Konstruktion zweckmäßig, als Automat zu wirken«, nicht im »Bewußtsein des Arbeiters« existiert[8], um dann gleichwohl die Möglichkeit einer »Bewußtseins-Wissenschaft« ins Auge zu fassen, so haben beide *nach der Idee gefragt*, – nämlich danach, was wir eigentlich *meinen*, wenn wir von »Wissenschaft« sprechen.

Wissenschaft geht, wie schon das Wort sagt, auf Wissen, – ein Ausdruck, der freilich ebenso mehrdeutig erscheint. Eine notwendige, obwohl nicht hinreichende Bedingung seiner Eindeutigkeit ist die, daß das, was jemand weiß, *wahr* ist: Wenn A weiß, daß der Sachverhalt p besteht, dann ist p wahr[9]. Wie die mit dem Ausdruck »Wissen« verknüpfte Wahrheitsbedingung – daß niemand etwas Falsches »wissen« kann – erfüllbar ist, darüber gibt es eine philosophisch weitverzweigte Diskussion. In der analytischen Philosophie der Gegenwart läuft sie nicht mehr über Was-Ist-Fragen, sondern über Funktionen umgangssprachlicher Sätze wie »Ich weiß, daß p«[10]. Ihre Beschreibung hat jedoch zum Vergleich mit Satztypen wie »Ich glaube (meine, vermute, nehme an), daß p« und »Ich bin mir gewiß, daß p« und damit zu einer *Begrifflichkeit* – der Unterscheidung von Meinen, Glauben, Wissen – weitergeführt, aus der sich die Bedeutung des Ausdrucks zuletzt wiederum hermeneutisch erschließt. Daß $\sqrt{81} = 9$ ist, kann ich weder »glauben«, noch bin ich dessen gewiß, ich *weiß* es, vorausgesetzt, daß ich mit Zahlen umgehen gelernt und richtig operiert habe, ein Wissen, das in der Form: »Ich weiß, daß p« einem anderen mitteilt, daß ich die arithmetische Operation korrekt ausführen kann[11]. Um interpersonales Wissen zu besitzen, muß dasjenige, was jemand weiß, *begründungsfähig* sein. Die Sätze »A weiß, daß p« und »p ist wahr« besagen dann: »A hat gute Gründe für p«.

Obwohl damit der Ort des Wissenschaftsbegriffs zumindest logisch genauer identifizierbar wird, ist er über diese Abgrenzungen allein nicht zu bestimmen. Zur »Wissenschaft« gehört mehr als eine Mannigfaltigkeit wahrer, begründeter Sätze, die von jemand gewußt sind. Was wir voraussetzen, ist ein Zusammenhang des Wissens, der noch andere Anforderungen von *Einheit* impliziert. Sie beziehen sich weder auf die Zusammenfassung aller Wissenschaften noch auf eines ihrer Fächer, das alle übrigen »vereinheitlicht«, etwa die Soziologie im älteren oder die Physik im neueren Positivismus. Wenn der einheitsstiftende Begriff keiner Einzelwissenschaft, auch nicht der Logik entspringt, braucht die Einheit nicht notwendig eine zu sein, sie ist selber *vielfach* und so der Sinndeutung offen, – bis hin zur Fixierung einer »Einheitswissenschaft«, die die Begriffstopik beliebig verschieben, ja zuweilen ganz verkehren kann.

Wissenschaft ist zunächst eine *operative* Einheit, – der Zusammenhang von Wissensdispositionen wie Wahrnehmen, Sprechen, Denken, nebst zugehörigen Betätigungen, z. B. Experimentieren, Messen, Deuten, die Wissen hervorbringen und niemals getrennt, sondern nur vereinigt betätigt werden können. Da jedes wissenschaftliche Operieren der Kooperation mit anderen bedarf, ist sie ferner eine *kommunikative* Einheit, – die Gesamtheit der Wissenschaftsinstitutionen, an denen Wissen »vermittelt« und in Büchern, Zeitschriften, Computern zusammenhängend mitgeteilt wird. Und schließlich ist sie eine *finale* Einheit von Bedürfnissen und Erwartungen, die sich mit der Hervorbringung und Mitteilung von Wissen verbinden. Was die Wissenschaften betreiben, ist auf einen Zweck-Mittel-Zusammenhang bezogen, es muß, so lautet die Forderung, »relevant« sein. Wir haben es jedesmal mit Begriffen zu tun, die partielle Modi von Einheit stiften und gerade deshalb Totalisierungen ausgesetzt sind. Mißverständnisse von Wissensdispositionen haben in der Vergangenheit die entgegengesetzten Wissenschaftsbegriffe des Empirismus und Rationalismus veranlaßt, wie mißverständliche Ausdeutungen von kommunikativen Erfordernissen die Zwecke der Wissenschaften unmerklich mit gesellschaftlicher »Relevanz« verwechseln und beliebiger Finalisierung Raum lassen. Operative Begriffe beschreiben, wie Wissen im Zusammenspiel verschiedener Dispositionen entsteht. Ihre Begrifflichkeit ist deskriptiv und interpretiert den *Hervorbringungszusammenhang der Wissenschaften*. Deskriptiv ist auch der Status kommunikativer Begriffe, die beschreiben, wie Wissen kooperativ hervorgebracht und zusammenhängend mitgeteilt wird. Es ist die Begrifflichkeit der Wissenschaftssoziologie, die primär dem *Mitteilungszusammenhang* der Wissenschaften angehört. Im Unterschied dazu besitzen finale Begriffe *normative* Funktionen. Sie schreiben vor, »wozu« Wissen gebraucht werden soll, weshalb wir sie zum *Relevanzzusammenhang* der Wissenschaften rechnen können. Was das Wissen zur Wissenschaft macht, ist aber weder die Hervorbringung noch die Art der Mitteilung oder seine Relevanz, sondern der *Begründungszusammenhang*. Im Ausgang von den hier getroffenen Unterscheidungen umreißen wir nun die begriffsgeschichtliche Dimension unseres Themas, indem wir danach fragen, in welcher topischen Einheit sich der Zusammenhang von Begründung konstituiert.

II

Wissenschaft als Begriff baut sich in der Begrifflichkeit von »Theorie« (a), »Lehre« (b) und »System« (c) auf. Ihr erwächst ein je verschiedener Typus von Einheit, der »theoretisch« (a), »doktrinal« (b) und »systematisch« (c) genannt und wissenschaftsgeschichtlich dem *klassisch-griechischen, christlich-mittelalterlichen und neuzeitlichen Wissenschaftsbegriff* zugeordnet sei. »Theorie« steht mit »Praxis«, »Lehre« mit »Disziplin«, »System« mit »Methode« zusammen. Von der Topik dieser Begriffe und ihrem Wandel in der Neuzeit her, so darf ich nun meine These präzisieren, bestimmt sich die Revolution des Wissenschaftsbegriffs.
Bevor ich sie an Hand von Bedeutungsverschiebungen der jeweiligen Begriffsinhalte im einzelnen erläutere, muß ich noch einmal an den Anfang unserer Überlegungen zurücklenken. Ich bitte für diesen Umweg um Nachsicht. Semantische Revolutionen, die sich geräuschlos, im Medium der Sprache, abspielen, sind verwikkelt genug, sie gestatten, gerade wegen der von mir für nötig erachteten Schematisierung, keine schematische Darstellung.
Begriffe sind nicht nur Mittel menschlicher Selbstverständigung, mit deren Neu- und Umbildung auf veränderte Lagen geantwortet wird. Statt bloße Konventionen zu sein, sind sie, wir wir gesagt haben, Sprachschöpfungen und damit vorhergehende Bestimmungen von Fragemöglichkeiten, denen die Sprache immer schon vorgreift. Wie die neue Wissenschaftsgesinnung des 17. Jahrhunderts nicht erst mit Galilei und Newton entsteht, sondern mit der nominalistischen Spätscholastik heraufzieht, so kommt der zu ihr gehörigen Begrifflichkeit ein Sprachwandel

entgegen, der sich wahrscheinlich bereits vor der wissenschaftlichen Revolution, jedenfalls parallel zu ihr und dann durch sie bestätigt, vollzieht.

»Wissenschaft« ist aus zwei Worten zusammengesetzt, dem Verb »wissen«, und dem Suffix »-schaft«, ein ursprünglich selbständiges Wort mit der Grundbedeutung »Stand«, »Verhältnis«, »Halt«, die Zusammensetzungen wie »Herr-schaft« und »Landschaft« profiliert. Analog zu »Landschaft«, dem durch menschliche Zuwendung zur Natur eröffneten Zusammenhang vieler Länder, bedeutet »Wissenschaft« den in sich geschlossenen Zusammenhang einer Mannigfaltigkeit von Wissen, der von jemand geordnet und nach dem Verhältnis der Sachen zueinander in einen bestimmten »Stand« gesetzt wird. Was beide Begriffsworte umschreiben, »gibt« es auch vor dem 17. Jahrhundert, aber in anderer Sinndeutung: »Landschaft« als malerischer Bestandteil von Figuren und Geschichten, im Verhältnis zu Burg und Stadt, Himmel und Erde, »Wissenschaft« als Teil europäischer Schulbildung, verstreut in einer breiten Begriffstopik, die von »Kunde«, »Kunst« und »Historie« bis hin zu »Klugheit«, Erfahrenheit« und »Gewissen« reicht. Alle diese Ausdrücke verweisen auf ein und denselben Sachbegriff, wenn auch in verschiedener Hinsicht[12]. Sofern mit »Wissenschaft« nicht einfach (subjektive) Kenntnis von etwas gemeint ist[13], tritt dieser Ausdruck regelmäßig im Plural auf. Ein Wort, das die Gesamtheit der begrifflichen Hinsichten umfaßt und doch nichts anderes zugleich in sich enthielte als eben diese Zusammenfassung, gab es nicht und brauchte es nicht zu geben[14]. In dem uns heute geläufigen Sinn konnte es erst dadurch entstehen, daß sich die vorneuzeitliche Begrifflichkeit zu *einem* Begriff – *die* Wissenschaft – zusammenzieht.

Dieser bemerkenswerte Wandel, der zwischen dem 17. und 18. Jahrhundert die europäischen Nationalsprachen erfaßt, wird in Deutschland durch das Absinken des älteren, noch zur Reformationszeit vorherrschenden Singularausdrucks »wizzenheit« begünstigt. Er verweist auf eine ganz andere, nämlich *praktische* Hinsicht der Ausdrücke für »Wissen«, die sich als personalmenschliche »Weisheit« zur Idee der Philosophie verdichtet, aber auch in der Sprache von »Kunst«, »Klugheit« und »Erfahrenheit« anklingt. Ihr Rückzug, der gelegentlich schon früher gegenüber eingerissener Vielwisserei beklagt worden ist, fällt mit dem Wechsel von klassisch-theoretischen zum neuzeitlich-systematischen Einheitsverständnis von Wissenschaft zusammen, dessen Grundannahmen im folgenden näher untersucht seien.

a) Als *theoretische* Einheit ist Wissenschaft der Zusammenhang wahrer, in einer Stufenfolge von Begründungen angeordneter Sätze über ein abgrenzbares Gebiet von Sachverhalten. Der explizit abgeleitete Begründungszusammenhang dieser Sätze wird *Theorie* genannt. »Theorie als solche«, heißt es bei E. Husserl, »besteht aus Wahrheiten, und die Form ihrer Verknüpfung ist die deduktive«[15].

Die Angleichung beider Begriffe im neueren Sprachgebrauch und ihre Gleichsetzung mit einer wohlgeordneten Begründungsfolge von Sätzen verdeckt die ursprüngliche Begrifflichkeit von »Wissenschaft« und »Theorie«. *Episteme*, der klassische Ausdruck für »Wissen« und »Wissenschaft«, bezieht sich nicht nur auf eine Einheit von Sätzen, sondern auf eine menschliche »Habe« (ἕξις), wie *Theoria* nicht primär eine Sachverhaltseinheit, sondern eine Verhaltung (ἀρετή) meint. Ihr »Ort« ist die Seele des Menschen. Was der Wissende »hat«, ist nach Aristoteles, der diesen Begriff von Platon her aufnimmt und analytisch bestimmt, die Fähigkeit, schlüssig abzuleiten oder zu beweisen: ἡ μὲν ἐπιστήμη ἐστὶν ἕξις ἀποδεικτική – eine Definition, die im christlich-mittelalterlichen wie im frühneuzeitlichen Aristotelismus in der Formulierung: *Scientia est habitus conclusionum* wiederkehrt[16]. Die lateinische Version gibt sprachlich präzise an, daß Wissenschaft als Begriff in der Stufenfolge von Begründungen den *Schlußsatz* zur Grundlage hat. *Episteme* wie *Scientia* bedeuten daher in der Regel »abgeleitetes und bewiesenes Wissen«, das der Mensch nur dann »haben« kann, wenn er an Beweisgründen – dem *Vorder-* oder *Grundsatz* des Beweisverfahrens – teilhat; und *dieses* Gründe-Wissen ist nicht wiederum »wissenschaftlich« ableit- und beweisbar. Es gehört zu jenen übergeordneten »Haben«, die Aristoteles *Nus* und *Sophia*, der christlich-mittelalterliche Aristotelismus *Intellectus* und *Sapientia* nennt. Ihnen verdankt sich die Einsicht in Prinzipien, die Grundsätze der Wissenschaft und ihren Zusammenhang mit umfassenden Seins-Gründen[17]. Wissenschaft, so lautet die theoretisch grundlegende Implikation des klassischen Begriffs, ist Erkenntnis *aus* Prinzipien, die Prinzipienerkenntnis selbst aber ist nicht mehr Sache der Wissenschaft, sondern der »ersten«

Philosophie. Indem der Philosoph Begründungszusammenhänge der Wissenschaft untersucht, sieht er sich auf »erste Gründe«, die ἀξιώματα oder ἀρχαί eines Wissensgebiets verwiesen, die als für sich bestehende Sachverhalte lediglich anschauend hinzunehmen sind. Er verhält sich »theoretisch«, weil er Axiome nicht »erfinden« und »setzen«, sondern nur *auffinden* oder *entdecken* kann. Wissenschaft – so läßt sich die theoretische Einheit des klassischen Begriffs von ihr kurz zusammenfassen – besteht in einer Folge von Begründungen, die sich in Grundsätze (ἀξιώματα) und begründete (abgeleitete, bewiesene) Sätze (ἀποδεδειγμένα) aufgliedert. Da die Grundsätze selbst nicht wissenschaftlich begründbar sind, müssen sie zuvor schon entdeckt, also solche unmittelbar anschaulich und verstanden sein. Dasselbe gilt von den in ihnen auftretenden Begriffen, die nicht wiederum durch andere definierbar, sondern als Grundbegriffe unmittelbar verständlich sind[18].
Aus der eigentümlich ungeschlossenen Form des klassisch-axiomatischen Aufbaus von Wissenschaft erklärt sich, weshalb die *Theoria* nach dem Konzept der »ersten« Philosophie den Charakter *anschauender Entdeckung* hat. Die Episteme – und damit berühre ich ein weiteres Fundament des klassischen Wissenschaftsbegriffs – ist nicht nur »theoretisch«, sie kann ebenso »poietisch« auftreten. *Poiesis* meint das Werk der Kunst, dem ein Können, die *Techne* entspricht, – ein Ausdruck, der sich wiederum nicht auf den äußeren Bestand von Werkzeugen und Maschinen, sondern eine Wissenshabe und -verhaltung des Menschen bezieht. Sofern sie auf Herstellung und nicht über das Entdecken von Axiomen auf Wahrheit gerichtet ist, gehört die *Techne* freilich mehr dem *Entstehungszusammenhang von Wissenschaft* an. Er gliedert sich nach der ganz anderen Begriffstopik von *Empeiria*, die sich mit Wahrnehmung (αἴσθησις), Erinnerung (μνήμη) und Einbildungskraft (φαντασία) verknüpft. Seine Grundlage ist die Wahrnehmung des Einzelnen, dessen Einzelheit »erinnert« wird, während das Einbilden über die anschauliche Vergegenwärtigung bereits zum Allgemeinen hinführt. Den vielen Erinnerungen an eine Sache entspringt die Einheit einer Erfahrung, das »Wissen, daß«, und diesem, im Zusammenspiel mit der Einbildungskraft, die theoretische Einheit von Wissenschaft und Kunst: das »Wissen, *warum* etwas ist«, seine *Ursache* oder der

Grund. Wissenschaft, so läßt sich daraus entnehmen, ist Gründewissen, das sich im Können der Meister einer Kunst ausbildet und zusammenhängend durch philosophische Einsicht in die Möglichkeit von Begründung erlangt wird[19].

Der Philosophie aber verdankt sich die Einsicht, daß Begründungsmöglichkeiten prinzipiell unabschließbar sind und der Begründungszusammenhang von Wissen an Grenzen stößt, nämlich dort, wo es sich handelnd zu entscheiden gilt: im *Bereich der Praxis*. Die Wissenschaft, so umschreibt Aristoteles jene philosophische Einsicht, mit der ihr Begriff allererst vervollständigt wird, muß nicht notwendig theoretisch, sie kann auch »praktisch« sein. Mit dieser Unterscheidung stellt sich das Problem einer »anderen«, der »praktischen Philosophie«, deren Einheit auf dem Entstehungszusammenhang von Wissen und dem Grundzug der dem Leben als Praxis immanenten Bewegtheit aufbaut. Sie beruht auf der Andersartigkeit eines Wissens, das der Mensch als Handelnder mit sich und seinesgleichen macht, des *Mit-Wissens*, wie das von Aristoteles gebrauchte Wort φρόνησις übersetzt werden mag, – eine tiefliegende, mit kollektiver *Erinnerung* und *Einbildungskraft* verflochtene Wissenshabe, der andere Erfahrungsmöglichkeiten entspringen und eine andere Art von Gründewissen (γένος ἄλλο γνώσεως)[20] entspricht. Denn nicht jede Wissenschaft verfährt beweisend, noch ist die Prinzipienerkenntnis beweisbar[21]. Das ist ein unvermeidlicher Zusatz zur klassischen Wissenschaftsdefinition, der sich in der Bestimmung der theoretischen Einheit auswirkt und die Grenze der »ersten« Philosophie markiert. Der Wissenschaftscharakter der praktischen Philosophie besteht nicht etwa in der Prinzipienlosigkeit – dann wäre sie keine Philosophie –, sondern in ihrer Sache, die sich stets anders verhalten kann[22]. Wer am Maßstab des Begründungszusammenhangs mißt, muß in Sachverhaltsveränderungen einen Mangel sehen. Aristoteles sieht darin einen Vorzug, weil Handeln nur unter dieser Bedingung möglich ist. Das Gründewissen der praktischen Philosophie entzieht sich der Begrifflichkeit des »theoretischen« Wissenschaftsbegriffs. Es ist das »Wissen, *wofür* etwas ist« – vom *Ziel* aller Erfahrung, Wissenschaft und Kunst, das vorwissenschaftlich in unmittelbar verständlichen und darum ebenso undefinierbaren praktischen Universalien wie das *Gute*, die *Gerechtigkeit* und das *Glück* zur Auslegung kommt. Offensichtlich haben wir es hier mit einer Begrifflichkeit zu tun, die weder dem Begründungs- noch dem Entstehungszusammenhang von Wissenschaft zuzuordnen ist. Sie konstituiert vielmehr einen eigenen Zusammenhang, der alle praktischen Wissenszweige, von der Ethik und Politik über die Rhetorik und Nomothetik bis hin zur Historik, Grammatik und Poetik, umfaßt und der Deutlichkeit wegen als *Orientierungszusammenhang* bezeichnet werden mag. Wenn Veränderungen menschliches Tun nicht von sich her überfallen sollen, hat sich der Handelnde an Zielen, den praktischen Universalien, zu orientieren. Die Orientierung kann aber sinnvoll nur mit dem beginnen, was der handelnde Mensch von sich weiß. Sie ist der Weg von dem uns Bekannten (ἀπὸ τῶν ἡμῖν γνωσίμων) zur Erkenntnis der Prinzipien hin[23], so daß die Prinzipienerkenntnis selbst auch hier den Charakter theoretischer *Entdeckung* hat. Der Weg zurück – vom Prinzip des Guten zu dem, was jeweils praktisch zu tun ist – ist der »Schluß des Handelns«, die *Entscheidung*, die als solche niemals wissenschaftlich bewiesen werden kann.

b) Als *doktrinale* Einheit ist Wissenschaft der Inbegriff dessen, was gelehrt und gelernt werden kann, – die *Lehre*. Ihr Problem ist die geordnete Mitteilung einzelner Lehrstücke, deren Zusammenhang untereinander und mit dem Lernen des Anfängers in einer Wissensdisziplin, – der *Mitteilungszusammenhang*, für den sich das Begründungsproblem ähnlich darzustellen scheint wie im klassischen Wissenschaftsbegriff. Alles Lehren, so heißt es dazu bei Aristoteles, und alles Lernen geschieht auf Grund einer vorhergehenden Erkenntnis[24]. Während diese Erkenntnis für die griechische *Episteme* Sache der *Theoria* ist, wird sie in der christlich-mittelalterlichen *Scientia* Sache des *Glaubens*, – eine Wende, die ihrerseits die grundsätzliche Leugnung der Begründungsmöglichkeit von Wissenschaft in der nachklassischen Skepsis voraussetzt.

Der Wechsel vom klassischen zum christlich-mittelalterlichen Wissenschaftsbegriff beginnt mit der Rede von Lehrmeinungen (δόγματα) in der spätantiken Philosophie. Wie das Grundwort δοκεῖν bedeutet »Dogma« dasjenige, was jemand behauptet (1), und zum anderen dasjenige, worauf sich jemand festlegt (2), – der *Entschluß*. Dogmen sind theoretische und/oder praktische Lehrsätze, durch die sich die Anhänger philosophischer Richtungen voneinander unterscheiden[25]. Als Bestandteil der Schulbildung artikulieren sie sich in der Begrifflichkeit von »doctrina« und »disciplina«. »Doctrina«, die lateinische Übersetzung des neutestamentlichen διδασκαλία, ist ursprünglich ein Gebrauchsausdruck für die Praxis christlicher Glaubensunterweisung, der aber schon bei Augustin den Gesamtinhalt des Geglaubten, die *christliche Lehre* (doctrina christiana) meint[26]. »Disciplina« steht synonym mit *ars* für die einzelnen Fächer des *Trivium* (Grammatik, Rhetorik, Dialektik) und *Quadrivium* (Arithmetik, Geometrie, Astronomie, Musik). Zusammen mit »scientia« bezeichnet es auch außerhalb des Bildungskanons die theoretischen und praktischen Einzelwissenschaften der Philosophie, wobei die »doctrina« über die Vereinheitlichung von Wissensinhalten einer »Disziplin« hinaus die Bedeutung von »Prinzipienerkenntnis« erhalten kann.

Das Problem einer doktrinalen Einheit des Wissens stellt sich für Thomas von Aquin, dessen Begriffssprache wir hier als paradigmatisch herausheben wollen, in der Frage: *Utrum sacra doctrina sit scientia*, ob die Lehre der Heiligen Schrift eine Wissenschaft sei. Die Antwort erfolgt im Horizont des klassischen Begriffs von ihr, wonach alles Wissen eine aus Prinzipien bewiesene Erkenntnis ist, aber keine Wissenschaft diese selbst beweisen kann. Prinzipien, so lautet das nicht-klassische Argument, werden nicht nur theoretisch entdeckt, sie werden auf übertheoretische Weise *mitgeteilt*, d. h. geoffenbart. Was notwendig mitgeteilt oder offenbart werden muß, sind die Prinzipien der *sacra doctrina*, die Wahrheit über das Handeln Gottes, deren Entdeckung nur wenigen Menschen möglich wäre, viel Zeit in Anspruch nehmen und zudem mit Irrtum verbunden sein würde[27]. Die Mitteilung von Prinzipien – wie immer sie auch vorgestellt werden mag – beruht in jedem Fall nicht auf *Vernunft*, sondern auf *Überlieferung* und *Autorität*. So begegnet denn bereits bei Thomas die Gleichstellung heilsgeschichtlicher Wahrheiten mit den Prinzipien der klassischen Wissenschaft einem doppelten Einwand. Einmal geht die *sacra doctrina* auf Glaubensartikel zurück, die als solche nicht durch sich selbst einsichtig und deshalb auch nicht für alle Menschen annehmbar sind. Zum anderen handelt sie von einzelnen Ereignissen (singularia), z. B. von den Taten Abrahams, Isaaks,

Jakobs und Ähnlichem, und vom Einzelnen gibt es keine Wissenschaft (scientia non est singularium)[28]. Beide Einwände versucht Thomas mit dem Argument der doktrinalen Einheit der Wissenschaft zu widerlegen. Die Wissensdisziplinen sind untereinander so gegliedert, daß die einer höheren Disziplin untergeordnete Disziplin keine durch sich selbst einsichtigen Prinzipien haben muß. Wie die Kunst der Perspektive oder der Musik ihre Prinzipien von der Geometrie und Arithmetik übernehmen, so die *sacra doctrina* von einer übergeordneten doctrina, die Thomas *scientia Dei* nennt, – die Wissenschaft Gottes, die dem Menschen durch die Offenbarung der Heiligen Schrift zuteil wird. Daß die Heilige Schrift Einzeldinge zum Gegenstand hat und in eine Vielheit von Geschichten zerfällt, stellt für Thomas keinen Einwand dar, weil sie davon nicht »principaliter« Gebrauch macht. Das Einzelne ist nur insofern Gegenstand, als es auf ein Allgemeines, das *exemplum vitae* einer Geschichte hinzeigt oder zum Erweis der Autorität jener Männer beiträgt, durch die dem Menschengeschlecht die göttliche Offenbarung zuteil geworden ist[29]. Die *sacra doctrina* heißt so nicht nur mit Fug und Recht *scientia*, sondern ist *una scientia*, – die *eine* und *einzige* Wissenschaft, die als solche Sache der göttlichen Weisheit ist.

c) Als *systematische* Einheit ist Wissenschaft der in sich geschlossene Begründungszusammenhang wahrer Sätze, in dem mit dem einzelnen Wissen die Begründungen selbst und mit diesen die einzelnen, abgeleiteten Begründungszusammenhänge über ein Gebiet zu einem abgeschlossenen Ganzen verbunden sind. Kriterium der Wissenschaft ist die *Systematisierung des Wissens*, die Eindeutigkeit der Grundbegriffe (1), Widerspruchslosigkeit der Grundsätze (2) und Vollständigkeit induktiver Bestätigungen (3) verlangt.

Im Bezugsrahmen der klassisch-griechischen wie der christlich-mittelalterlichen Begrifflichkeit von »Theoria« und »Doctrina« wird die Vielheit der Wissenschaften durch verschiedene Einheitsformen zusammengehalten, sei es die *Philosophie* oder die *Enzyklopädie*, das *Corpus* oder die *Summe*, den *Kommentar* oder den *Diskurs* nach *Loci communes*. Ein »System« kennen weder Platon und Aristoteles noch Thomas von Aquin, wie es auch Philipp Melanchthon, dem Präceptor der reformierten »sacra doctrina«, fremd ist. Unter dem Eindruck der gemeinsamen Grundannahmen des vorneuzeitlichen Wissenschaftsbegriffs, daß wissenschaftliches Wissen Erkenntnis *aus* Prinzipien (1), die Prinzipienerkenntnis selbst nicht wissenschaftlich (2), die Wissenschaft menschliche Habe (3) und zuhöchst Anteilhabe an göttlicher Weisheit sei (4), mußte der Systemgedanke ohne Anhalt bleiben. Er findet ihn erst im neuzeitlichen Bezugsrahmen einer *Wissenschaft der Erfahrung*, deren veränderte Grundannahmen die theoretische und doktrinale Wissensoptik revolutionieren.

Die Begriffsrevolution beginnt als *Erweiterung der überlieferten Begrifflichkeit.* Dem klassischen Griechentum wie dem mittelalterlichen Christentum wäre der Ausdruck »Erfahrungswissenschaft« unverständlich, ja sinnlos erschienen: Wissenschaft ist kein Wissen, das noch zusätzlicher Erfahrung, der Bestätigung durch *Sinnesdaten* auf der Grundlage von Beobachtung und Experiment, bedarf[30]. Ein solches Wissen heißt vorneuzeitlich *historia*, »Kunde« und *ars*, »Kunst«. Klassisches Beispiel ist die Medizin, die beides in einem, sowohl Heilkunde als auch Heilkunst, aber niemals »Heilwissenschaft« ist. Die neue Wissenschaft, deren Entstehen die Neuzeit als universalhistorische Epoche gegenüber allen strittigen Herleitungen und Datierungen eindeutig definiert und von anderen Epochen abhebt, ist das Ergebnis einer großen Koalition, die die Physik des 17. Jahrhunderts mit *Erfahrungskunde*, der traditionell verachteten *Neugier* auf seiten von Abenteurern, Amateuren und Spekulanten aller Art, und *Kunst*, den traditionell verachteten *Werkstätten* und ihren *artes*, bis hinunter zu den *artes mechanicae* der Ingenieure, Handwerker und Arbeiter, schließt. Ihr verdankt sich jenes Begriffsgefüge, das sich in der Begrifflichkeit des »Systems« artikuliert.

System, abgeleitet von gr. συνίστημι, »ich setze zusammen, ordne an, mache«, bedeutet in substantivischem Gebrauch das Zusammengesetzte, die Ordnung, das Gemachte, – eine Begrifflichkeit, die vielfältige Anwendungsmöglichkeiten freigibt. Sie erstreckt sich vom *Kosmos*, dem σύστημα ἔξ οὐρανοῦ καὶ γῆς, bis hin zur *Polis*, die ein σύστημα τῆς πολιτείας bildet, und dazwischen auf so verschiedene Phänomene wie *musikalische Tonarten*, die aus Intervallen, oder *physikalische Elemente*, die aus Atomen zusammengesetzt sind. Die *Epi-*

steme hingegen, die nicht zusammengesetzt, angeordnet oder gemacht ist, bildet kein »System«. Anders die *Techne*, die auch eine Habe und Verhaltung des Menschen, aber als solche von besonderer Art ist. Technisches Tun, so hatte schon Plato gemeint, zeichnet sich dadurch aus, daß es zusammensetzend, anordnend und machend verfährt, weil die Maler und Architekten, die Schiffsbauer und alle anderen Handwerker nicht aufs Geradewohl zugreifend jedesmal etwas Neues an ihr Werk anlegen, sondern jedes an seinen vorgeplanten Ort bringen und so zu einem Ganzen, als σύστημα, zusammenzwingen[31]. Die *Techne*, so definieren die Stoiker, ist ein Ganzes aus Begriffen (σύστημα ἐγκαταλήψεων)[32]. Damit eröffnet sich die Möglichkeit, diesen seit alters für den Kosmos gebrauchten Ausdruck über die »artes« hinaus in die *Astronomie* einzuführen, wo er nach spätantikem und christlich-mittelalterlichem Sprachgebrauch das ptolemäische »Weltsystem« repräsentiert[33].

Bereits in dieser ersten (antiken) Fassung verbindet sich mit der Rede von »System« ein bestimmter Begriff von »Methode«. Nach klassischem Wissenschaftsverständnis ist μέθοδος – Kopernikus hat daran in der Vorrede zu seinem astronomischen Hauptwerk erinnert – gleichbedeutend mit »Beweisgang« (processus demonstrandi),[34] dem Weg der Annäherung an das wissenschaftlich zu Erkennende. Aber der Sinn des Begriffs bestimmt sich von der Besonderheit des Erkenntnisgegenstandes her, der nicht in jedem Fall apodiktisches Wissen zuläßt.

So besitzt das *systema mundi* grundsätzlich nur hypothetische Gewißheit; es tritt in der noch »unsystematischen» Mischung von Beobachtung, metrischer Beschreibung und analytisch-synthetischen Verfahrensweisen mit kosmogonisch-mythischem Weltbericht als bloß wahrscheinliche Vermutung auf, die keine Wahrheit für sich beanspruchen darf. Von dieser Sinndeutung hat sich der neuzeitliche Systembegriff durch eine wissenschaftsgeschichtlich folgenreiche Veränderung im Begriff der Methode entfernt. Mit dem Ausdruck verbindet sich nicht mehr ein geminderter Wahrheitsanspruch, sondern umgekehrt: das System erscheint jetzt als jene Form, in der auch das Erfahrungswissen apodiktische Gewißheit erlangt.

Es ist der Anspruch auf vollständige Induktion, der sich seit Galilei auf den Vorentwurf der Natur als in sich geschlossenen Bewegungszusammenhang von Körpern stützt und die Begriffsabkehr vom Aristotelismus mit seinen Unterscheidungen von »Oben« und »Unten«, von »erzwungenen« und »natürlichen« Bewegungen voraussetzt. Die Astronomie, sagt bereits Kopernikus, der sie noch eine »Kunst« (ars), aber zugleich auch »göttliche Wissenschaft« (divina scientia) nennt, umfaßt alle Wissenszweige, die Arithmetik, Geometrie, Optik, Geodäsie und Mechanik.[35] Weil Himmel und Erde verwandt sind, schreibt Kepler, läßt sich sogar von unten hinauf argumentieren und folgern.[36] Und Galilei schließlich verteidigt seine Vereinheitlichung aller Bewegungsarten zu einer einzigen kinematischen Theorie mit der metaphorischen Rede, daß das Buch der Natur selbst in Zahlen, einer gleichförmigen und überall gleich verständlichen Sprache, geschrieben sei[37].

Die Einheit eines »Systems« erlangen diese Wissenszweige im Rahmen der Grundannahme, wonach sich alle Erfahrungswissenschaft auf die *Erkenntnis von Naturgesetzen* richtet. Sie ist nicht selbstverständlich, wenn man bedenkt, daß von »Gesetzen« bis ins 17. Jahrhundert hinein nur in der Theologie, Politik und »Kunst« die Rede ist. Der »Gesetze« bedarf alles dasjenige, was nicht der Natur gemäß geschieht: das praktische Verhalten von Menschen und das Hervorbringen künstlicher Gegenstände. Aber die hier gebrauchten Ausdrücke νόμος und *lex* besitzen mehr den kontingenten Sinn von »Anordnung« und »Setzung«, während der Natur selbst λόγος und *ratio* zuerkannt wird. Noch Galilei spricht von »principia«, »rationes«, »regulae«, wenn er seine Entdeckungen kinematischer Grundsätze, das von uns so genannte »Fallgesetz« oder das »Trägheitsgesetz«, erläutert. Die Übernahme des Gesetzesbegriffs vollzieht sich über die Ausdeutung des theologisch-politischen Gesetzgebergedankens durch Descartes, Hobbes und Spinoza, und erst bei Huygens, Robert Boyle und Newton bildet sich die neue Gesetzessprache aus. In Newtons ›Philosophiae naturalis principia mathematica‹ (1687) nimmt sie die Stelle der aristotelischen Axiomatik ein. Die *Grundsätze* der Physik sind die *Axiomata sive leges motus*, deren Formulierung die *Definitiones* ihrer *Grundbegriffe* (quantitas materiae, motus, vis usf.) vorausgehen, gefolgt von den daraus abgeleiteten *Lehrsätzen* über die Bewegung der Körper (De motu corporum) und ihre kosmologische Gesetzlichkeit (De mundi systemate). »Die Sätze«, so umschreibt Newton die nomologische Grundannahme der neuzeitlichen Erfahrungswissenschaft und ihre methodologische Präsumtion, »die aus den Phänomenen durch Induktion gewonnen sind, müssen wir, ungeachtet aller gegenteiligen Hypothesen, so lange als ganz oder beinahe wahr ansehen, bis andere Phänomene auftreten, durch die sie entweder genauer wiedergegeben oder Ausnahmen unterworfen werden können«.[38]

III

Mit dem Fortschreiben dieses Programms – der Legitimierung der wissenschaftlichen Revolution des 17. Jahrhunderts, die uns Heutigen als das wahrhaft universalhistorische Ereignis der Neuzeit erscheinen will – schließt sich zusammen, was die vorneuzeitliche Begrifflichkeit auseinanderhält: die *Empirie* mit der *Wissenschaft* und jene mit *philosophischer Prinzipienerkenntnis.* Unter »Philosophie« verstehen Newton und die Begründer des sich verzweigenden Erfahrungswissens, von Robert Boyle über Linné und J. Dalton bis zu Lamarck und Geoffroy Saint-Hilaire, »theoretische« Naturwissenschaft[39], – ein Begriffswechsel, den auch diejenigen vollziehen, die nur mittelbar am Ausbau der Erfahrungswissenschaften beteiligt, aber philosophierend von ihm abhängig sind. Wenn Galilei die Bedenken der Aristoteliker, seine Wissenschaft werde die ganze Philosophie umgestalten, noch mit dem Argument zerstreuen mochte, es handele sich hier um Physik, welche die Lehre von der Seele, der Zeugung, dem Lebendigen unberührt lasse,[40] so sind die Philosophen der Neuzeit zu solcher Selbstbescheidung wenig geneigt. Das Problem der Prinzipienerkenntnis anerkennend, fordern sie gleichwohl die Herstellung eines in sich geschlossenen (»systematischen«) Begründungszusammenhangs – entweder empiristisch »aufwärts« von den Sinnesdaten her zu den sie stützenden Axiomen oder rationalistisch »abwärts« von den für »evident« erklärten Axiomen zu den Sinnesdaten, wofür sie Wissen sind. Philosophie ist Wissenschaft, und zwar *theoretische* Wissenschaft, die mit zunehmender Einschränkung auf Mathematik, Physik, Chemie das praktische Wissen entweder von sich ausschließt oder die Idee der praktischen Philosophie technizistisch mißversteht. Die Ausschließung wird in den großen Akademien des 17. Jahrhunderts – der institutionellen Grundlage der wissenschaftlichen Revolution – sanktioniert, die Erfahrungswissenschaften betreiben, ohne sich, um Hookes Entwurf für die Statuten der *Royal Society* (1663) zu zitieren, »in Theologie, Metaphysik, Moral, Politik, Grammatik, Rhetorik oder Logik einzumischen«.[41] Dem später in sie einziehenden Mißverständnis, als ob Praxis in nachträglicher Anwendung theoretischen Wissens technisch herstellbar sei, erliegt zuerst ein Philosoph, Descartes, der mit den Fortschritten der Physik die Aussicht auf Ablösung der »spekulativen« Schulphilosophie durch eine neue »philosophie pratique« verbindet, die uns die Wirkung der Körper »ebenso genau kennen lehrt, wie wir die verschiedenen Techniken unserer Handwerker kennen, so daß wir sie auf eben dieselbe Weise zu allen Zwecken, für die sie geeignet sind, verwenden und uns so zu Herren und Eigentümern der Natur machen können«.[42]

Darin sehe ich den Kern der wissenschaftlichen Revolution des 17. Jahrhunderts. An der Oberfläche ein Prozeß »systematisierten«, aus Beobachtung, Experiment und Messung zusammengesetzten und nach Gesetzen geordneten Erfahrungsgewinns, mit dem das Entstehen immer neuer Wissenschaften und freiwerdender Techniken der Naturbeherrschung einhergeht, ist sie *in der Tiefe eine Revolution der Idee der europäischen Wissenschaft.* Was als Erweiterung begann, erweist sich als ungeheure Verengung, – als Ortslosigkeit des Begriffs, die gerade aus seiner festen Verortung hervorgeht. Wenn ich diesen Vorgang auf eine Formel reduzieren sollte, würde ich sagen: Im Verlauf der wissenschaftlichen Revolution verschiebt sich der Ort der Wissenschaft von der *Seele*, einer menschlichen Habe und Verhaltung, auf das *System*, dessen dominierende Eigenschaften das Zusammensetzen, Anordnen und Machen sind. Mit dieser Ortsverschiebung, die nicht ein äußeres Hin und Her von »Begriffen«, sondern das Innerste neuzeitlicher Wissenschaftsgeschichte, die Transformation aller »Künste« und praktischen Wissenszweige, einschließlich der Jurisprudenz, Medizin, Theologie und Geschichte, zu »Wissenschaften« betrifft, rückt die überlieferte Begrifflichkeit von »Theorie« und »Empirie«, »Lehre« und »Disziplin« in das neue Wissenschaftssystem ein, während *Theoria* und *Doctrina* – ihre Bezugspunkte – nun umgekehrt ohne Anhalt sind und zur »Weltanschauung«, zur »Doktrin« und (negativ verstandenen) »Spekulation« herabsinken. »Empirie« ist systematisierte *Erfahrung*, »Disziplin« die *Methode*, nach der sie gewonnen wird, *Theorie* der Zusammenhang von Prinzipien, der Erfahrung ermöglicht, das *Axiomensystem*, aus dem dann in der Anwendung auf ihre einzelnen Gebiete ein Zusammenhang von *Lehrsätzen*, die »Lehre«, abgeleitet werden kann. »Eine jede Lehre«, mit diesen Worten weist Kant nach einer langen Phase von Ortsverschiebungen dem Begriff seine neue Stelle an, »wenn sie ein System, d. i. ein nach Prinzipien geordnetes Ganze der Erkenntnis sein soll, heißt Wissenschaft«[43]. Kant zählt dazu auch die *Prinzipien der praktischen Philosophie*, deren Begrifflichkeit als Komplement des Naturgesetzes durch die Gesetzgebung aus *Freiheit* in das System eingebaut wird, – eine doppelte Gesetzgebung, die *auf ein und demselben Boden der Erfahrung* spielt und so allein dem systematischen Anspruch vollständiger Induktion genügt. Philosophie – das ist der andere, an den klassischen Wissenschaftsbegriff wieder anschließende Weg, den Kant in der Antwort auf die großen Herausforderungen der wissenschaftlichen Revolution einschlägt – unterscheidet sich eben darin von der Naturwissenschaft, daß sie alles Erfahrungswissen auf *Weisheit* bezieht[44]. *Systematische* Einheit, sagt Kant am Ende der ›Kritik der reinen Vernunft‹, erlangt unser Wissen erst dann, wenn es nicht länger mit theoretischer, d. h. experimentell-mathematischer Naturwissenschaft verwechselt wird.

Die Verwechslung der Begriffe, – das ist, trotz des Kantischen Abgrenzungsversuchs gegenüber den Dogmatisierungen des neuzeitlichen Wissenschaftsbegriffs, die große Aporie, der im Übergang zur modernen Welt nicht nur die Erfahrungswissenschaften, sondern auch die ihrem Boden erwachsenden Sinndeutungen ausgesetzt sind, jene mannigfachen »Weltanschauungen« und »Doktrinen«, die seit dem 19. Jahrhundert als »Ideologien« miteinander im Kampf sind. Die Aporie beginnt im Grunde schon mit der Verfehlung des kritischen Weges im deutschen Idealismus, der seinerseits »Philosophie« mit »Wissenschaft«, und zwar einer *zugleich* theoretischen und praktischen identifiziert, die als »absolute« der *Überwindung* des »Gegebenen«, d. h. des endlich-relativen Erfahrungswissens entspringen soll. Der Phase eines philosophisch irritierten *Idealismus* folgt die Irritation des *Positivismus*, der die Wissenschaftsidee umgekehrt auf das »Gegebene« hin relativiert. Was der positivistisch gedeutete Systemgedanke vorgibt,

ist das »Positive« im Doppelsinn von *Sinnesdatum* und *Gesetz*. Wenn »Wissenschaft« durch diese beiden Elemente definiert ist, kann der Charakter der ihr zugehörigen Theorie nur die *Erklärung* sein, – eine Konzeption, die heute bekanntlich von der analytischen Wissenschaftstheorie zur Geltung gebracht und als Grundlage eines spezifisch »modernen«, für alle Erfahrungsgebiete verbindlichen Wissenschaftsbegriffs angenommen wird. Ich vermag darin nichts Modernes, sondern lediglich eine Differenzierung der axiomatisch-deduktiven Struktur des klassischen wie des neuzeitlichen Verständnisses von Wissenschaft zu sehen, die ins Empirische fortgeführt,[45] aber damit auch dogmatisiert wird. Mit dem Positivismus verwandt ist der *Historismus*, der in vermeintlicher Abkehr von ihm das Gegebene als *Erlebnisdatum* und Ausdruck eines historischen Individuums, sei dieses eine Person, ein Werk, ein Volk oder ein ganzes Zeitalter, auffaßt. Soweit sich Wissenschaft auf der so verstandenen Basis überhaupt noch systematisch als Begriff expliziert, muß sie notwendig ohne Theorie, und das heißt dann: sie muß *verstehendes Sicheinfühlen und Auslegen*, – Interpretation des »Gegebenen« sein.
Der in unserer Zeit vorherrschende Gegensatz zwischen empirisch-analytischer Wissenschaftstheorie und einer den Historismus vollendenden Hermeneutik scheint universalhistorisch von jenem dritten, dem »dialektischen« Wissenschaftsbegriff überholt zu sein, den der heutige Marxismus in seiner Zugehörigkeit zur modernen Welt zur Geltung bringt. Er steht im Kontext einer »Weltanschauung«, die wohl, um mit Kant zu sprechen, theoretisches Erfahrungswissen auf Weisheit bezieht, aber diese dennoch, in grundsätzlicher Übereinstimmung mit dem Positivismus, der Begrifflichkeit neuzeitlicher Wissenschaft angleicht und damit sich selbst dogmatisiert. Gegenstand der Erfahrungswissenschaften – ich greife zum Schluß aus der Gesamtheit der behandelten Aspekte einen gemeinsamen Grundzug heraus, der mir für die Dogmatisierungstendenzen wesentlich erscheint – sind die *Naturgesetze*, die nach neuzeitlichem Verständnis universal, d. h. »immer« (quod semper), »überall« (quod ubique) und »von allen« (ab omnibus) gelten. Wenn die Aufgabe wissenschaftlicher Theorien die Erklärung auf der Grundlage allgemeiner Gesetzmäßigkeiten ist, dann sind, wie schon Comte ganz richtig gefolgert hatte, die Erfahrungswissenschaften wegen der unvermeidlichen Verschiedenartigkeit des Gegebenen gar keiner vollständi-

gen Systematisierung fähig. *Systematische Einheit* erlangen sie unter dem Gesichtspunkt ihres *Entstehungszusammenhangs*, des Ursprungs in der menschlichen Praxis, der nur eine einzige Wissenschaft zuläßt: die Soziologie[46]. Da die Soziologie auf der anderen Seite selbst positive Wissenschaft und als solche wesentlich auf Naturgesetze gerichtet ist, kann sie nur eine Naturwissenschaft sein.

Es ist die Folgerung eines praktisch gerichteten Denkens, das seine Präsumtionen nicht mitreflektiert, die uns im Marxismus wiederbegegnet. Im Rückblick auf die Ausdeutung der Ergebnisse der wissenschaftlichen Revolution im deutschen Idealismus beklagt der junge Marx die Kluft zwischen Naturwissenschaft und Philosophie. Ihre »momentane Vereinigung« im spekulativen »System der Wissenschaft«, heißt es gegen Schelling und Hegel, war nur eine »phantastische Illusion«. Aus der zutreffenden Einsicht, daß die Vereinigung nur praktisch begründet sein kann, leitet Marx die These ab, sie liege in der Industrie schon vor, die in ihrer fortgeschrittenen Gestalt das »wirkliche geschichtliche Verhältnis der Natur und daher (!) der Naturwissenschaft zum Menschen« sei.[47] Das Cartesianische Mißverständnis auf neuer Stufe wiederholend, überträgt Marx die Metapher vom »Buch der Natur« auf die Technik. Das »Buch der Industrie« ist in einer Sprache geschrieben, die das Wissen des Menschen von sich und seinesgleichen, das Alphabet der »praktischen Wissenschaft« enthält. »Die Naturwissenschaft«, so lautet der Schluß aus jener problematischen Analogie, »wird später ebensowohl die Wissenschaft von Menschen, wie die Wissenschaft vom Menschen die Naturwissenschaft unter sich subsumieren: Es wird *eine* Wissenschaft sein.«[48]

Von der Einheitsthese des jungen führt ein direkter Weg zum späten Marx, dem sich das Mißverständnis der Idee der praktischen Philosophie vollends potenziert. Der Ort der Wissenschaft ist dem Autor der ›Kritik der politischen Ökonomie‹ das »System der Maschinerie«, das sich in der *Automation*, der Verwandlung des industriellen in einen *wissenschaftlichen Prozeß*, vollendet. Obwohl er hier gelegentlich in Aristotelischen Begriffen davon spricht, daß dieser Prozeß seine »*seelenhafte Einheit* außer sich« hat und der gegenständlichen Einheit der Maschinerie, dem »capitale fixe, das als *beseeltes Ungeheuer* den wissenschaftlichen Gedanken objektiviert und faktisch das Zusammenfassende ist«[49], untergeordnet sei, subsumiert Marx die ihn leitende Wissenschaftsidee ganz unaristotelisch dem *Begriff der Produktivkraft*. Daraus erklärt sich jener fatal-technizistische Fehlschluß, der die historisch-materialistische Theorie durchzieht: daß die technisch bevorstehende Phase der Automation bereits anzeigt, in welchem Maße die »Bedingungen des gesellschaftlichen Lebensprozesses selbst unter die Kontrolle des *general intellect* gekommen und ihm gemäß umgestaltet sind«[50]. Die »menschliche Wissenschaft«, die im Bewußtsein des Arbeiters existiert, ist dann aber gar nicht »praktisch«. Sie ist *Sozialtechnologie*, – eine Gesellschaftswissenschaft, die »Naturgesetze«, das »ökonomische Bewegungsgesetz der modernen Gesellschaft« und die revolutionäre Durchsetzbarkeit seiner »Tendenzen« untersucht[51], – die erneuerte Analogie zur Physik, mit der Marx die Gesetzlichkeit des historischen Verlaufs zu verdeutlichen sucht. Ob sie nicht vielmehr eine *Verwechslung* als eine Verdeutlichung im Gesetzesbegriff nach sich zieht, das ist die Frage, die sich weder Marx noch der gegenwärtige Marxismus gestellt hat.

Daß der Historische Materialismus an diesem Punkt mit dem älteren und neueren Positivismus konvergiert, darin besteht in der Tat das universalhistorische Geschick der modernen Welt, das ich, in Umkehrung der von M. Weber gebrauchten Formel, *ihre Verzauberung durch Wissenschaft* nennen möchte. Ich sehe darin kein Schicksal, das über uns verhängt ist. Wir können ihm widerstehen, wenn wir seinen Ursprung erkennen, und dieser Ursprung liegt in der dogmatischen Einschränkung der europäischen Wissenschaftsidee auf das »Feststellbare« von Tatsachen und Gesetzen, – als ob unser Zeitalter nicht zugleich und am Grunde die »Zeit der großen Politik«, der Um- und Neuorientierung praktischer Universalien wäre! Vielleicht ist das Problem der europäischen Wissenschaft gar nicht primär ein Problem der Universalgeschichte, weil sich das geschichtliche Geschehen mit dem wissenschaftlich-technischen Zugriff der beiden Supermächte auf Europa unseren Erfahrungsmöglichkeiten immer mehr entzieht. Geschichte »haben« wir vielleicht erst dann wieder, wenn wir zu erkennen beginnen, daß nicht die Geschichte, sondern die Praxis unser größtes wissenschaftliches Problem ist.

Sie ist es in einem zweifachen Sinne. Die Praxis ist unser *dringlichstes* Problem, weil mit den Bedingungen des gesellschaftlichen Lebensprozesses das Leben selbst unter die Kontrolle des *general intellect* kommt, der doch seinerseits kontrolliert werden muß, die Erhaltung von Kontrollmöglichkeiten aber davon abhängt, in welchem Maße praktische Orientierungen theoriefähig sind. Und sie ist unser *schwierigstes* Problem, weil wir davon Rechenschaft abzulegen haben, warum für den Orientierungszusammenhang unseres Wissens eine »absolute«, d. h. theoretisch abgeschlossene Begründung nicht möglich ist, da wir sonst *zwischen falschen Alternativen* – Deduktion oder Dezision, Theorie oder Praxis, Wissenschaftstheorie oder Hermeneutik, Erklären oder Verstehen – wählen müßten. Das von uns neu zu suchende Wissensverständnis werden wir jedenfalls erst dann finden, wenn wir, um der Idee der Wissenschaft willen, von Dogmatisierungen des neuzeitlichen Wissenschaftsbegriffs Abschied nehmen.

Zweiter Teil
Naturphilosophie

Vom Seins- zum Grenzbegriff
Die Natur in der Theorie der Geisteswissenschaften

Die Natur in den Geisteswissenschaften – dieses Thema legt die Frage nahe: Wie können jene Wissenschaften, die herkömmlich auch Geschichts- und Kulturwissenschaften heißen, davon handeln, was Gegenstand der Naturwissenschaften ist? Darauf gebe ich vorweg drei Antworten. 1. Weil die gesellschaftlich-geschichtliche Welt des Menschen nicht nur geschichtlich ist, sondern in der Rhythmik des Einzellebens, vom Wechsel zwischen Schlaf und Wachen angefangen bis hinunter zu Zeugung, Wachstum, Altern und Tod, das Leben in und mit der Natur voraussetzt; 2. weil das Wissen von ihr, wie immer es verfaßt sein mag, ob mathematisch oder empirisch, selbst geistig ist (Beobachtung und Experiment sind noch in technisch aufwendigster Ausführung gedanklich motiviert; die Mathematik ist keine Naturwissenschaft); und 3. weil die Geisteswissenschaften die natürliche Welt immer schon in sich enthalten: *vorgegenständlich*, um es so auszudrücken, weil die Natur für sie niemals Gegenstand sein kann wie in den Naturwissenschaften.

Nun ist das Thema so weit gespannt, daß diese Antworten unvermeidlich vorläufig bleiben. Sie wären an Fallstudien zu konkretisieren, die einer (bisher nicht geschriebenen) Wissenschaftsgeschichte der Geisteswissenschaften aufgegeben sind. Unsere Aufgabe weist in eine andere Richtung. Sie gilt der Erkenntnistheorie und Methodologie, nach der sich die Geisteswissenschaften an ihrem Beginn als eigene Wissenschaftsgruppe gegenüber den Naturwissenschaften abgegrenzt haben. Im Blick auf diese Grenzziehungen, die uns heute fragwürdig erscheinen, fragen wir nach dem Ort der Natur im Kontext geisteswissenschaftlicher Theorienbildung. Für uns, die wir durch die phänomenologische und hermeneutische Kritik an der erkenntnistheoretischen Problemstellung hindurchgegangen sind, lautet die Frage so: Was heißt auf diesem Felde »Theorie«, nachdem, lange vor Husserl und Heidegger, Kant im Verlauf des Weges von der ›Kritik der reinen Vernunft‹ in der ›Kritik der Urteilskraft‹ zu dem Ergebnis gekommen ist, »über die Naturbestimmungen hinaus« gebe es keine Theorie.[1]

Das ist, wie mir scheint, die Grundfrage unseres Themas, die ich an Hand der im Vortragstitel angezeigten Unterscheidung im Ausgang von Kant und der neukantianisch geprägten Erkenntnistheorie der Geisteswissenschaften zu klären suche. Ich beginne mit hermeneutischen Vorklärungen zum »Seinsbegriff«. Darunter verstehe ich die Natürlichkeit der Natur,[2] wie sie in und außer und über uns »da« ist und sich in diesem unscheinbaren Lehnwort unserer Sprache anzeigt: *Natura*, von *nasci*, »geboren werden«, »aufgehen« hergeleitet wie *Phýsis* von *phýomai*, »wachsen«, »werden«, dessen Wurzel φυ sich im Perfekt *fui* des lateinischen esse, »sein« erhalten hat. Im perfektischen Gebrauch bezeichnet auch das griechische *péphyken* von früh an diese Natürlichkeit des Daseins von allem, was lebt, auf der Erde oder am Himmel aufgeht und in aufzeigbarer Gestalt dasteht, sei es eine Pflanze, der Regenbogen oder die Gestirne.[3] *Natur* ist ursprünglich überall, in allen Sprachen, die wir kennen (wenigstens den indoeuropäischen), gleichbedeutend mit »Leben« und »Dasein«. Aber mehr noch – und dieses »Mehr« hebt die Philosophie aus dem dichterischen und alltäglichen Sprachgebrauch als Urmeinung der Worte *Physis* und *Natura* heraus – hat es die Bedeutung von *So-und-nicht-Anders-Sein* in der Bestimmtheit des Zum-Vorschein-Kommens von etwas und allem, *in* und *durch* Leben *Sein* im Sinne des *Daseins in der Welt*. Als Inbegriff von erfahrenem Leben bildet so »Natur« am griechischen Anfang der Philosophie gleichermaßen den Hintergrund der Explikation menschlicher Selbsterfahrung in der *Ethik* und *Politik* wie der Welterfahrung der *Physik*, womit uns der das griechische Denken überhaupt kennzeichnende analogische Gebrauch des Naturbegriffs im Zusammenhang mit der Begrifflichkeit des *Lebens* (βίος), des *Zwekkes* (τέλος) und zuletzt des *Seins* (οὐσία), dem Grundwort der europäischen Metaphysik, sachlich einleuchtend und überzeugend wird.[4]

Daß »Natur« und »Welt« im Sprachgebrauch durcheinanderlaufen, vermerkt noch Kants ›Kritik der reinen Vernunft‹ (B 446). Und Kant erinnert ebenso an den Zusammenhang von »Leben« und »Dasein«, wenn er zwischen der *Natur in materieller Bedeutung* (als »Inbegriff aller Dinge, sofern sie Gegenstände unserer Sinne, mithin auch der Erfahrung sein können ...«) und *der Natur in formaler Bedeutung* unterscheidet, da das Wort »das erste, innere Prinzip alles dessen bedeutet, was zum Dasein eines Dinges gehört«,[5] wie die Natur der Pflanze, eines Tieres, aber auch des Feuers, von Dingen und Zuständen, die lebendig oder dem Leben analog sind, während eine geometrische Figur keine Natur, sondern »nur ein Wesen« hat. Warum? Weil in ihrem Begriff und dessen anschaulicher Darstellung in der Konstruktion von Größenverhältnissen »nichts, was ein Dasein ausdrückte, gedacht wird«.[6] Um Naturwissenschaft zu werden, muß die Anwendung der mathematischen Begriffskonstruktion von der *Phoronomie* als reiner Bewegungslehre materieller Körper im Raume über die *Mechanik* und *Dynamik* zur *Phänomenologie* fortschreiten, in der »Materie« allererst ein Naturphänomen, nämlich Gegenstand unserer Erfahrung, sein kann. Und die subjektive Bedingung aller uns möglichen Erfahrung ist das der Konstruierbarkeit entzogene Grundphänomen »Leben«, worin wir eigentlich bewußtseinsmäßig »da« sind.[7]

In dieser elementaren Unterscheidung sieht Kant eine Grenze der Anwendbarkeit von Mathematik auf die Natur in materieller Bedeutung, obwohl er von ihr als einem Grenzbegriff nirgends spricht. Die Naturwissenschaft kennt *Schranken*, aber *keine Grenzen*, die ihren Fortgang abschließen oder worauf sich das Erkennen richtet. Schranken sind bloße Negationen, während Grenzen zugleich etwas Positives anzeigen. Sie umschreiben das *Noumenon*, die Vernunftidee des »Dings an sich«, die wir als außerhalb der Erfahrung liegend annehmen müssen.[8] Wir verstehen darunter (mit einer Kant leicht modifizierenden Deutung) einen zu unserer Orientierung in der Welt als Inbegriff der Erscheinungen notwendigen Begriff, der die »Anmaßungen der Sinnlichkeit« einschränkt, um die uns nötige Selbsterkenntnis nicht an die räumliche Anschauung, die reine oder sinnliche, zu binden. So bezieht er sich auf maßlose Ausdehnungen der Anschauungssphäre auf die Weltidee der reinen Vernunft (den Mystizismus der intellektuellen Anschauung) *und* auf die vermessene Behauptung der mechanistischen Naturphilosophie, daß *alle* Erkenntnis sinnlich oder an die ausschließlich raum-zeitliche Bestimmung der Erscheinungen gehalten sei. Insofern ist er nach Kant nur von negativem Gebrauch.[9] Der Neukantianismus hat diesen Gebrauch durch seine erkenntnistheoretische Lesart der ›Kritik der reinen Vernunft‹ ausgeschaltet, indem er kurzer Hand im Gegenüber zur *Seele*, dem *Ding an sich der inneren Erscheinungen*, die *Welt als Ding an sich der äußeren Erscheinungen* interpretiert.[10] Und damit wird »Natur« unter Absehung von ihrer Zugehörigkeit zur Weltidee der Vernunft als Grenzbegriff der Naturwissenschaft gedeutet, ein Deutungsvorgang, der auf die Erkenntnistheorie und Methodologie der Geisteswissenschaften ausgreift und ihre Konstituierung entscheidend beeinflußt, bis ihn in unserem Jahrhundert die hermeneutische Phänomenologie in Frage stellt.

Damit ist der weitere Weg unserer Überlegungen vorgezeichnet. In einem ersten Gang müssen wir den neukantianischen Kontext nachzeichnen, worin die Erkenntnistheorie der Geisteswissenschaften in methodologischer Fixierung auf den Grenzbegriff der Natur entstanden ist (I). In einem zweiten Schritt folgen wir Diltheys Fortgang über den Neukantianismus hinaus zur Besinnung auf die hermeneutischen Grundlagen der Geisteswissenschaften und des Naturerkennens (II), mit Ausblicken auf die Wiederholung eines natürlichen Naturverständnisses, das im Zuge des Prozesses wissenschaftlicher Vergegenständlichung aufgelöst und in den Hintergrund der Vergangenheit abgedrängt worden ist (III). Und in einem letzten Schritt erörtern wir Diltheys Antwort auf die von ihm gestellte Frage, wie die Natur für uns existieren und der Umgang mit ihr geisteswissenschaftlich begründet werden kann (IV). Was sich bei Dilthey abzeichnet, ist die Richtung auf ein vorgegenständliches Verständnis von Natur als »Leben« und »Dasein«, wir könnten auch sagen: die sich heute vollziehende Rückkehr zur natürlichen Natur nicht im Sinne der vorneuzeitlichen Physik, sondern von Erfahrungen, die zur Geltung bringen, was in den Geisteswissenschaften an einem ursprünglich vorgegenständlichen Naturverständnis erhalten und aufgegangen ist.

I

Die neukantianische Parole: »Zurück zu Kant«! steht unter dem Zeichen des positivistischen Gesetzesdenkens. Denn darin erfüllt sich der Geist des Positivismus: nicht im *Positum* der Tatsache, sondern in der *Positivität des Gesetzes*, das sie erklärt. In diesem Geist hat sich der Neukantianismus Kants Definition von Natur als des »Daseins der Dinge, sofern es nach allgemeinen Gesetzen bestimmt ist«,[11] zu eigen gemacht, ohne zu bedenken, daß sie *im Unterschied zum materialen Begriff* (dem Inbegriff aller Erfah-

rungsgegenstände) eine *formale Grundbedeutung* umschreibt, die Platz läßt für weiter ausgezogene Bestimmungen der Gesetzmäßigkeit des Daseins der Dinge in der Welt am Leitfaden der *Zwecke*, ja, bei Kant sogar der *Geschichte* als einem Weltbegriff.[12]
Die neukantianische Grundannahme der Positivität des Naturgesetzes, worauf sich alle Erfahrungserkenntnis richtet, rückt Kant in die Nähe von J. St. Mill, der darin mit Recht das methodische Kennzeichen der neuzeitlichen Naturwissenschaft erblickt hat.[13] Ihre Methode auf die Wissenschaft von der Gesellschaft und Geschichte zu übertragen, liegt in der Konsequenz von Mills »induktiver« Logik, wonach das Induktionsprinzip die Annahme der Gleichförmigkeit des »Gangs der Natur und der Ordnung im Universum« in sich schließt,[14] unter Absehung von qualitativen Verschiedenheiten der uns gegebenen Phänomene. Und von hier aus hat dann Mill im 6. Buch unter dem Titel einer ›Logic of moral sciences‹, der »Geisteswissenschaften«, wie es in der Übersetzung von Schiel (1868), der moralischen (oder moralisch-politischen) Wissenschaften, wie es in Diltheys früher Schrift ›Über das Studium der Geschichte der Wissenschaften vom Menschen, der Gesellschaft und dem Staat‹ (1875) heißt,[15] die Grundlinien seines Programms einer universalen Erfahrungswissenschaft gezogen: positive Erkenntnis der gesellschaftlichen und geschichtlichen Gesetze auf der Grundlage der Vergleichbarkeit aller Tatsachen in der Welt, der physischen mit den moralischen oder geistigen, wie sie Dilthey nennt.
In der Überzeugung, damit zugleich dem Neukantianismus zu widersprechen, setzt Dilthey der positivistischen Wissenschaftsauffassung das Programm entgegen, »der Konstitution des Universums sich zu nähern, indem man von dem Zusammenhang der geistigen und geschichtlichen Tatsachen seinen Ausgangspunkt nehme«.[16] Es ist die *Leitfrage* einer Philosophie der Geisteswissenschaften, die statt im Theorem der Gleichförmigkeit in dem der Fülle und qualitativen Unterschiede in den Erscheinungen Stand nimmt, im Theorem der »völligen Positivität der Welt«.[17] Wenn sie, wie Dilthey annimmt, einen »ganz positiven Inbegriff von Qualitäten« darstellt,[18] mit der unterschiedlichsten Provenienz von Phänomenen, die sich der Quantifizierung und Einordnung in einen einheitlichen Gesetzeszusammenhang entziehen, dann muß die Natur selbst qualitativ bestimmt sein. Dilthey

nennt das ihre *Individuation*, ein wahrhaft *Positives*, das mit dem *Datum* des natürlichen Weltlebens zusammenfällt, der individuellen Natur, als die sich ein jeder von uns mit der Geburt erfährt; und im Widerfahrnis des Todes verdichtet sich diese Positivität zur *Erfahrung der Geschichte*. »Individuation« ist das Komplement der Gleichförmigkeit, ein Grundzug des Universums, den wir von innen als *Zustand* und *Entwicklung* erleben. Auf dem Hintergrund der Vergängnis alles natürlichen Weltlebens erhält dann das Theorem eine metaphysische Deutung, nach der das »Geheimnis der Welt, positiv ausgedrückt, ... Individualität« ist, »unzerlegbar und unauflösbar«.[19]

Das klingt nach Schleiermacher und dem jungen Schelling, der die Welt eine »große Tatsache« genannt hatte, deren Erforschung im Unterschied zur Tatsachenfeststellung in den Wissenschaften der Philosophie anheimfällt.[20] Der Gedanke selbst muß jedoch im Rückgang auf Kant ausgearbeitet werden, genauer: auf Diltheys Auffassung, daß die ›Kritik der reinen Vernunft‹ das Grundproblem der Philosophie, das höchste und allgemeinste menschliche Wissen, für alle Zeiten festgelegt habe. Nach der Fassung am Anfang seines Denkwegs lautet es: »... welchergestalt ist die Welt, die für uns doch nur in unseren Anschauungen und Vorstellungen da ist, uns gegeben? Durch welche Vorgänge gestaltet sich in uns aus den zerstreuten, von überall eindringenden Reizen, welche die Sinne treffen, das Bild der Außenwelt, in welcher wir leben? und alsdann durch innere Anschauungen das der geistigen Welt«.[21] Die eine Welt in der Idee wird dem äußeren und inneren Sinn zugänglich; und erst wenn diese Unterscheidung geklärt ist, läßt sich die Frage der »Konstitution des Universums« beantworten: wie unsere Erkenntnis durch das »Ineinandergreifen ihrer Methode innerhalb bestimmter, fest abgesteckter Grenzen sich dem Zusammenhang dieser in innerer und äußerer Erfahrung gegebenen Erscheinung nähere«.[22]

Im Gegensatz zu Diltheys Rückgang auf die Kantische Weltidee knüpft der Neukantianismus an die positivistische Deutung der ›Kritik der reinen Vernunft‹ als »Theorie der Erfahrung« an, deren Möglichkeit auf dem »allgemeinen Naturgesetz der synthetischen Grundsätze« beruht.[23] Wird die Welt als Ding an sich der äußeren Erscheinung verstanden, ist »Natur« gleichbedeutend mit deren Gesetzlichkeit. So schränkt der Neukantianismus das Grundproblem der Philosophie in der Richtung des »Faktum der

Wissenschaft« auf die Frage nach der Natur als einem Grenzbegriff des methodisch erzeugten Wissens von ihr ein. Und damit verschiebt sich der regressive Sinn der transzendentalen Methode zugunsten des produktiven einer »Logik des Ursprungs«, der hervorbringenden Konstitution des Gegenstands der Erkenntnis. Es ist eine Sinnverschiebung, der nicht nur der Buchstabe der Transzendentalphilosophie widerspricht, die Art, wie Gegenstände im Apriori der Anschauung *gegeben* und im Gebrauch der apriorischen Verstandesbegriffe durch die Urteilskraft zu *erkennen* sind,[24] sondern mehr noch ihr Geist. Liegt doch das vielleicht tiefste Motiv des kritischen »Rückstiegs« von den Gegenständen in die »Bedingungen der Möglichkeit«, sie im Zusammenhang mit dem Apriori einer »Natur überhaupt« als Dasein aller Dinge unter Gesetzen zu erkennen, in der Absicht, diese Bedingungen gemäß der regressiv entfalteten *Natur* des Verstandes, der Urteilskraft und Vernunft *anzuerkennen*. Und einer solchen Anerkennung unterliegt auch das (an sich zufällige!) Dasein von Naturdingen als Zwecken, das Leben und sein Zweckzusammenhang in der Natur- und Menschengeschichte, ja, zuletzt der Endzweck des Daseins einer Welt, die nach Kant kein Produkt von Vernunftfaktoren, sondern natürliche, dem Menschen zur Erhaltung anvertraute, Schöpfungsordnung ist.[25]
Was das für unser Thema besagt, mag ein Blick auf die neukantianische Abgrenzung von Naturwissenschaft und Geschichte bei Windelband und Rickert verdeutlichen. Wir können, schreibt Rickert im Namen von Windelband, der hier vorausgegangen ist,[26] Kants Begriff der Natur als des »Daseins der Dinge, sofern es nach allgemeinen Gesetzen bestimmt ist, nur dann akzeptieren, wenn wir dem Wort ›sofern‹ einen subjektiveren Sinn geben, als es Kant selbst beabsichtigt hat«.[27] Bei Rickert ist es die Reduktion der transzendentalen auf die *logische* Bedeutung des Begriffs, die »Rücksicht auf das Allgemeine« als generalisierender Begriffsform des *Gesetzes*, die ihn methodologisch handhabbar macht, damit sich die Erkenntnis des wissenschaftlich bearbeiteten Erfahrungsmaterials »bemächtige«.[28] Wenn erkenntnistheoretisch erst festgestellt werden muß, was als apriorische Begriffsform der Wissenschaft zu gelten hat, kann Kants transzendentaler Naturbegriff nicht mehr als universales Apriori anerkannt werden. Es bedarf dann der »Rücksicht auf das Individuelle«, die Rickert der Logik der historischen Begriffsbildung zugrunde legt.[29]

In dieser Umstellung auf »Erkenntnisrücksichten« drückt sich eine Verengung von Diltheys Programm aus, mit sachlich folgenreichen Konsequenzen, die hier wenigstens anzudeuten sind. Nach Rickert stellt die Geschichtswissenschaft das Individuelle als wertvoll dar, so daß korrelativ zum *Gesetz* als transzendentallogischer Beziehungsform der Naturerkenntnis für die Geschichte eine solche Beziehung auf *Werte* vorauszusetzen ist. Und weil Werte relativ sind auf faktisch geltende Normen des kulturellen tradierten Bewußtseins, sieht sich die Erkenntnistheorie genötigt, ein »Normalbewußtsein« anzunehmen, das sie als normativ verbindlich konstituiert. Dabei deutet der wertphilosophische Neukantianismus Kant so, als sei das »Ding an sich« das Korrelat jenes »Gesetzesbewußtseins«, das die Erkenntnistheorie für die Bestimmung des Grenzbegriffs der Natur als Gegenstand der Naturwissenschaft postulieren muß. Ein solches Postulat, keine metaphysische Erkenntnis, ist ihm dann auch das Normalbewußtsein,[30] mit dem Ergebnis, daß die »Werte an sich« in die Funktion von Grenzbegriffen der Wissenschaft einrücken. Und indem das geschieht, verselbständigen sich »Wahrheit« und »Theorie« zu kulturellen Eigenwerten, die unabhängig von dem »Wert des bloß natürlichen, d. h. vitalen Lebens« gelten,[31] ja, sogar den Grund dafür abgeben, der Natur einen Eigenwert und allen Sinn und Bedeutung abzusprechen.[32]
Darin vollendet sich die Umdeutung der Kantischen Weltidee zum Ding an sich der äußeren Erscheinung. Sie veräußerlicht das Verständnis des Zusammenhangs von Welt und Natur, die sie nun, gegen den Sinn der transzendentalen Methode, der unbeschränkten Bemächtigung durch den »theoretischen Menschen« – einem Konstrukt der neukantianischen Wertphilosophie – preisgibt. Das *Noumenon* wird zum positiven Ausdruck des Gesetzes und der Wertgesetzlichkeit des universal konstituierenden Bewußtseins, das den Gegenstand der Erkenntnis erzeugt, wobei es nichts anderes als seine methodische Bestimmbarkeit bezeichnet. Wir sehen darin mehr als eine historische Frage der Kant-Interpretation. Es ist eine die Möglichkeit von Wissenschaft betreffende Sachfrage, die uns in der Gestalt eklatanter Naturverachtung mit einem noch ungeschriebenen Kapitel aus der Geschichte des Szientismus konfrontiert. Im neukantianischen Ansatz von Grenzbegriffen verschiebt sich das Verhältnis von Methode und Wahrheit als Erkenntnisziel. Ist Wahrheit eine unendliche Auf-

gabe, wird ihre methodische Sicherung selbst zum Ziel, so daß sie an die Stelle inhaltlicher Sachkenntnis tritt und die philosophische aufgegebene Selbstverständigung und Orientierung in der Welt verdrängt. Und das ist eine *endliche* Aufgabe, von der wir mit Gewißheit sagen können, daß ihr ohne die Anerkennung des Eigenwerts der Natur und des natürlichen Lebens für die Kultur und Geschichte des Menschen nicht entsprochen werden kann.

II

Soweit ich es überblicke, ist in der Epoche der Wissenschaftsdifferenzierung und Disziplinierung der Philosophie durch Erkenntnistheorie Dilthey der einzige Denker, der diese Herausforderung angenommen und in seiner philosophischen Grundlegung der Geisteswissenschaften ausgetragen hat. Gewiß: Diltheys Kant-Deutung ist schwankend und manchmal kaum vom Neukantianismus unterschieden,[33] und an Strenge kann sie sich nicht mit der von H. Cohen, Windelband und Rickert messen. Dennoch diagnostiziert sie scharfsichtig deren Schwäche: die Anzweiflung der »Ganzheit und großen Geschlossenheit« von Kants Werk.[34] Und in der Tat hat Dilthey zu keiner Zeit die Umdeutung des Vernunftbegriffs der Welt als Ding an sich der äußeren Erscheinung im Gegenüber zur Seele als Ding an sich der inneren Erscheinung geteilt. Von Anbeginn steht fest, daß die uns in Anschauungen und Begriffen gegebene Welt ein Ding an sich zu ihrer Bedingung hat. Und von ihm gilt, daß es der Inbegriff von *Sein* im Sinne des *Lebens* ist, dem weder das Bild der erscheinenden Welt noch der methodisch verstandene Begriff von einer »Grenze« genügt.[35] Da die Geisteswissenschaften nicht mit Erscheinungen, sondern mit »Erlebnissen« im Lebenszusammenhang wirklicher Subjekte (der menschlichen Individuen) zu tun haben, können sie einen solchen Grenzbegriff gar nicht kennen. Erlebnisse sind vielmehr immer schon qualitatives Sein,[36] der Ausdruck von Individuellem, das in seiner Individualität zu verstehen und auszulegen ist. »Grenzbegriffe« kennen nur die Naturwissenschaften, nämlich als den Erscheinungen unterlegte logische Subjekte, von denen gesetzliche, mathematische und mechanische Beziehungen prädiziert werden,[37] ohne daß gewußt wird, was ihnen »an sich« entspricht. Dabei stößt das Erkennen wegen der Fülle und qualitativen Unterschiede der Phänomene immer wieder auf Grenzen (im Sinne von »Schranken«), die unseren Erfahrungsbedingungen immanent sind, Bedingungen des unterschiedlichen Realitätsgrades der Erscheinungen, die Kants ›Kritik der reinen Vernunft‹ unbestimmt läßt.[38] Darin sieht Dilthey einen ihrer wesentlichen Mängel. Trotzdem lehnt er die neukantianische Subjektivierung des Gesetzesbegriffs ebenso ab wie die Objektivierung des Zweckes im Wertbegriff. Statt dessen hat Dilthey mit Kant versucht, die transzendentale Bedeutung von »Natur« als *Dasein* aller Dinge unter Gesetzen um die Dimension des Zweckes zu erweitern, nach Grundbestimmungen einer immanenten Teleologie, die sich am analogischen Gebrauch des Naturbegriffs im metaphysischen Kontext der Begrifflichkeit des »Lebens« und »Seins« erschließt. Sie wird in Diltheys Hauptwerk, der ›Einleitung in die Geisteswissenschaften‹ (1883), unter dem programmatischen Titel einer »Phänomenologie der Metaphysik« entfaltet – mit dem Ziel, daß das Leben in metaphysischer Besinnung auf die ihm eigenen Zweckzusammenhänge selbst sein »Gesetz« finde.[39]

Als Lehre vom Schein und der Erscheinung von Natur und Gesellschaft im Begriffshorizont des Zweckes in der Geschichte des europäischen Denkens ist die »Phänomenologie der Metaphysik« ein Seitenstück zur »Kritik der historischen Vernunft«, des den Menschen auszeichnenden Vermögens, sich selbst und die von ihm geschaffene Gesellschaft und Geschichte zu erkennen.[40] Aber sie folgt dem Grundgedanken einer Annäherung an die »Konstitution des Universums« im Ausgang vom »Zusammenhang der geistigen und geschichtlichen Tatsachen«. Die Gedankenfolge ist widersprüchlich genug, und ich unternehme es nicht, den Widersprüchen in Diltheys Werk nachzuforschen.[41] Ich behandle die Kritik als das, was sie ist: als Ausdruck der *Krisis* der europäischen Wissenschaft und des zu ihr gehörigen Menschentums im Zeitalter der Differenzierung der wissenschaftlichen Berufe und fortschreitender Arbeitsteilungen durch die technisch-industrielle Revolution; und als Zeugnis der damit einhergehenden Ausdifferenzierung menschlicher Selbst- und Welterfahrung. Sie ist Diltheys Antwort auf den sozialen Differenzierungsprozeß der Neuzeit, das Entstehen des »Maschinenbetriebs« der Gesellschaft, worin der Einzelne, statt bewußt mitgestaltendes Organ zu sein, dienendes Werkzeug ist, »ohne die Kräfte zu kennen, welche ihn in Bewegung setzen, ja, ohne von den anderen Teilen dieses Betriebs und ihrem Zusammenwirken zu dem Zweck des Ganzen eine Vorstellung zu haben«; ohne Wissen darum, daß die Einsichten in dieses Ganze in »Wahrheiten« zurückreichen, »welche der Erkenntnis sowohl der Natur als der gesellschaftlich geschichtlichen Welt zugrundegelegt werden müssen«.[42]

In der ›Einleitung in die Geisteswissenschaften‹ (1883) ruft Dilthey dazu die Hegelsche »Vernunft in der Geschichte« und den positivistischen Glauben an eine fortschreitende Naturbeherrschung des Menschen durch Wissenschaft an.[43] Aber dazwischen ertönt immer wieder die Gegenstimme der historischen Vernunft, ein beständiger Aufruf zur *Selbstbesinnung*, wie ihn Dilthey nennt und von der Platonischen *Phronesis* abwärts über die Spätantike und das frühe Christentum bis hin zu Kant dem Gang der europäischen Philosophie entnimmt. Und diese Stimme spricht immer vernehmlicher den Zwiespalt aus, der das Menschentum mit der Differenzierung der Wissenschaften zerreißt. Die Naturwissenschaft, heißt es in den nachgelassenen Fragmenten zum Alterswerk, »schafft durch ihre Kategorien eine Welt, die Geisteswissenschaft eine andere. Unmöglich kann der Geist in ihrer Dualität verharren. Die philosophischen Systeme versuchen sie zu überwinden, vergebens! ... Diese Systeme nützen nichts. Was wir brauchen, ist, die innere Beziehung dieser beiden Welten in uns zu erfassen«.[44]

Die Tragweite dieser Forderung wird uns klarer, wenn wir im Aufruf zur Selbstbesinnung eine Gegenlosung zur neukantianischen »Selbstbestimmung« heraushören,[45] die sich in der an Fichte und Hegel erinnernde Rede von der Bemächtigung des Wirklichen durch den Begriff ausdrückt. Nicht ohne Grund stützt sich die Selbstbesinnung auf die Platonische *Phronesis*, die bei Aristoteles der praktischen Philosophie zum Leitfaden dient. Denn auf die *Praxis* als *Leben* ist sie bei Dilthey gerichtet.[46] Die Selbstbesinnung gilt den transzendentalen Bedingungen des Bewußtseins, unter denen uns die Welt von der Wahrnehmung ab bis in die höchsten Formen der Erkenntnis gegeben ist; und eine dieser Bedingungen ist das *Leben* als *Praxis*. Bezieht sich doch das transzendentale Bewußtsein nicht primär in Denkakten auf eine gegenständlich vorgestellte Außenwelt, sondern lebt in Akten des Fühlens und Wollens in sie hinein,[47] *vorgegenständlich*, im geistigen Vorgang praktischer Zwecksetzungen und Wertgebungen,

denen sich in der Richtung des Handelns nach außen die Natur mitgibt. »Alle Zwecke«, sagt Dilthey, »liegen dem Menschen ausschließlich innerhalb des geistigen Vorgangs selber, da ja nur in diesem etwas für ihn da ist, aber der Zweck sucht seine Mittel in dem Zusammenhang der Natur«.[48] Es ist wie mit der Verkettung von psychischen und physischen Vorgängen in der *Sprache*, die sich ebenso in ihr selbst abspielt. Der Zweck des Sprechens ist Verständigung unter sich sonst fremden Individuen. Und die Sprache ist »ein Mittel, dem Psychischen Zeichen zu verschaffen, in welchen es seinen Inhalt gewahr werden läßt. Ein durch die Mittel der äußeren Wahrnehmung uns sein Inneres darstellendes Individuum wird, wie wir es ausdrücken, verstanden«.[49]
Wir haben das Beispiel aus dem Umkreis der frühen Schriften gewählt, weil es geeignet ist, das Mißverständnis zu vermeiden, als sei die Natur ein bloßes Mittel für den Geist; und weil es verdeutlicht, was der Standpunkt der Selbstbesinnung impliziert: die Besinnung auf die sprachliche Bedingung der Wahrnehmung und des Verstehens anderer Personen, worin sich unser Wissen von der natürlichen und geistigen Welt aufbaut.[50] Diltheys Denkweg beginnt mit Untersuchungen zur Geschichte der neueren Hermeneutik (1858/59) und praktischen Philosophie (dem ›Versuch einer Analyse des moralischen Bewußtseins‹ (1864)) sowie mit einer Monographie über das ›Leben Schleiermachers‹ (1870), woran er parallel zu seinen erkenntnistheoretisch-methodologischen Bemühungen um eine Abgrenzung zwischen Natur- und Geisteswissenschaften stets fortgearbeitet hat. Und hier beschreibt er einmal seinen Standpunkt in Worten, die sich wie die Abwehr eines Mißverständnisses ausnehmen, das sich mit ihm bis heute verbindet. Der Standpunkt der Selbstbesinnung, so heißt es im Blick auf Kant und Schleiermacher, »würde an sich nicht ausgeschlossen haben, die Tatsachen der Natur und die Theorien über diese Tatsachen begreiflich zu machen und in ihrem allgemeinsten Zusammenhang aufzuzeigen. Im Gegenteil hat es die Philosophie eben nur damit zu tun, wie uns die Natur gegeben ist und wie sowohl ihre fundamentalen Begriffe als die Formen der Verknüpfung ein Ausdruck unseres Totalwesens (nicht wie Schelling meinte unsere Intelligenz) sind, und sich solchergestalt das Problem zu stellen, wie also zu den entstehenden Gesetzen des Naturganzen im wissenschaftlichen Geist jenes sich verhalten müsse, das sich so ausdrückt«.[51]

Dieser Schlüsselsatz ist zu lesen im Kontext des Ansatzes einer Begründung der Geisteswissenschaften auf *Wahrheiten erster Ordnung*, die der Erkenntnis der natürlichen wie der geistigen Welt vorgegeben sind. Und verstanden werden muß er in der Weite der Betrachtung von Diltheys »Phänomenologie der Metaphysik«, die eben solche Wahrheiten an ihrem Anfang ausspricht: »Leben ist das Erste und immer Gegenwärtige, die Abstraktionen des Erkennens sind das Zweite und beziehen sich nur auf das Leben«.[52] Es handelt sich um nicht weiter begründbare, intuitiv verständliche Grundwahrheiten, die alle Wissenschaften voraussetzen und mit Dilthey *Kardinalsätze* (von *cardo*, die Türangel, der Hauptpunkt, um den sich alles dreht) genannt werden könnten. Sie lassen keine deduktive Ableitung zu, sondern sind durch *Wahrheiten zweiter Ordnung* zu ergänzen, Sätze des Typs: »Leben geht nicht in Vorstellung auf« oder: »Der Horizont von bloß inneren Tatsachen ist in den eigenen, bewußten psychischen Zuständen gegeben«.[53] Von ihrem Zusammenhang hängt das Verständnis des Satzes über die Natur ab, ohne daß er daraus zu folgern wäre. Haben wir es doch immer mit *Intuitionen von Prinzipien* zu tun, die in jedem Fall *diskursiv*: in geschichtlicher Hinführung auf sie aufzuklären sind.

So versuchen wir im folgenden, Diltheys Prinzipienlehre auf zwei Ebenen zu klären: einmal auf der Ebene des *historischen Diskurses* über die Herkunft menschlicher Selbst- und Welterfahrung aus dem Naturverständnis einer *universalen Teleologie*, die im Zusammenhang unserer geistigen Überlieferung gründet, aus dem sich die neuzeitliche Naturwissenschaft differenziert und verselbständigt hat; und zum anderen auf der Ebene eines *systematischen Diskurses* darüber, wie sich nach der kritischen Auflösung ihres Universalitätsanspruchs die davon unabhängige Wahrheit der teleologischen Begrifflichkeit rechtfertigen läßt. Wenn ich auf beiden Ebenen in Abweichung von der Dilthey-Schule die Frage nach der Natur in den Vordergrund rücke, so ist diese Sicht durch unsere heutige Problemlage motiviert, die in meine Darstellung einfließt. Aber ich kann mich dabei auch auf Diltheys erklärte Absicht stützen, mit der tieferen Begründung der Selbständigkeit der Geisteswissenschaft und dem Gewahrwerden des inneren Lebens in ihr die Frage zu klären, »was Natur und Geschichte diesem inneren Leben sind«.[54]

III

Nach Dilthey unterscheiden sich die Geisteswissenschaften von den Naturwissenschaften unter anderem darin, daß für sie die eigene Geschichte zugleich ein Mittel zur Lösung ihrer Probleme ist.[55] Das erklärt den Bezug des historischen Diskurses auf die Grundwahrheit des Lebens als Voraussetzung von Wissenschaft. Mit dem neuzeitlichen Prozeß der Wissenschaftsdifferenzierung und dem Eindringen technischer Theorien in ein Wissen, das sich traditionell durch das Bewußtsein des Individuums über seine eigene Tätigkeit vermittelte, entzieht sich diese Wahrheit. So erzählt der Diskurs vom Rückzug des Sinnes für das Ganze, des *Gemeinsinns*, der Disziplinen wie die Logik, Poetik, Ethik, Jurisprudenz vorneuzeitlich belebt.[56] Und dahinter beschreibt er den Entzug der Vermittlung praktisch eingelebter Selbsterfahrungen des Menschen mit seiner Welterfahrung, ihrer Begründung im natürlichen System der Metaphysik.

Die Verlustgeschichte des Gemeinsinns: das ist seit Diltheys Erkundung der Genesis atomistischer Naturauffassungen und der »egoistischen Theorien vom Menschen, der Gesellschaft, dem Staat und der Geschichte« im 16. und 17. Jahrhundert ein Thema des historischen Diskurses, der ganz darauf abzielt, den Atomismus in den universalhistorischen Rahmen der Phänomenologie der Metaphysik hineinzustellen.[57] Am geschichtlichen Ursprung bei Demokrit bildet das Atom noch keinen Bestandteil der Naturwirklichkeit wie die einfachen Begriffe von Bewegung, Geschwindigkeit, Masse und Kraft. Nach Dilthey ist er ein aus der Erfahrung des natürlichen Lebens abstrahierter, individueller Faktor für Eigenbewegungen kleinster Teile des Weltganzen, die keine Berechnung ihres Verhaltens, sondern nur die Anschauung der Gestalt, ja, selbst der Zweckmäßigkeit zwischen den Organen des tierischen Körpers und den Aufgaben seines Lebens zulassen.[58] Das Problem der Atomistik besteht weniger in der Eliminierung von Sinnesqualitäten als in der des Gemeinsinns.[59] Gegen sie beruft sich die Metaphysik in der Platonischen *Phronesis* und ihrer Fortführung durch die praktische Philosophie des Aristoteles auf dem Standpunkt der Selbstbesinnung.

Damit sind wir bei der zentralen Thematik des historischen Diskurses, der sich auf Diltheys Denkweg von Untersuchungen des Naturrechts im Zeitalter der Sophistik zur *Geschichte der prakti-*

schen Philosophie und ihrer Ausdifferenzierung zum *natürlichen System der Geisteswissenschaften* verschiebt. Sie treten das Erbe der alten praktischen Philosophie an, der »zweiten«, als die sie nach Aristoteles erscheint. Von Dilthey her gesehen hat sie es mit dem »Ersten« zu tun, dem Leben, wovon die traditionell so genannte »erste« Philosophie abstrahiert, wenn sie die Naturphänomene auf Bedingungen eines substanziell Seienden und dessen Gründezusammenhang hin untersucht. In Diltheys Sicht verkehrt sich damit das Verhältnis von Leben und Sein, von Praxis und Theorie. Es entsteht der Schein, als würde der Festigkeit des Zweckes im Handeln ein Festes außer ihm entsprechen: dem höchsten Gut ein wahres Sein als Grund, der in sich fest ist und im Zweckzusammenhang der Natur vom Einzelleben des Individuums über die *Polis* bis hinauf zum *Kosmos* wiedergefunden werden kann.[60]

Diltheys Sicht auf diese Wegscheide der griechischen Philosophie eröffnet Perspektiven, die Husserls Fragen nach der Herkunft neuzeitlicher Objektivierung der Natur von einer anderen Seite her beleuchten. Was Dilthey ans Licht hebt, ist die den Weg der ersten Philosophie kennzeichnende Richtung des Denkens auf das gegenständliche Auffassen und seine Beschränkung durch ein vorgegenständliches Verständnis von »Natur« als *lebendiger Kraft* und *Energie* zugleich. Die Richtwerte dieses Verständnisses sind in Aristotelischer Sprache die Begriffe von Bewegungs- und Zweckursache, Materie und Form der Einzeldinge, die mit der Anschauung des Lebens im Kosmos, der Wiederkehr der Gestirne wie des Typischen im Generierungsvorgang der Gewächse, Tiere und Menschen, zu einem in sich geschlossenen Auffassungszusammenhang verknüpft sind, der die Natur im Ganzen von der Erfahrung des Lebendigen her versteht. Die Funktion des natürlichen Systems der metaphysischen Begriffe ist nicht die Zerlegung dieser Faktoren, sondern die Ineinssetzung des Zwekkes, welcher Form ist, mit der »bewegenden Ursache« und dem lediglich technisch, aber niemals physisch isoliert vorkommenden Faktor »Materie«.[61] Das schließt die uns vertrauten Konnotationen der »materiellen« mit der »körperlichen« und »toten« Natur aus. *Physis* ist der Inbegriff von Leben, das sich selbst hervorbringt, eine zwecktätige Kraft (δύναμις), die nach Art der *Techne*, aber *ohne Zweckbewußtsein* und *bewußte Mittelauswahl* wirkt. Und weil die Kraft mit dem Grund der Tätigkeit zusammenfällt, die in jedem Einzelding die Zweckmäßigkeit der Leistung realisiert, kann dann dieser Begriff von der Physik und Biologie auf die Ethik und Politik übergreifen: *Leben* ist *Praxis*, nicht *Poiesis*,[62] keine Herstellung von Werken, sondern beständiges Am-Werke-Sein (ἐνέϱγεια) wie die Natur in ihren Hervorbringungen selbst. Es ist die Weltansicht der von Dilthey so bezeichneten *universalen Teleologie*, in der »alles, was entsteht, nach dem umfassenden Gesetz derselben an seiner Stelle sich auszuleben ... und gleichsam die ihm vorgeschriebene Formel zu verwirklichen hat«.[63] In der Stoa vertieft sie sich durch die Anschauung der Lebendigkeit des Weltganzen in all seinen Teilen. Und sie verbindet sich mit dem christlichen Gedanken der Weltschöpfung und ihrer Erhaltung im Gedanken des Gottes, der Mensch wird und in diesem einen Typus das Handeln der ganzen Menschheit symbolisiert, bis sie die neuzeitliche Wissenschaft von ihren Voraussetzungen her auflöst.

Wir haben hier nicht die Gesichtspunkte aufzuzählen, unter denen der Diskurs die »Auflösung der metaphysischen Stellung des Menschen zur Wirklichkeit« untersucht. Uns genügt der Hauptpunkt: die Verwandlung des qualitativ bestimmten Verständnisses von Natur als Leben auf dem Grunde universal generierender Kraft und Zwecktätigkeit durch den abstrakten Begriff von Quantität der Kraft (der Energie im neuzeitlichen Sinne von Arbeit, *Poiesis*). Sie setzt voraus, daß das Wissen von der Natur die Grundannahmen ihrer Lebendigkeit im Zuge der Ausdifferenzierung der theoretischen Philosophie zur mathematischen Naturwissenschaft und einer sie begründenden Metaphysik durch das *Bewußtsein ihrer besonderen Methode der mechanischen Naturerklärung* eliminiert; ein *Methodenbewußtsein*, das sich der Mittelwahl der Natur zur Hervorbringung ihrer *und* der menschlichen Produkte vergewissert. So findet sie jetzt den eigenen Grund im Sein des selbstbewußten *Ego*, dessen Wissen von sich in keiner Einzelwissenschaft gegeben ist,[64] um es dann nach der Forderung strenger Wissenschaft mit dem Wissen von der Natur zu objektivieren. Und an dieser methodischen Objektivierung hat die Mechanik, traditionell eine Disziplin, die sich mit der zweckrationalen Auswahl von Mitteln zur Erreichung von Effekten befaßt, welche die Natur für sich selbst nicht erzielen kann (wie das Heben von Lasten), einen hervorragenden Anteil.

Das ist der Punkt, der den historischen Diskurs wissenschaftsge-

schichtlich interessant macht; und es wäre eine eigene Aufgabe zu zeigen, wie nach Dilthey aus Keplers Betrachtung der Energie des Kosmos der Grundsatz aufsteigt, daß die Sicherheit des gegenständlichen Auffassens mit der Zurückführung qualitativer auf quantitative Naturbestimmungen zunimmt; wie damit die Vorstellung der Welt als eines beseelten Lebewesens zugunsten des Mechanismus einer ungeheuren Uhr zurücktritt, worin die ganze Vielfalt der Bewegungen von einer einzigen, ganz einfachen Anziehungskraft ebenso abhängt wie die Bewegung des Uhrzeigers von einem sehr einfachen Gewicht;[65] und wie sich dann weiter das Problem stellt, die Ursachen natürlicher Bewegung als Kräfte aufzufassen, die mit »mechanischen« vergleichbar sind, so daß nach einem einheitlichen Kraftmaß alle Bewegungsvorgänge am Himmel und auf der Erde erklärt werden können.[66]
Auf der Suche nach diesem Maß, die mit Galileis Zerlegung der Wurf- und Fallbewegung in berechenbare Produkte aus der Zusammensetzung ihrer Kräfte beginnt und in Newtons Trägheitsaxiom einen vorläufigen Abschluß erreicht, trennt sich die Physik in der Richtung einer Quantifizierung der Kraft immer mehr von den konkreten Naturphänomenen ab. Dilthey betrachtet diesen Prozeß, der ihm bis hin zur Entdeckung des mechanischen Äquivalents der Wärme und der Aufstellung des Gesetzes von der Erhaltung der Kraft (also bis an die Schwelle des Einsteinschen Energiesatzes) vor Augen liegt, einerseits als Emanzipation vom metaphysischen Denken; andererseits sieht er darin (ähnlich wie Husserl in seiner Diagnose der neuzeitlichen Naturwissenschaft)[67] eine Zerstückelung der menschlich erlebten und erfahrenen Natur. Das Medium an Klarheit in den Begriffen von Kraft, Bewegungsimpuls, Masseteilchen ist die Folge davon, daß sie von allem befreit sind, was der quantitativen Meßbestimmung unzugänglich ist: »Diese intelligible Welt der Atome, des Äthers, der Vibrationen ist nur eine absichtliche und höchst kunstvolle Abstraktion aus dem in Erlebnis und Erfahrung Gegebenen«.[68] Darum kann die Wissenschaft von der vergegenständlichten Natur auch nicht mehr in der Sprache der Metaphysik behaupten, daß sie mit theoretischen Entitäten wie dem Atom ein »Erstes« und »Zugrundeliegendes« erkenne. Damit würde sie nur noch einmal dem Schein verfallen, dem das *natürliche System der Erkenntnis der menschlichen Gesellschaft* im Zeitalter der Aufklärung durch die unkritische Übertragung der mechanistischen Be-

grifflichkeit auf die menschliche Selbsterfahrung schon erlegen ist.[69] Ihn zu durchschauen, dazu ist die Selbstbesinnung auf der Grundlage der Geisteswissenschaften berufen, eine Besinnung, die nach Dilthey aufnehmen und rechtfertigen soll, was in der Trennung von theoretischer und praktischer Philosophie nicht zu seinem Recht gelangt war.

So mündet der Weg der geisteswissenschaftlichen Besinnung in den Nachweis der Geschichtlichkeit der Naturerfahrung, die sich im natürlichen System der Metaphysik anders auslegt als in dem der Erkenntnis der Gesellschaft und der Naturwissenschaft. Er belegt das Faktum des »subjektiven Charakters unserer Konzeptionen von der Natur«,[70] die als solche eine Geschichte haben. Aber die Begriffsgeschichte kehrt am Ende, mit der Einsicht in den methodischen Konstruktionscharakter physikalischer Begriffsbildungen, wieder zurück zur Wahrheit, die sich hinter dem Schein der metaphysischen Begriffe verbirgt. Und das ist für Dilthey nichts anderes als die Anerkennung des Lebens *in* der Natur und der ihm *immanenten Teleologie*: »Die Sonderung der mechanischen Naturerklärung aus diesem Zusammenhang des Lebens, in welchem uns die Natur gegeben ist, hat erst den Zweckgedanken aus der Naturwissenschaft ausgestoßen. Er bleibt jedoch in dem Zusammenhang des Lebens, welchem die Natur gegeben ist, enthalten, und wenn man die Teleologie im Sinne der Griechen als dies Bewußtsein von dem gedankenmäßigen, unserem inneren Leben entsprechenden schönen Zusammenhang erkennt, ist diese Idee von Zweckmäßigkeit im Menschengeschlechte unzerstörbar«.[71]

An diesem Punkt setzt der systematische Diskurs über die Natur in den Geisteswissenschaften ein. Er beginnt mit einem Rekurs auf die *Poesie*; nicht im Sinne der metaphysischen Begriffsdichtung, wie sie der Neukantianismus jenseits der Grenze strenger Wissenschaft als ästhetisch unverbindliches Spiel auf der Skala menschlicher Naturempfindungen zuläßt, sondern im Sinne einer *Hermeneutik des Lebens in der Natur*. Damit möchte ich umschreiben, was sich nach Dilthey als Antwort auf die Herausforderung des Prozesses wissenschaftlicher Objektivierung der Naturerfahrung in der Dichtung dokumentiert: »Mit der Macht einer unwiderstehlichen Naturerscheinung hat sich zugleich mit der Durchführung der mechanischen Naturerklärung das tiefere Bewußtsein des Lebens in der Natur, wie es in der Totalität unseres eigenen Lebens gegeben ist, in der Poesie ausgesprochen; nicht als eine Art von schönem Schein oder von Form ..., sondern als gewaltiges Lebensgefühl; zunächst in der Naturempfindung von Rousseau, dessen Lieblingsneigungen naturwissenschaftliche waren, alsdann aber in Goethes Poesie und Naturphilosophie«.[72] Dilthey verweist dazu auf Schiller, der die Erfassung des selbständigen Lebens in der Natur dem Künstler aufträgt. Und er hat es nicht unterlassen, im dichtungsgeschichtlichen Sammelband: »Das Erlebnis und die Dichtung« (1905) die Linien vor- und rückwärts zu verlängern; zurück vor allem zu Shaftesburys Einwirkung auf Goethes *Naturhymnus* (1782) und zu den neueren Systemen des Pantheismus, denen er seit der ersten Berührung mit diesem Thema im ›Leben Schleiermachers‹ einige seiner glanzvollsten Studien widmet.[73]

Es wäre jedoch ein Mißverständnis zu meinen, die »Naturhermeneutik« sei eine Sache von Goethes Kampf gegen Newton (was sie an ihrem Ort sein mag). Sie ist überhaupt nicht Sache der Dichtung, obwohl sie das Problem bewußt macht, weil sie es ist, die »seit der Herstellung der mechanischen Naturerklärung das in sich verschlossene, keiner Erklärung zugängliche große Gefühl des Lebens in der Natur aufrechterhalten« hat.[74] Sie ist die Sache der Geisteswissenschaften und ihres Begründers, des Zeitgenossen von Marx und Nietzsche, der den beschleunigten Industrialisierungsprozeß der europäischen Gesellschaft während der zweiten Hälfte des 19. Jahrhunderts nicht lediglich als Gefühlsverlust des sich entfremdeten Menschen im Verhältnis zu seinesgleichen, sondern mehr noch als Verlust des Gefühls für die Natürlichkeit der Natur durchlitten und auszugleichen gesucht hat.

Naturgefühl als kompensatorisches Erleben und Nacherlebnis von Dichtung (»Natur! Sie ist für uns eine Tatsache des Lebens, mit unserem eigenen Leben verwoben: ›Wir leben in ihr‹, aber als das ewig Andere: ›Und doch ist sie uns fremd‹. Sie ist Wille, Widerstand, Druck und was in den Sinnen diese umkleidet, dann wieder ein leises, bestimmendes, befreiendes, kosendes Element ...«),[75] das ist ein Aspekt des Zugangs zum Leben *in* der Natur. Ein anderer ist die Beschwörung der Natur im Gegenbild, sei es des von Wissenschaft und Technik unberührten Urmenschen (»Natur! Für ihn ist sie nichts vom Haufen von Elementen und Gesetzen, sondern ein unbändiger Dämon, aus den Augen der wilden Tiere ihn anblickend, im wilden Gesang des Windes tönend«) oder der Unberührtheit urwüchsiger Natur als Landschaft, die dem Großstadtmenschen zur Flucht wird.[76] Und ein dritter Zugang ist das gehegte Gefühl des Lebens *mit* der Natur, das Reservat des Baumes vorm Fenster, worauf sich Diltheys Selbstbesinnung immer wieder zurückbezieht.[77]

So stellt sich über die Poetik die Frage einer anderen Erfahrung von Natur und des Lebens in ihr. Läßt doch der Dichter das Tätigsein der unbewußten Lebenserfahrung und den Wechsel des sie umspielenden Gefühls eindringlich gewahren; seine Sensibilität ist es, die dieses Spiel zu höchster Energie erhebt und die vermeintlich »tote« Natur belebt.[78] Aber die Antwort ist die Sache der Hermeneutik. Das liegt im Ergebnis des historischen Diskurses über die Transformation der Phänomenologie der Metaphysik in eine geschichtliche Erfahrung, die sich der auf dem Weg der ersten Philosophie vergessenen Totalität des Lebens erinnert. Und es ist in der Absicht des systematischen Diskurses angelegt, die Beziehung der natürlichen und geistigen Welt in uns auf dem Standpunkt der Selbstbesinnung zu erfassen; in einer Besinnung auf die vortheoretischen Grundlagen der Wissenschaften, die aus der »reinen und feinen Luft der Kantischen Vernunftkritik« heraustritt,[79] um sich der durch das Industriesystem ausgelösten *Krise* des menschlichen Naturbewußtseins anzunehmen. Im Ausgang vom Leben selbst, dem »Ersten und immer Gegenwärtigen«, entsteht die von Kant nicht gefragte Frage, »in welchem Umfang das Erlebte logisch begriffen werden kann. Und dieselbe Frage wiederholt sich, indem das Verständnis fremden Seelenlebens, das Verstehen in der Hermeneutik zum Gegenstand der Untersuchung gemacht wird. Dann erst entsteht die zweite Frage, wie die Teilstücke des Erlebten das Erkennen der Natur ermöglichen«.[80]

IV

Es sind Fragen auf dem *Weg zu einer zweiten Philosophie*, wie ich sie nennen möchte, der sich im Fortgang über Kant und die Cartesianische Linie der »ersten« Philosophie hinaus öffnet und die Abgrenzung zwischen Natur- und Geisteswissenschaften nach dem Schema von äußerer und innerer Wahrnehmung hinter sich läßt. Ihr Schnittpunkt, so hat Dilthey noch am Kreuzweg seines

Denkens auf der *egologischen* Bahn der Bewußtseinsphilosophie geschlossen, ist »mein Selbst, als Gegenstand im Raume, wie er durch äußere Wahrnehmung gegeben ist, oder mein Körper«. Er erscheint als Durchgangspunkt von Sinneseindrücken und Erlebnissen, die dann nach außen projiziert werden, so daß der *Raum*, man weiß nicht wie, von »inneren Zuständen« erfüllt ist, seine *Stellen*, die »in meiner äußeren Wahrnehmung gegeben oder von ihr aus erschlossen sind«, zum Sitz von Gefühl und Wille werden können.[81] Und nach diesem erkenntnistheoretischen Muster von Ding- und Selbstwahrnehmung hat dann Dilthey auch das einfühlende Erleben von Naturgeschehnissen als Verbindung äußerer Sinneseindrücke mit inneren Vorgängen thematisiert: »Ich öffne in der Morgenfrühe das Fenster und gewahre einen blühenden Flieder, sein Geruch dringt in mein Gemach, ich erinnere mich, daß gestern, als ich in der Morgenfrühe das tat, noch wenige Blüten geöffnet waren. Dies alles ist Erlebnis in meinem Bewußtsein«.[82] Der blühende Baum ist eine Bewußtseinstatsache, für deren Tatsächlichkeiten einzig die Erinnerung an »meine jetzigen und früheren Sinneseindrücke« einsteht, so daß auf dem Weg zur zweiten Philosophie noch einmal die Cartesianische Aporie wiederkehrt, wie es über die Vereinigung solcher Eindrücke zum ganzheitlichen Erfassen von Dingen und Geschehnissen mit natürlicher Eigenständigkeit kommen kann.

Diltheys Anstrengung ist allerdings darauf gerichtet, den Cartesianischen Gang von den »Tatsachen des Bewußtseins entgegen der äußeren Wirklichkeit«[83] in anderer Richtung zu nehmen und *gegen* Descartes' Ausschließung der Du-Erfahrung aus der Dingwahrnehmung, dem eigentlichen Hebel der neuzeitlichen Subjekt-Objekt-Spaltung und der wissenschaftlichen Objektivierung der Natur, die Erfahrung von *alter ego* in ihrer ganzen Tragweite zur Geltung zu bringen. Und dabei gewinnt das hermeneutische Verstehen fremden Seelenlebens für die Naturhermeneutik paradigmatische Funktion. Statt der Verbindung äußerer und innerer Wahrnehmungen über den Schnittpunkt meines Körpers, statt der Einfühlung in einen fremden, dessen Erlebnisausdruck (z. B. Tränen) in der Selbstwahrnehmung und Erinnerung an eigenes Erleben (z. B. von Schmerz) durch Übertragung sympathetischer Gefühle nach einer Art von Analogieschluß verstanden wird,[84] finden wir das Paradigma des *Gemeinsinns* in der für Dilthey charakteristischen Variante eines »Gesamt-Lebensgefühls«, das

sich vom Gegenwärtigen her in die Vergangenheit erstreckt und zugleich »das Lebensgefühl anderer Individuen, der Gesellschaft, ja, der Natur in sich schließt«.[85]
Wir gehen kaum fehl mit der Annahme, daß sich dieses überstei-gerte Gefühl aus den Erschütterungen erklärt, die dem Gemeinsinn mit der fortschreitenden Quantifizierung der Kraft im Industriesystem und dessen Vergegenständlichung der Natur zur Außenwelt als Feld technischer Produktion widerfahren sind; und aus dem Abfall der Praxis zur banausischen Popularität des darin eingehausten Menschentums, dem der Sinn für das Ganze fehlt. Vor diesem Hintergrund hat Dilthey in seinen ›Beiträgen zur Lösung der Frage vom Ursprung unseres Glaubens an die Realität der Außenwelt und seinem Recht‹ (1890) versucht, die Beziehung der äußeren und inneren Welt in uns über eine methodische Reduktion des qualitativ unbestimmten »Gesamt-Lebensgefühls« auf die Bestimmtheit leibhafter Naturerfahrungen zu klären; ein Versuch, der gegen das bewußtseinsphilosophische Subjekt-Objekt-Schema das Verständnis fremden Seelenlebens mit dem des Lebens in der Natur verknüpft. Man könnte diese Methode mit Husserl *transzendental* nennen, weil Dilthey (phänomenologisch weniger streng) das theoretisch vermittelte Wissen von der Außenwelt einklammert, um dann ihre qualitativen Strukturen in einer von unten anfangenden Deskription des Eigenlebens und seiner unterschiedlichen Realitätserfahrungen zu bestimmen; und weil diese (an Kant vermißte) Bestimmung des Realitätsgrads der Erscheinungen in der Welt als einem positiven Inbegriff von Qualitäten das transzendentalphilosophisch verborgene Motiv der *Anerkennung im Naturerkennen* enthüllt.
Bei Dilthey verbirgt es sich hinter dem Rekurs auf den Glauben, der anerkennt, was sich nicht »beweisen«, sondern in regressiver Analyse von Bedingungen des Erkennens lediglich aufweisen läßt. Und die unterste Erkenntnisbedingung ist die Gegebenheit der Natur, die ich selber bin. Es ist »mein eigener Leib«, von dem aus sich die Außenwelt nach ihren drei Dimensionen in unermeßliche Fernen erstreckt; und im Eigenleben gibt sich mit dem *Selbst* das Leben des *Anderen* und die Gegebenheit von *Dingen* mit. Es ist die *Trias* des Lebenszusammenhangs, die in der zentrierten Erfahrung des Leibes eine hochdimensionale Struktureinheit bildet, in der keines dieser drei Momente selbständig für sich zu bestehen vermag.[86] Der Leib ist nicht »mein Körper« als Sam-

mel- und Durchgangspunkt von Sinneseindrücken, sondern Eindruckspunkt von *Leben* als *Praxis: Impuls* (das Ergebnis der Willensentschließung in einem Selbst) und *Hemmung der Intention* (die Folge des Entschlusses einer anderen Person oder der Einwirkung widerstehender Objekte), die als Druck und Widerstand gefühlt werden.[87] Das ist der methodische Zugriff zur Erkenntnis der »Natur der Außenwelt«[88] im Rückgang auf Bestimmungen der Qualität von Kraft, worin sich (von der elementaren Stufe der Trieb- und Bedürfnisbefriedigung angefangen) dem Selbst die kernhaft lebendige Realität eines von ihm Unabhängigen kundgibt. Nicht im Modus des *Gegenstandes außer uns* (des bewußtseinstranszendenten Dings an sich), sondern eines *in sich* und *uns* bewegten *Gegenüber*, das genetisch auf die Besonderheit der Du-Erfahrung zurückweist.[89]

In Anknüpfung an diese Erfahrung gelingt es Dilthey, die Frage der ›Kritik der historischen Vernunft‹ nach der Konstitution des Universums im Ausgang von den geistigen und geschichtlichen Tatsachen hermeneutisch zu vertiefen und in der Richtung des systematischen Diskurses auf den praktischen Grund des Gemeinsinns die wissenschaftlich ausgeblendeten Züge des Lebens in der Natur zurückzuholen. Er verzeichnet das »innere Gerüst« unserer Selbsterfahrungen an Grundlinien des Eigenlebens als einer in sich zentrierten Lebenseinheit.[90] Und er zeichnet es nach außen hin durch Handlungskreise im Verhältnis des *Selbst* zum *Anderen* aus, das als solches nicht nur zu erkennen, sondern in seinem Eigensein *anzuerkennen* ist. In diesem Prozeß fällt dem Wechselverhältnis zwischen Selbst- und Du-Erfahrung eine Schlüsselrolle zu. Wenn Dilthey davon spricht, daß die »Energie der Selbsterfahrung« und die der »Anerkennung äußerer, unabhängiger Objekte« korrelate Tatsachen sind und gemeinsam auf Faktoren zurückgeführt werden müssen, welche die eine wie die andere Tatsache hervorrufen,[91] so soll damit gerade nicht mehr das Verstehen als Produkt der Zusammensetzung von äußerer und innerer Wahrnehmung »erklärt«, es soll vielmehr *in der ihm eigenen Energie* (als *Praxis*) hermeneutisch aufgefaßt und in der Auslegung der immer wiederkehrenden kernhaften Elemente von Wille, Kampf, Arbeit, Bedürfnis und Befriedigung dem »Gerüst des geistigen Geschehens« eingezogen werden.[92]

Darauf läuft Diltheys Diskurs hinaus, wenn er schließlich der Erfahrung des *Es* (von »Objekten« in der Außenwelt) die *Du-*

Erfahrung systematisch vorordnet.[93] Das liegt auf der Linie der Reduktion des Gesamt-Lebensgefühls auf die leibliche Eingrenzung des Eigenlebens in der Außenwelt, die nun im Umkreis des Verhältnisses der Lebenseinheiten untereinander und zu einem in der Mitte spielenden Interessepunkt eine »höhere Energie der Realität« erhält. Sie verdichtet sich, weil sich in der Du-Erfahrung Selbst und Anderes nicht nur korrelat, sondern analog verhalten; ein Verhältnis, das mit der Einsicht in die *Autonomie des Lebens in der Natur* das bestimmte Gefühl von *Homogeneität* und *Verwandtschaft* mit dem Leben im Anderen freisetzt. Zur Erfahrung natürlicher Schranken des Willens am Anderen tritt die der Freiheit von gegenseitiger *Bindung* auf der einen, von *Ergänzung* auf der anderen Seite, weil der Fluß des Eigenlebens im Abfluß von Nachbildungen des Lebens im Anderen am *Du* nirgends auf Widerstehendes, Fremdes, Unfaßbares stößt.

Daß der Primat der Du-Erfahrung nicht im Dialogismus der Gefühlsphilosophie (Jacobi) oder in Altruismus (dem »sozialen Beweis der Realität der Außenwelt«) kulminiert, erklärt sich daraus, daß Dilthey noch einmal auf der Linie von Kant und Fichte denkt. Und obwohl er dem Autonomiegedanken den Charakter der Apriorität abspricht, schlägt er die Brücke von der transzendentalphilosophischen Ethik zur Hermeneutik. So bezieht der systematische Diskurs den Prozeß der wechselseitigen Anerkennung autonomer Subjekte auf den Verstehensprozeß, der sich nach Wechselbeziehungen von Gefühlslagen und wechselnden Interessen aufbaut. In der *Teilhabe* am Leben im Anderen gewahren wir die eigene Lage mit und umgekehrt. Wir verstehen die Vorgänge, nach denen der Andere in der Beziehung auf uns beständig darauf tendiert, letzte, ruhsame Befriedigung gewährende Punkte zu erreichen, weil in uns dieselben Tendenzen am Werk sind. Und so erfassen wir schließlich im Verlauf der »von außen gewahrten, aber durch innere Ergänzung nacherlebten Vorgänge und der Verhaltung derselben in einer anderen Lebenseinheit diese Einheit als einen *Selbstzweck*, wie wir selbst ein solcher sind«.[94] Wir sind es im Zusammenhang des Lebens. Ohne dieses Innewerden der uns immanenten Teleologie gibt es keine Anerkennung des Anderen und ohne sie kein Verstehen, weder von fremdem Seelenleben noch des verschlossenen Lebens in der Natur. Ja, wir können uns dann nicht einmal selbst verstehen und deuten, geschweige denn wissen, worin die *Bedeutung* oder der

Sinn einer Lebenseinheit, einer anderen Person und schließlich der Dinge selbst besteht.[95]
Bedeutung und Sinn sind zusammen mit *Essentialität* oder *Wesen* und *Wert* Abkömmlinge der *universalen Teleologie, reale Kategorien des Lebens*, wie sie Dilthey nennt, die im Unterschied zu den *formalen* der *Selbigkeit, Unterschiedenheit, Beziehung* und deren methodischen Gebrauch in Begriffen wie *Substanz, Kausalität, Wechselwirkung* keine isolierten »Tatsachen« der Natur und deren wissenschaftliche Einordnung in Gesetze der Außenwelt beschreiben, sondern ihre vorwissenschaftliche Gegebenheitsweisen zum Ausdruck bringen. In Diltheys Annäherung an die innere Konstitution des Universums markieren sie die Stelle, wo im Ausgang von geistigen Tatsachen die Beziehung der beiden Welten in uns verstanden werden soll. Sie kann nur über das Verständnis der Inversion der universalen in die immanente Teleologie ins Auge gefaßt werden, jener geschichtlichen Tatsache der Ausdifferenzierung des objektivierten Zweckgedankens in die Kategorien der *Bedeutung*, des *Sinnes*, des *Wesens*, wie sie die Dichtung im Zusammenhang des Lebens in der Natur ausspricht und die Philosophie an der *Struktur der organischen Lebenseinheit* zergliedert. Der Rückgang auf sie ist phänomenologischer Evidenzboden und Rückhalt gegen die neuzeitliche Verkehrung des Zweckes zu einer bloßen Eigenschaft des Willens und dessen gewalttätige »Invasion in die Wirklichkeit« zugleich. Um sie zu brechen, kann das Beschreiben und Zergliedern in sich zentrierter Lebenseinheiten nicht genügen. Es gilt vielmehr zu verstehen, was das Urphänomen von »Einheit« bedeutet, als das wir uns selbst gegeben sind. Und die Möglichkeit des Verstehens von Bedeutung, worin der tiefste Bezug des Lebens »nach seinem Wort in einer Kategorie ringt«, gründet immer schon darin, daß mit dem Innewerden von Zweckzusammenhängen in der Erfahrung des eigenen Zentriertseins die Bezugszentren und Interessensphären der Anderen mitgegeben sind. So ist es zuletzt eigentlich nur die »immanente Teleologie, die in den Kategorien Wesen, Bedeutung, Sinn sich angemessen ausdrückt, der Ausdruck der Lebendigkeit, welcher die gegebenen Lebenseinheiten überschreitet und auch die Dinge sich interpretiert«.[96]
In seinem Spätwerk über den ›Aufbau der geschichtlichen Welt in den Geisteswissenschaften‹ (1910) hat Dilthey das Bedeutungsverstehen im Schritt von der teleologisch zentrierten Lebensein-

heit des Individuums zur immanenten Teleologie geschichtlicher Wirkungszusammenhänge mit ihrer Zentrierung in Bewußtseinsstellungen, Zeitaltern, Kulturen weiter entfaltet, was hier nicht mehr zu erörtern ist.[97] Uns Heutige berührt der »Schritt zurück«, Diltheys groß gedachtes, kaum gewürdigtes Unternehmen, die Frage, »wiefern Natur für uns existieren« und der »praktische Verkehr« mit ihr geisteswissenschaftlich begründet werden kann, auf der Grundlage hermeneutischer Bestimmungen von Strukturen der Außenwelt zu entscheiden. Auf ihrem Boden existiert Natur in der ganzen Fülle von Erscheinungen, die sich immer neue Ausdeutungen offenhält und offenhalten muß. Meint hier doch »Existenz« nichts anderes als *Dasein*: die Weise, wie Natur für uns in lebendiger Erfahrung »da« *ist*: Nicht in der metrischen Ausdehnung des Raumes, sondern in der *Erstreckung von Gegenden*; nicht in der einen meßbaren Dimension der Zeit, sondern im *Fortrücken von Gegenwart*; nicht als Konstrukt von hypothetischen Subjekten für naturwissenschaftliche Aussagen, sondern als *Handlungsfeld historischer Individuen*, die wirkliche Subjekte geisteswissenschaftlicher Prädikationen sind; nicht im Schnittpunkt äußerer und innerer Erfahrungen, sondern im *Einheitspunkt transzendentaler Erfahrung*, worin sie beide konvergieren.[98] Genauer gesagt: sie überschreiten sich. Nicht weil Dilthey gegenüber Kant vom Primat der inneren vor der äußeren Erfahrung ausgeht, sondern weil er mit Kant daran festhält, daß in jeder aktuellen Dingwahrnehmung mehr enthalten ist, als uns die äußeren Sinne eindrücken; und daß der innere Sinn, das Organ der Selbstbesinnung, eigentlich der *Gemeinsinn* ist, der sich von der erlebten Gegenwart her ins Vergangene zurückerstreckt und in dieser Richtung unsere Erfahrungsmöglichkeit horizonthaft umschließt. Seine Aktualisierung in den hermeneutischen Operationen des Verstehens legt die Sphäre einer formal neuartigen, der transzendentalen Erfahrung frei, die an der materialen Textbasis der Geisteswissenschaften (wovon auch immer die Texte, Bilder, Figuren handeln mögen) das Leben in und mit der Natur bezeugt. Transzendental verstanden ist die Natur nie »an sich«, sondern immer nur *für uns* da: in der geistigen und geschichtlichen Tatsächlichkeit einer *Umwelt* mit ihren bestimmten Klimazonen, Nahrungsmitteln, Jahreszeiten und geographischen Milieus. Sie alle bedingen die geisteswissenschaftliche Erkenntnis. Aber zugleich sind diese Bedingungen trotz wissenschaftlich

gleichförmiger Gesetzmäßigkeiten lebensmäßig individuiert und so der Variation möglicher Wir-Erfahrung unterworfen, deren Typik ausgelegt und transzendental gedeutet werden kann.
Das will ich hier nicht weiterführen. Aber ich möchte abschließend an zwei Beispielen zeigen, wie es Dilthey mit der kategorialen Freilegung typischer Außenweltstrukturen gelingt, vorgegenständliche Erfahrungen von Natur zurückzuholen und das Gefühl des Lebens in ihr zur Sprache zu bringen. Das erste ist die Natur als *Landschaft*, die sich qualitativ im Phänomen der *Gegend* strukturiert. Diese Qualität hat sie nicht, solange wir sie durcheilen oder wenn sie uns im Ganzen wie in ihren Teilen unbekannt ist, z. B. die einer lebensmäßig fremden Zone. Sie »behält etwas vom bloßen Schauspiel, bloßer Kulisse für uns«, besonders dann, wenn wir sie in Ruhe »vom Eisenbahnwagen aus durchmustern«. Es ist, als würde Dilthey schon aus der Erfahrung des touristisch Reisenden sprechen, wenn er festhält: »Jede Gegend hat für uns in dem Grade Realität, als unsere Füße sie betreten, unsere Hände die Gegenstände betastet haben, der Widerstand ihrer Entfernungen zu überwinden war, der Genuß ihrer Früchte etc. uns glänzte«.[99] Eine Gegend, so sind wir zu sagen geneigt, wird erblickt, sie habe so etwas wie ein Gesicht, das wir aus unserem Blickpunkt in sie hineinsehen. Dilthey beschreibt es umgekehrt; und die Umkehr lehrt, wie wir die Beziehungen der inneren und äußeren Welt in uns schon auf dieser elementaren Strukturebene erfassen. Die Gegend ist es, aus der das »Antlitz eines Lebensganzen für uns aus ihren Bäumen, ihrem Wasser, ihrem Rasenteppich« blickt.[100] Nicht nur wir sind in einer Gegend, sondern die Gegend ist in uns. Ja, Dilthey geht dabei so weit, für dieses Ganze einen ähnlichen Einheitspunkt anzunehmen wie für das Anerkennen und Verstehen von Personen, schränkt aber diese Annahme dann wieder ein, um sie für das Dasein des Baumes geltend zu machen.
Er tut es in der Ausdeutung des uns bekannten Beispiels, das im Fortgang von der Selbstbesinnung zur Hermeneutik seinen Stellenwert grundsätzlich wechselt. Hier findet sich nichts von Sinneseindrücken, die erinnert, von äußeren Wahrnehmungen, die mit inneren durch einen Analogieschluß verbunden werden; und selbst der Unterschied zwischen Person- und Dingerfahrung ist wie ausgelöscht, wenn Dilthey am Phänomen des Baumes den Zusammenhang zwischen zentrierter Lebenseinheit und Umwelt

beschreibt. Seine Erscheinung »bildet ein Ganzes. Wir fühlen in ihm die bildende Kraft nach, die uns mit seinen Früchten oder seinem Schatten oder seinem Blütenduft und seiner Blütenpracht beschenkt. Seine Blätter, Äste, Stamm, Wurzeln bilden einen Zusammenhang funktionierender Teile. Auch er hat eine Struktur, vermittelst deren er lebt und zu seinem Milieu in lebendigen Verhältnissen steht. Die Früchte gehören zu ihm, sie sind dem Stamm und den Ästen gleichsam eigen. Er selbst ist überall in allen seinen Teilen und Kräften«.[101]

Es ist wahr: Die Wahrnehmung von Bäumen am Wegrand nennen wir noch nicht »Erfahrung«; auch nicht das Wissen von ihrer Existenz oder welche Baumsorten es tatsächlich sind. »Wahrnehmung« im ursprünglichen Verstand des Wortes (das Vermögen der *captatio*, des gegenständlichen Auffassens), ist ein Finden, sofern »als etwas gefunden und nicht nur bemerkt wird, sondern vermöge des Interesses an der Auffassung der Tatsachen bemerkt wird«. Erst wenn eine Tatsache im Zusammenhang unseres Wissens Bedeutung erlangt (wie die Erfahrung eines großen Schmerzes etc.), wo ein wichtiger Begriff von mir ... durch innere Wahrnehmung seinen deutlichen Inhalt empfängt«,[102] sprechen wir nach Dilthey von *Erfahrung*. Daß äußere und innere Wahrnehmung so dicht verbunden sind, daß die Verbindung nun selbst unser tatsächliches Wissen von Bäumen berührt, diese Möglichkeit von Erfahrung, die uns Heutigen im Anblick sterbender Wälder oder abstürzender Talhänge zuteil wird, liegt noch außerhalb von Diltheys Gesichtskreis. Dennoch durchschaut er als einer der ersten Denker an der Schwelle von der Neuzeit zur Moderne die Ambivalenz fortschreitender Naturbeherrschung. Er beklagt, daß im Industriesystem der Mensch seine äußerliche Zweckbetrachtung auf Berge und Flüsse um ihn ausbreitet und sie sich als ihr Herr unterordnet, ohne zu bedenken, daß Flüssen mit ihrer Vegetation ein eigener Daseinswert gegeben ist; daß jeder Berg »in sich selber ruht, für sich besteht und irgendwie diese standhafte, granitene Macht seines Daseins eben für ihn, in mir für ihn ist«.[103] Er diagnostiziert an der Berufsform des Naturforschers eine geheime Weigerung, im Leben und der Natur Bedeutung zu finden.[104] Und er wittert Gefahren in der wissenschaftlich eingewöhnten Gleichsetzung der materiellen mit der »toten« Natur (die er gelegentlich selbst übernimmt).[105]

Der Satz: *Die Natur ist tot* enthält keine theoretische Bestimmung von ihr. Totsein kann nur, was lebt und einmal sterben wird, das Lebendige. Sagen wir: *Tiere und Pflanzen leben, Steine nicht*, so fungiert das Prädikat offenbar theoretisch bestimmend. Und danach läßt sich mit Sinn lediglich aussagen, daß die materielle Natur *leblos* ist. Ein Stein wirkt auf uns so, als sei er nicht lebendig, nämlich darum, weil das Phänomen *Am-Leben-Sein* (im Unterschied zum Totsein) qualitativ verschiedene Bestimmungsgrade zuläßt (von »äußerst« bis hin zu »ziemlich« und »gerade noch lebendig«).[106] In diesem Falle haben wir es dann offenkundig mit einer hermeneutischen Bestimmung zu tun, die auslegend verständlich macht, inwiefern Natur überhaupt für uns da ist. Wie der Stein, vom Berge abrollend oder als Waffe in der Hand des Menschen, Lebendiges töten kann, so bildet die vermeintliche tote Natur einen Bestandteil des Lebens. Und so nimmt sie teil an dessen Vieldeutigkeit und Bedeutung. Wird sie verneint – und das tut die Wissenschaft, wenn sie »Natur« als toten Mechanismus oder als Umsetzung von Masse in Energie konstruiert –, unterstellt sich ihr Dasein für uns wie der praktische Verkehr mit ihr diesen Konstruktionsbedingungen. Das Leben in der Natur setzt sich dann dem künstlichen Tod aus; und es bleibt ihm ausgesetzt, solange die Natur nicht als Teil des Lebens erkannt und in ihrem Eigensein anerkannt ist.

Erkennen und Anerkennen sind geistige Akte. Und der Geist, der lebendige, das ist die Lektion, die uns der Begründer der Geisteswissenschaften erteilt, bildet keinen Gegensatz zur Natur.[107] Darin liegt geradezu die größte aller Gefahren, die Illusion des neuzeitlichen Idealismus am Ausgang des Weges der ersten Philosophie. Im Gang vom Cartesianischen Subjekt zum Objekt steht sie unter dem Einfluß der Naturwissenschaften, von der sie die Begriffe von Raum und Zeit, die Kategorien von Substanz und Kausalität in ganz abstrakter Fassung empfängt. Und so ist am Ende eine »totale Umkehrung des wahren Verhältnisses« entstanden, »nach welchem der Lebenszusammenhang die realen Kategorien in sich enthält und sie zunächst lebendige Ausdrücke desselben sind, wonach dann diese Lebensbegriffe einen Prozeß der Abstraktion durchmachen«. Diese Beschaffenheit und der Ursprung jeder Kategorie, sagt Dilthey nach einer an Marx' Hegel-Kritik erinnernden Wendung, »ist auf den Kopf gestellt worden und muß nun wieder auf die Füße gestellt werden«.[108]

Für Marx beinhaltet die Umkehrbewegung die Naturalisierung

des Menschen und die Humanisierung der Natur; für Dilthey die Historisierung dieses Bezuges. Während sich Diltheys Hermeneutik des Lebens in der Natur der neuzeitlichen Invasion des Willens in die Wirklichkeit entgegenstellt, hat sie sich im historischen Materialismus von Marx in der Richtung einer äußeren Teleologie des *Nutzens* und der *Mittel-Zweck-Beziehung* verstärkt. Es sind Kategorien, die eine gleichsam seitliche Ansicht des Lebens bezeichnen, die von der Relation aller Objekte und Personen auf ein mit ihnen identisches System, die Gesellschaft oder ein transzendentes Subjekt, abhängen und im Falle ihrer Dominanz das Verhältnis des Menschen zur Natur »verwirren«. Die Verwirrung läßt sich nur vom Standpunkt der Selbstbesinnung aus beheben, auf dem der Ursprung der Kategorien aus dem Erlebnis nachgewiesen, daraus die »Sphäre ihrer Geltung abgeleitet, sonach ihre Gültigkeit für die Geisteswissenschaften festgestellt und die Unmöglichkeit gezeigt wird, eine begriffliche Erklärung des teleologischen Zusammenhangs und eine metaphysische Systematisierung herbeizuführen«.[109]
So destruiert die Umkehrbewegung die Metaphysik des Naturerkennens, die neuzeitliche eingeschlossen, die in der Beschränkung auf den blinden Naturzusammenhang den äußersten Verwirrungsgrad erreicht. »Die *Physis* in uns herrscht, die äußere Natur wird unterworfen«, mit diesen Worten charakterisiert Dilthey das Identitätsprinzip der Naturbeherrschung, das durch die naturalistische Geschichtsauffassung in die Lehre von der Herrschaft der Natur über den Menschen umkippt – eine »innere Dialektik«, die der geisteswissenschaftlichen Hermeneutik an der Gesellschaftsphilosophie von Comte und Marx aufgeht.[110] Um sie aufzuklären, geht Dilthey in Vorwegnahme der Wege des Denkens in unserem Jahrhundert den Schritt hinter diese Dialektik auf die *Sprache* zurück, worin sie sich am verbalen Gebrauch der Wörter »Sein« und »Haben« ausdrückt. Das ist die vielleicht bedeutsamste Unterscheidung, die uns Dilthey zu durchdenken aufgibt. Die Prädizierung, deren Ausdrucksform das »Ist« ist, besagt schlechterdings nichts von *Identität*, ja, sie hängt mit dieser formalen Kategorie überhaupt nicht zusammen! »Das ›ist‹ bedeutet innerhalb der Sprachlichkeit dieses nicht weiter definierbare Verhältnis, nach welchem das Subjekt des Lebens seine Selbigkeit erstreckt in die Eigenschaften ... Das ›hat‹ bezeichnet Besitz, Herrschaft, nicht als aus den äußeren Verhältnissen übertra-

gen, sondern als einen Lebensbegriff«.[111] Die Kategorien des »Habens« artikulieren wiederum seitliche Lagen des Lebenszusammenhangs, so daß ihnen nicht dieselbe Bedeutung zukommt wie den Kategorien des Seins, der Essentialität oder des Wesens, die sich von der Lebenseinheit auf die Welt im Ganzen erstrekken. Die Natur können wir weder besitzen noch beherrschen. Wir »haben« sie nicht, weil wir sie selber »sind«.

Des Seins von Natur, so dürfen wir dieser Bestimmung entnehmen, werden wir im Zusammenhang unseres eigenen Lebens inne. Allerdings nicht im Modus unmittelbarer Seinserfahrung. Denn im Innewerden von Leben – und hier scheint der tiefste Gedanke auf, den Dilthey gedacht hat – ist »Sein« nicht bewußt enthalten. Es entzieht sich dem Verhältnis, nach welchem das »Subjekt« des Selbst die Selbigkeit in die Eigenschaften als seine Prädikate (die formalen Kategorien von Identität und Unterschiedenheit, die realen von Substanz und Kausalität) erstreckt, – was Heideggers These vorwegnimmt, daß die abendländische Metaphysik im Aufbruch zur Wissenschaft und der aus ihr entbundenen Technik das Sein »vergißt«. Für Dilthey fällt es damit nicht der Vergessenheit anheim. Ist doch »Sein« im Innewerden von Leben so eingeschlossen, daß es »jeden Augenblick aus ihm entwickelt werden kann«.[112] Die »Entwicklung« ist Sache hermeneutischer Operationen, einer beständigen Aufgabe der Interpretation im triadischen Zusammenhang von Erlebnis, Ausdruck und Verstehen. Im Fortgang von der Selbstbesinnung über die Hermeneutik zum Erkennen der Natur beantwortet sich dann die Frage, wiefern sie für uns existieren kann: *Natur ist für uns eine Tatsache des Lebens, mit unserem eigenen Leben verwoben.* Es handelt sich um ein Existentialurteil, das im Ist-Sagen den Zustand, dessen wir inne geworden sind, als »seiend« setzt; und dieses so, daß sich im Akt der Prädikation zugleich die *Rückwendung auf ihren Ursprung im Leben selbst ausdrückt.*[113]

In solcher Sensibilität wird der Zusammenhang des Lebens mit der Natur am Beginn der Moderne nirgends bedacht, auch nicht bei Schelling, der vor Dilthey den Weg zur zweiten (»positiven«) Philosophie eingeschlagen hatte. Und so ist er nach ihm nicht wieder gedacht worden, weder in Husserls Wiederaufnahme der Leitfrage nach der Konstitution des Universums auf dem Cartesianischen Weg der Subjektphilosophie noch in ihrer Verwandlung durch Heideggers ›Sein und Zeit‹ (1927), dem die Natur

lediglich ein »Grenzfall des Seins von möglichem innerweltlichen Seiendem« darstellt.[114] Dieses Denken, dem der Vergleich mit den Späteren nicht gerecht wird, ist in der Tat, was Dilthey einmal von Schellings später Zurückführung des natürlichen Systems der Metaphysik auf die unfaßlichsten Begriffe von Wesenheit, Seinkönnen, Möglichkeiten und Potenzen sagt: ein Gang ins »Reich der Mütter«.[115] Aber die Wendung, die Schellings Gang genommen hat: daß er eine historische Erfahrungswissenschaft ausbilden möchte, deren Gegenstand der metaphysische Zusammenhang des Universums ist, das Kreisen des Lebens in sich selbst im Wechsel von Anstrengung und Erschlaffung,[116] dieser auch von Schopenhauer und Nietzsche durchschrittene Kreisgang des Willens zum Leben ist Diltheys Antwort auf die Leitfrage nach der Konstitution des Universums im Ausgang von den geistigen und geschichtlichen Tatsachen nicht. Ohne die universale Weite der Problemstellung je aufzugeben, spitzt sie sich bei Dilthey in Kontakt mit den hermeneutischen Grundoperationen der Geisteswissenschaften und ihrem Anteil am Naturerkennen immer mehr auf die von uns erörterte Frage nach der *Natur als Leben* zu. Und für die so modifizierte Fragestellung nach dem Verhältnis des Selbst zum Anderen und den umgebenden Dingen ist das Leben keine Form des Willens zur Macht oder des Intellekts, sondern eine der *Zusammengehörigkeit* von Mensch und Natur. Was zusammengehört, kann nicht besessen und beherrscht, es muß im Hören auf den »Zusammenhang des Zweckes, der Bedeutung, des Wesens ... in einem Ganzen« verstanden und interpretiert werden. Dann ist das Leben zuletzt selbst *»gleichsam« die eine, reale, überall gegenwärtige Kategorie*. Es ist – und darauf weist der Zusatz »gleichsam« hin, dem hermeneutisch die *analogia vitae et naturae* entspricht – *Sprache*, die sich in *verschiedener Weise artikuliert und mitteilend auslegt:* »Alle einzelnen, realen Kategorien sind deren Abschattungen, aus ihr vereinzelt«.[117]
Vor diesem Hintergrund nimmt sich die epistemologisch und methodologisch begründete Differenzierung des Wissenschaftssystems seit der Aufklärung anders aus, als das Dilthey selbst sieht und wir in der Tradition seiner Schule zu sehen gewohnt sind. So verschieden die Kategorien in den Geisteswissenschaften von denen der Naturwissenschaften sein mögen, so besteht doch nicht der gravierende Unterschied, den Dilthey mit den Neukantianern hervorkehrt. Und ebensowenig finde ich es in Überein-

stimmung mit der von ihm erreichten Einsicht in die Einheit von Geist und Natur, wenn er den Mittelpunkt aller Unverständlichkeit *Zeugung, Geburt, Entwicklung und Tod* nennt. Sind es doch gerade diese Lebensgeschehnisse, die als Gerüst des Naturgeschehens immer wieder Auslegungsgegenstand der Dichtung, der Kunst, der Religion, der Philosophie und aller geisteswissenschaftlichen Forschung sind. Wohl trifft es zu, daß wir vom Tod wissen, ohne ihn zu verstehen; daß vom ersten Blick auf einen Toten ab dem Leben der Tod unfaßlich ist und hierauf zuallernächst unsere Stellung zur Welt als zu etwas Anderem und Furchtbaren beruht.[118] Aber gerade darum ist dieses natürliche Faktum ein geistiges zugleich und als solches Grund aller geschichtlichen Lebens- und Weltdeutung. So kann der Tod zu einem Thema der Geisteswissenschaften werden, wie er es, vielleicht nicht ausdrücklich genug, stets gewesen ist. Und er muß es um so mehr, als er über die Naturwissenschaften in einer universalen, nicht vorhersehbaren Weise Einzug in die umweltliche Natur und Geschichte der Menschheit gehalten hat.

Angesichts dieser Grenzerfahrung sind wir in der Aporie: der Not von Reisenden, die den Weg verloren haben. Wir sind in der Verlegenheit, nach der Natur zu suchen, ohne des Lebens und der Bedeutung in ihr sicher zu sein. Wir können davon a priori nichts wissen, weil all unser Vorwissen subjektive Begriffe enthält, Konzepte, die sie interpretieren. Und die Wissenschaft, die darauf aufbauend die Subjektivität in ihren physikalischen Grundbegriffen ausschaltet, erlaubt nur, Effekte mit hoher Wahrscheinlichkeit vorherzusagen, ohne zu behaupten, diese von ihr veranlaßten Geschehnisse seien »natürlich«. In dieser Lage gewinnen die von Dilthey gestellten Fragen der Einheit und Zusammengehörigkeit von Mensch und Natur für die Geisteswissenschaften ihr eigenes Gewicht. Ja, sie haben heute gegenüber allen anderen Fragen einen Vorrang. Und so gilt es, die natürlichen Bedingungen des geistigen Lebens in uns und in den Zeugnissen der Überlieferung unbefangen zu gewahren, um diese in der Wirkungsgeschichte von Diltheys Werk nicht zum Zuge gelangte Fragestellung geisteswissenschaftlich neu zu entdecken und in Einzelforschungen fruchtbar zu machen.

Naturphilosophie und Anthropologie
Grundzüge einer Theorie des Lebendigen bei Hegel und Marx

1. Das Verhältnis von Naturphilosophie und Anthropologie

»Naturphilosophie« und »Anthropologie« bilden weder bei Hegel noch bei Marx eine Einheit. Als Titel der philosophischen Systematik erscheinen sie im Denken von Hegel, aber verbunden mit einer Bedeutung, die ihren Abstand zur anthropologisch und naturphilosophisch orientierten Richtung der neueren deutschen Philosophie (Plessner, Scheler, Gehlen, Löwith) deutlich werden läßt. Innerhalb des Hegelschen »Systems der Philosophie« steht die »Wissenschaft des Geistes« über der »Wissenschaft der Natur«, und beiden voraus geht ihre Begründung in der *Logik*, dem »sich begreifenden reinen Begriff«[1]. Die Logik ist die der Selbstbegründung fähige Wissenschaft; denn ihr Begriff bedingt nicht nur das Begreifen der gegenständlichen »Realität« – des Geistes oder der Natur –, sondern begreift sich selbst als Grund. Diesen Grund, aus dem alles Begreifen, auch das der Logik, erst entspringt, nennt Hegel den »adäquaten Begriff« oder die *Idee*, die Einheit von Begriff und Realität, Sein und Wahrheit[2]. Die Onto-logik der Idee trägt nicht nur begrifflich und methodisch das ganze System, sondern bestimmt den Sinn von »Wissenschaft« in jedem seiner Teile: die *Naturphilosophie* ist die Wissenschaft von der »Idee in ihrem Anderssein«, die *Philosophie des Geistes* die Wissenschaft der »Idee, die aus ihrem Anderssein zurückkehrt«[3]. Hegel faßt die Natur nicht als sie selbst in ihrer Natürlichkeit, als positive Voraus-setzung aller Erscheinungen und umfassendes Prinzip des Werdens und Vergehens der Dinge. Im Gegenteil: sie erscheint nicht als Voraus-setzung, sondern als Setzung, und als Werden fällt sie nicht in das Vergehen, sondern weist über es hinaus. In beiden Fällen ist der Begriff der Natur durch das dem Hegelschen Begriff überhaupt zukommende Moment der Negativität gekennzeichnet: Natur ist das Anderssein der Idee, die »Idee als Seyn« oder als »seyende Idee«[4], und sie ist das Anderswerden dieses Seins, der noch nicht vermittelte Geist[5].

Aus dieser »negativen Natur der Natur«[6] ergibt sich die Stellung der Anthropologie im Hegelschen System der Philosophie. Die Anthropologie ist ein Teil der Philosophie des Geistes und nicht der Naturphilosophie, genauer des subjektiven, d.i. endlichen, nur in seiner Erscheinung an die Natur gebundenen Geistes. Unter »Anthropologie« versteht Hegel weder eine Lehre vom Menschen schlechthin, sei es in pragmatischer oder in fundamentalontologischer Absicht, auch nicht eine Theorie seiner Sonderstellung in der Natur, sondern die Lehre von dem in der menschlichen Gattung »seyenden« Dasein des Geistes. Die Anthropologie ist äußerlicher, »formeller« Anfang, aber nicht »reeller« Gund der Philosophie des Geistes: »Wir müssen also von dem noch in der Natur befangenen, auf seine Leiblichkeit bezogenen, noch nicht bei sich selbst seyenden, noch nicht freien Geiste anfangen. Diese – wenn wir so sagen dürfen – Grundlage des Menschen ist der Gegenstand der Anthropologie«[7]. Ihr zentrales Problem sieht Hegel im Verhältnis des (subjektiven) Geistes zur menschlichen Leiblichkeit; der Leib des Menschen (Hand, Auge, Sinnesorgane, aufrechter Gang), die Phänomene des Lebens und der Lebensäußerungen (Lachen, Weinen, Stimmungen, Temperamente, Idiosynkrasien), die Vielfalt der menschlichen Naturexistenz (in Rassen, Völkern, Lebensaltern) werden nur insofern behandelt, als sie Momente dieses Verhältnisses sind. Es ist die dem Menschen eigentümliche »Natur«, sich von Leib und Natur unterscheiden zu können, die Hegel vorzüglich zum Thema macht. Die Natur als Grund des Leben erzeugenden Lebendigen und als elementare Voraussetzung seiner Erhaltung erscheint nur am Anfang der Anthropologie: im Mitleben des »natürlichen« Menschen mit der Natur und dem allgemeinen planetarischen Leben, dem Wechsel der Jahres- und Tageszeiten, den Unterschieden des Klimas und als »Naturbestimmung« der Rassenunterschiede[8]. Während für die nachhegelsche Epoche die Anthropologie zunehmend in den Mittelpunkt der Philosophie rückt, steht sie hier »in der Mitte zwischen der hinter ihr liegenden Natur einerseits, und der aus dem Naturgeist sich herausarbeitenden Welt der sittlichen Freiheit andererseits«[9]. »Mitte« ist nur die formale Bezeichnung ihrer untergeordneten Stellung, nicht eine inhaltliche Aussage. Denn der Mensch, wie ihn die Hegelsche Anthropologie zum Gegenstand nimmt, lebt schon nicht mehr innerhalb der Natur, und was an ihm noch »Natur« ist, wie sein individueller, an Zeit und

Raum gebundener Leib, Wechsel von Wachen und Schlafen, Verschiedenheit der Geschlechter, wird herabgesetzt zu etwas »bloß Anthropologischem«[10].

Dem entspricht, daß Hegel die Naturphilosophie als Teil der einen, umfassenden Philosophie begreift. Das geringe Verständnis, das der Hegelschen Naturphilosophie von Anbeginn entgegengebracht wurde, lag im wesentlichen darin begründet, daß sie die Verselbständigung der naturwissenschaftlichen Forschung im 17. und 18. Jahrhundert wieder »aufzuheben« versuchte. Die mit dieser *Emanzipation der Forschung von der Philosophie* verbundene Trennung zwischen Naturphilosophie und Physik wird nicht anerkannt, ja, Hegel weist ausdrücklich auf die ihr vorausgehende Epochengestalt der Physik zurück, auf Aristoteles' Lehre von der Natur: seine ›Physik‹ sei »weit mehr Naturphilosophie als Physik ... Erst den neueren Zeiten gehört eine Trennung beider voneinander an«[11]. – Im Unterschied dazu ist für Marx die Wissenschaft der Natur von vornherein identisch mit der modernen Naturwissenschaft. Die Naturwissenschaft aber interessiert Marx nicht als *Forschung,* d.h. als theoretische, die Zusammenhänge und Gesetze der Naturerscheinungen entdekkende Wissenschaft, sondern als *Praxis*: sie ist ein Bestandteil der *Industrie* im weitesten Sinne des Wortes, des technisch vermittelten Prozesses zwischen Mensch und Natur. Die Verbindung von Naturwissenschaft und Industrie wird von Marx als ein der modernen Gesellschaft eigentümliches Faktum erkannt, mit dem sich die Philosophie auseinandersetzen muß. Wenn es eine Trennung zwischen Philosophie und Naturwissenschaft gibt, so nur deswegen, weil innerhalb der Philosophie Theorie und Praxis getrennt sind: »Die Naturwissenschaften haben eine enorme Tätigkeit entwickelt und sich ein stets wachsendes Material angeeignet. Die Philosophie«, sagt Marx in Erinnerung an die Naturphilosophie von Schelling und Hegel, »ist ihnen indessen ebenso fremd geblieben, wie sie der Philosophie fremd blieben. Die momentane Vereinigung war nur eine *phantastische Illusion* ... Aber desto *praktischer* hat die Naturwissenschaft vermittelst der Industrie in das menschliche Leben eingegriffen und es umgestaltet«[12]. Es ist die moderne Industrie, die, an die Stelle der Philosophie getreten, das Leben des Menschen mit dem Sein der Natur vermittelt, – nicht, wie bei Hegel, auf dem Wege einer »denkenden Erkenntnis der Natur«, deren Zweck die Versöhnung des Geistes mit ihr und der Wirklichkeit wäre[13], sondern im Prozeß der praktischen Aneignung. Daher haben weder die Wissenschaft von der Natur noch die Natur selber einen theoretisch begründbaren Anspruch auf Selbständigkeit. Die Natur ist wesentlich die Vorbedingung zu ihrer praktischen Aneignung durch Mensch und Gesellschaft, und die Naturwissenschaft ist ein mit der modernen Gestalt der Industrie konstitutiv gewordenes Moment dieser Aneignung[14]. Die wenigen Äußerungen, die sich, begrifflich an Feuerbach und seiner Naturanschauung orientiert, in den Ökonomisch-Philosophischen Manuskripten zum »Durchsichselbstsein« der Natur und zur »Natürlichkeit« des menschlichen Gattungswesens finden[15], sind bei Marx nicht systematisch fruchtbar geworden. Er hat keine Theorie der Natur hinterlassen, auch nicht, obwohl erst dadurch das Postulat der vergesellschafteten Produktion und Konsumtion seine Grundlegung erhielte, eine Theorie der menschlichen Bedürfnisnatur, die über das bei Hegel nur unzulänglich entwickelte »System der Bedürfnisse« hinausginge[16]. Was für Marx theoretisch von Interesse ist, ist nicht die Natur als Natur, sondern die »anthropologische Natur«[17]. Dieser Begriff, der den Menschen als »Wesen« der Natur und diese als ein »Wesen« für den Menschen faßt, die Natur »vermenschlicht«, enthält in nuce sowohl die Marxsche Theorie der Arbeit wie auch die der Geschichte. Die zentrale Stellung von Arbeit und Geschichte im Historischen Materialismus erklärt sich aus der anthropologischen Reduktion der Natur, die der junge Marx mit einem theologischen Ausdruck ihre »Resurrektion« nennt[18]. Sofern Natur nicht begriffslos die Totalität dessen, was ist, oder, wie bei Feuerbach, die irreduzible, auf die Kategorie der Sinnlichkeit gegründete Positivität des Positiven bleibt, wird sie als Sein für den Menschen gedacht[19].

Freilich: die »Resurrektion« der Natur in und durch die »anthropologische Natur«, d.h. die Arbeit des Menschen, führt Marx nicht zur Anthropologie als selbständiger Wissenschaft. Die Anthropologie, wie sie im Ansatz des Marxschen Denkens, den Manuskripten von 1844/45, vorliegt, wird sehr bald verdrängt durch Ökonomie, Politik und Geschichtstheorie. Gleichwohl läßt sich zeigen, daß die Wirkung des anthropologischen Ansatzes das ganze Werk von Marx durchzieht. Es ist für den Stand der gegenwärtigen, vorwiegend geistesgeschichtlich orientierten Marx-Diskussion kennzeichnend, daß sie nach diesen Fundamenten nicht ernsthaft fragt[20]. Man darf aber bezweifeln, ob ohne ihre Kenntnis das Verhältnis von Hegel und Marx, um das sich die Diskussion vornehmlich bewegt, hinreichend ausgelegt und verstanden werden kann. Im folgenden sei der Versuch gemacht, den *anthropologischen Ansatz* des Marxschen Denkens *in seinen naturphilosophischen Fundamenten* zu bedenken und dabei das Verhältnis zu Hegel von einer anderen, bisher wenig beachteten Seite her zu bestimmen. Der Ausgangspunkt ist zunächst ein systematischer: die in der Hegelschen Naturphilosophie entwickelte Theorie des Lebendigen, erörtert am Subjekt-Sein des Lebens und seines Assimilationsverhältnisses zur Natur. Es wird zu fragen sein, inwieweit sie im Ansatz der Marxschen Anthropologie und des ihr zugrunde liegenden Naturbegriffs wiederkehrt.

II. Die Lebensprozesse des Lebendigen in Hegels Naturphilosophie: das theoretisch-praktische Assimilationsverhältnis zur Natur

Von allen Bestimmungen, die das Leben des Lebendigen in der Vielfalt seiner Erscheinungen konstituieren, hebt Hegel an den verschiedensten Stellen seines Werkes drei Momente immer wieder hervor: das Leben ist *Subjektivität*, es hat zu seiner Selbsterhaltung eine von ihm unterschiedene, äußerliche *Natur* zur Voraussetzung, und es ist *Prozeß*, aus der Gattung hervorgehende und in sie zurückkehrende Bewegung[21]. Das Subjekt-Sein des Lebendigen meint einerseits das Sichzugrundeliegen des Lebens, die »Bewegung seiner selbst, wodurch es sich erst zum Subjecte macht«[22], andererseits das Gewordensein der Natur zum Subjekt, die »Aufhebung« ihrer Äußerlichkeit im Lebendigen: »In der Natur erscheint das Leben als die höchste Stufe, welche von ihrer Äußerlichkeit dadurch erreicht wird, daß sie in sich gegangen ist und sich in der Subjektivität aufhebt«[23]. Das zweite Moment betrifft die fundamentale Tatsache des Lebens, daß alles Lebendige im Verhältnis zur Natur steht und sich nur dadurch am Sein erhält, daß es das ihm Äußere sich aneignet. Es ist »als das Leben der Natur das Leben, insofern es in die Äußerlichkeit des Bestehens hinausgeworfen ist, an der unorganischen Natur seine Bedingung hat, und wie sie Momente der Idee eine Mannigfaltigkeit wirklicher Gestaltungen sind«[24]. Das dritte Moment ergibt sich aus dem Grundgeschehen des Lebens, seinem Insichsein im ruhelosen Kreisen, der Bewegung des Lebens, das als Subjectum immer wieder in sich zurückgeht. Schon die Jenenser Vorlesungen bestimmen diesen Lebens-Prozeß als den Hervorgang der Lebendigen aus dem Sein des Lebens in das Sein des Seienden. Hegel spricht von der »Einheit zweier Prozesse«, die beide das Insichkreisen des Lebens bilden – vom »Kreislauf der Selbsterhaltung«, der sich in der Entgegensetzung zur unorganischen Natur bewegt, und vom »Kreislauf der Gattung«, welcher zwischen den Lebendigen verläuft und das Immersein des Lebens – die »realisierte Idee« – zum Resultate hat. Beide Bewegungen greifen unmittelbar ineinander. Indem die auf die Lebendigen bezogene Bewegung um die »Gattung« oder, wie Hegel sie auch nennt, um die »Sonne des Individuums« sich dreht, bezieht sie sich zugleich auf eine »unorganische Natur«. Das Lebendige ist die »Mitte« dieser Bewegungen, und zwar so, daß es sich »gegen die Macht der Gattung, die es untergehen macht, sowie gegen die der unorganischen Natur erhält und sich um seine Achse für sich selbst bewegt, in sich selbst ist, sich erhält«[25].

Diese drei Momente faßt Hegel im § 338 der *Enzyklopädie* in dem Satze zusammen, das Leben sei »als Subjekt und Prozeß wesentlich sich mit sich *vermittelnde* Tätigkeit«[26]. Diese letztere Bestimmung führt über die Allgemeinheit der bisherigen Hinsichten hinaus und auf die »objektive« Seinsweise des Lebens in den Lebendigen. Denn in ihnen *ist* erst das Leben die Einheit von Subjektivität, vermittelnder Tätigkeit und Prozeß. Die Tätigkeit dieser Vermittlung oder den tätigen Lebensprozeß des als Subjektivität gefaßten Lebendigen bestimmt Hegel näher als den »Prozeß seines Zusammenschließens mit sich selbst«[27], der sich im einzelnen in der Form von drei Prozessen vollzieht; erstens als *Gestaltungsprozeß*, worin das Lebendige auf seine Leiblichkeit eingeschränkt bleibt; zweitens als *Assimilations- oder Ernährungsprozeß*, worin es sich auf die unorganische Natur bezieht, diese mit sich vermittelt und damit sich selber hervorbringt; drittens als *Gattungsprozeß*, worin die Lebendigen das Allgemeine der Gattung »reproduzieren«, welche so zum »Fürsichsein« gelangt[28]. Im Zusammenhang unserer Fragestellung soll uns hier lediglich der Prozeß zwischen dem Lebendigen und der Natur interessieren.

Hegel beginnt seine Darlegungen dieses Prozesses mit dem

Grundverhältnis von Natur und Leben – mit der Voraus-setzung der Natur für das Lebendige. Subjektiv, d. h. von der Seinsweise des Lebens her gesehen ist die Voraus-setzung der Natur ihre Setzung durch das Lebendige, das sich aus dem Zusammenhang der elementarischen Naturprozesse herauslöst. Hegel spricht von einem »ursprünglichen Urteil« des Lebens, das darin besteht, »daß es sich als individuelles Subjekt gegen das Objektive abscheidet«[29]. Gleichwohl übersieht Hegel nicht, daß die Natur gerade dadurch, daß das Lebendige der »Prozeß der Subjectivität ist, sich auf sich selbst zu beziehen«, als eine äußere vorhanden, d. h. die Bedingung für den Prozeß selber ist[30]. Denn an der Natur findet alles Lebendige seine »äußerliche Bedingung« und sein zum Leben-können notwendiges »Material« – also die Grundlagen eines selbst äußeren Bestehens[31]. Diesen »Prozeß nach Außen« nennt Hegel den »*reale(n)* Prozeß«, worin das Lebendige zu einer »unmittelbar vorhandenen Außenwelt« ins Verhältnis tritt und sich dagegen »erhält«, sofern es die Macht in diesem Verhältnisse und die Natur gegen es ein ohnmächtiges Bestehen ist: »Das Lebendige steht einer unorganischen Natur gegenüber, zu welcher es sich als dessen Macht verhält und die es sich assimiliert«[32]. Die »objektive«, gegenständliche Natur hebt sich in der Tätigkeit der »subjektiven« Lebendigkeit als ein »Nichtiges« auf, mit dem Resultat, daß die letztere »sich selbst erhält, sich entwickelt und objektiviert«. Das Wesen der Natur in diesem Lebensverhältnis des Lebendigen besteht also darin, schon immer die äußere Welt des Lebendigen zu sein, das in ihr sich erhält, indem es sie assimiliert, das Äußerliche als subjektiv setzt und mit sich identifiziert. Die Formen dieses Prozesses sind, wie der Zusatz zum § 357 der *Enzyklopädie* ausführt, selber wieder dreifacher Art: »Erstens der theoretische Prozeß; zweitens der reale, praktische Prozeß, drittens die Einheit beider, der ideell reelle Prozeß, die Umbildung des Unorganischen zum Zweck des Lebendigen, – d. i. der Instinkt und der Bildungstrieb«[33]. In diesen drei Grundstellungen bewegt sich nach Hegel der Assimilationsprozeß des Lebendigen mit der Natur; obwohl es sich auf selber gegenständliche Weise gegen sie als gegenständliches Dasein spannt, ist der Zusammenhang beider »schlechthin ein absoluter, untrennbarer«. Alles Lebendige steht im Verhältnis zur Natur, die es zum Leben-können voraussetzt und von deren Äußerlichsein es nicht zu abstrahieren vermag. Daß es im Assimilationsverhältnis das Dasein der Natur gleichwohl überschreitet, sofern sie es als gegenständliches in sich einbezieht und nicht in seinem Sein beläßt, ist nicht *für* das Lebendige, sondern das Wissen des Bewußtseins[34]. An ihm selber besteht der Assimilationsprozeß des Lebendigen zunächst nur in der Gegenständlichkeit des Verhaltens *zur* Natur.

Das Fundament des theoretischen Prozesses mit der Natur bildet für Hegel die Gliederung der organischen Sensibilität zum System der Sinne[35]. In seinem natürlichen Sein betrachtet, hat das Lebendige die Sinne als »Bestimmung der Leiblichkeit (des Auges usf. überhaupt jedes körperlichen Teils)« an ihm. Sie erscheinen als Modifikationen des Empfindens, die aus einem unterschiedenen Verhalten des Lebendigen zur Natur in ihrer Verschiedenheit entspringen: »Die unterschiedenen Bestimmungen, die wir an der unorganischen Natur gesehen haben, sind auch ein verschiedenes Verhalten des Organischen zu ihr, als Modifikationen des Empfindens; und so heißen sie eben die Sinne«[36]. Die Sinnlichkeit besteht also nicht nur in der Modifikation der Leiblichkeit, die sich zur Vielgestaltigkeit der Sinne auseinanderlegt, sondern zugleich in der Spezifikation ihrer Gegenstände[37]. Sinnlich sein heißt für das Lebendige, sinnliche Gegenstände außer sich haben, Äußerung der Sinnlichkeit an der Gegenständlichkeit der Natur. So manifestiert der elementare Tast- oder Gefühlssinn die mechanische Sphäre: Schwere, Kohäsion, Elastizität, Härte, Wärme; er ist der »Sinn des Irdischen, der Materie, des Widerstand Leistenden, nach welchem ich unmittelbar als Einzelner existiere und das Andere auch als Einzelnes an mich kommt, als Materielles, das für sich ist, wie ich es auch empfinde«[38]. Geruch und Geschmack sind an die Elemente von Luft und Wasser gebunden; weil sie wesentlich zur »reellen« Aneignung in Bezug stehen, nennt Hegel sie die »praktischen Sinne, deren Gegenstand das reale Seyn der Dinge für Anderes ist, wodurch sie verzehrt werden«[39]. Das Auge, der Sinn des Lichts, zeigt die »gegenständliche Wirklichkeit als gleichgültiges Selbst«, das bloße Gegenstand-Sein der Natur; ungegenständlich verhält sich für Hegel allein das Gehör, die Wahrnehmung nicht nur des Klanges der Dinge, sondern der aus sich tönenden Verlautbarung des Lebendigen: »Im Gehör hört der Gegenstand auf, ein Ding zu seyn«[40]. Darüber hinaus haben Gesicht und Gehör, die theoretischen Sinne schlechthin, eine zentrale Bedeutung, sofern sie auf die allgemeine Struktur der

Sinnlichkeit, auf Raum und Zeit als Bestimmungen des Lebendigen selber verweisen: »Im Sehen manifestiert sich das physische Selbst (d. h. die natürliche Subjektivität des Lebendigen, M. R.) als räumliches, im Hören als zeitliches«[41]. Man sieht, daß die Sensibilität der Sinne das Seiende in seinen Beschaffenheiten und Unterschieden aneignet. Einerseits bleibt – und dies unterscheidet den theoretischen Prozeß vom praktischen – die Äußerlichkeit qua Gegenständlichkeit der Natur bestehen, aber so, daß dieses Bestehen in der »unendlichen Einheit der Subjektivität« aufgehoben ist[42]. Indem das Lebendige empfindet, ist es Selbst-Empfindung; aber es empfindet nicht nur sich selbst, sondern sich als auf besondere Weise bestimmt. Es ist, wie Hegel sagt, »natürliche Subjektivität«, so daß sein theoretischer Prozeß das gegenständliche Bestehen der Natur nicht nur aufhebt, sondern zugleich ständig reproduziert.

Die im theoretischen Prozeß nur »formelle« Assimilation schlägt im praktischen um in die »reelle« Aneignung einzelner, wirklicher Dinge. »Die Reflexion aus dem *Theoretischen*«, heißt es schon in den Jenenser Vorlesungen, »ist das *Praktische*«. Während das Lebendige im Theoretischen in sich stehenbleibt und nur mit seinen Sinnen dem Ganzen des Seienden geöffnet ist, tritt es hier »als Ganzes außer sich«. Im praktischen Verhalten ist der lebendige Organismus, »ein sich selbst nach außen Kehrendes. Er selbst ist sich negativ. Die unorganische Natur ist dies Andre«[43]. Was Hegel am praktischen Verhältnis als philosophisch konstitutiv herausstellt, besteht, formal gesehen, in der Subjekt-Objekt-Dialektik. Die Subjektivität des Lebendigen ist wesentlich auf eine »objektive« Natur bezogen, und diese selber erscheint nur als Moment *in* diesem Bezug: sie ist schon immer das Objekt eines Subjekts, eben weil die Subjektivität in dieser Beziehung zugrunde liegt. Mit diesem Zugrundeliegen weist das Lebendige über den Vorgang des praktischen Verhaltens hinaus auf die prinzipielle *Stellung*, in der es dem Seienden gegenübersteht, das in dieser Stellung als »seine« Natur, als die un-organische Natur des Lebendigen erscheint; die Negation der Subjektivität führt zur Position der Gegenständlichkeit – ihrer selbst und der Natur: »Der *reelle* Prozeß oder das *praktische* Verhältnis zu der unorganischen Natur beginnt mit der Diremtion in sich selbst, dem Gefühl der Äußerlichkeit als der *Negation* des Subjekts, welches zugleich die positive Beziehung auf sich selbst und deren *Gewiß-*

heit gegen diese seine Negation ist, – mit dem Gefühl des *Mangels,* und dem *Trieb* ihn aufzuheben, an welchem die Bedingung eines *Erregtwerdens* von außen und die darin gesetzte Negation des Subjekts in der Weise eines *Objekts,* gegen das jenes gespannt ist, erscheint«[44]. Das Gefühl des Mangels bezeichnet Hegel auch als das »Bedürfnis« des Lebendigen, das immer mit dem Trieb zu seiner Aufhebung verbunden ist. Die Lebensmomente von Begierde, Trieb, Bedürfnis sind, in ihrem Wesen gefaßt, Negationen des »an sich« identischen Subjekts, das sie ertragen und ins »Positive«, d.i. Sich-Selber-Setzende, wenden kann, weil das Lebendig-Sein absolute Position ist. Das Wesentliche am praktischen Prozeß gegen die Außenwelt besteht nun darin, daß auch hier das Äußere durch die leibliche Bestimmtheit des Lebendigen spezifiziert wird und nur als jeweils *sein* Äußeres und *seine* unorganische Natur erscheint. Durch die Mitte des praktischen Bedürfnisses steht das Lebendige mit den »abstrakten Mächten der Natur« im »Zusammenhang«, aber so, daß dieser ein je besonderer ist. Der Trieb in seiner Bestimmtheit bestimmt das Lebendige selber, so daß nur »ein beschränkter Umkreis der allgemeinen unorganischen Natur« für es *ist.* Jedes Tier hat auf dem Grunde dieser partikularen Triebdetermination nicht die Natur im ganzen, sondern nur eine ihm eigentümliche Sphäre zu seiner »eigenen unorganischen Natur, die allein für es ist«[45]. Die Entgegensetzung der Natur ist im praktischen Prozeß nicht ein Entgegengesetztes überhaupt, sondern der Gegensatz zu dem im Prozeß stehenden Lebendigen: »Das Thier kann nur durch *seine* unorganische Natur erregt werden, denn das Entgegengesetzte ist nur *sein* Entgegengesetztes«[46]. Das Resultat des praktischen Prozesses ist die natürliche Reproduktion des Lebendigen, die Aufhebung des Bedürfnisses durch die Assimilation des Gegenstandes. Er zielt nicht auf die »Hervorbringung eines Mittels«, sondern auf die Hervorbringung des Zwecks, d.i. der lebendigen Subjektivität selber, die sich im praktischen Zusammengehen mit der Natur mit sich zusammenschließt und »auf reelle Weise für sich« wird[47].

Obzwar der praktische Prozeß die unorganische Natur verändert und ihre materielle Selbständigkeit aufhebt, wird in ihm das Lebendige nicht für sich selbständig, und zwar deshalb, weil die praktische Beziehung an die Bedingung der Gegenständlichkeit des Seienden gebunden bleibt. Das »wahre Fürsichwerden« des

Lebendigen geschieht nach Hegel erst in einem dritten, die Momente des Theoretischen und Praktischen in sich vereinigenden Prozeß, den er mit den Begriffen Bildungs- bzw. Kunsttrieb umschreibt[48]. Auf ihre Geschichte kann hier nicht näher eingegangen werden. Es sei lediglich erwähnt, daß Hegel das Wort »Bildungstrieb« nicht im Sinne der zeitgenössischen Naturwissenschaft verwendet, d. h. gerade nicht auf die natürliche Reproduktion des lebendigen Individuums in seiner »Gestalt« einschränkt, sondern damit die umbildende Tätigkeit des Lebendigen in seiner Umwelt und die Zu-bildung der Gegenstände auf seinen Leib meint. Es hat insofern stets, – und das hebt Hegel selber hervor – den Sinn des älteren, an *techne* bzw. *ars* erinnernden Ausdrucks »Kunsttrieb«, der eben das Vermögen des Lebendigen zu einem über alle Natur hinausgehenden Können meint, das das, was ist, von einem selbst gesetzten Zweck her »kunstvoll« verändert. Weil im Bildungsprozeß des Lebendigen ein »Äußerliches«, das zu seiner »unorganischen Natur« gehört, in der Weise assimiliert wird, daß es »zugleich als äußerlicher Gegenstand« verbleibt, erscheint er für Hegel als die »Einheit des ideellen theoretischen und des realen Prozesses«. Zwar richtet sich der Kunsttrieb ebenfalls auf die Äußerlichkeit und entäußert das Lebendige der Schranke seines natürlichen Lebens, aber es behält *sich* in der Entäußerung, sofern seine eigene, subjektive »Form«, d. h. es selbst als Subjectum, in die Äußerlichkeit eingebildet wird. Der Bildungstrieb ist derart nach Hegel ein »sich selbst Sich-Äußerlich-Machen, aber als Einbildung der Form des Organismus in die Außenwelt«[49]. Er geht von der Begierde oder dem Bedürfnis aus, aber im Unterschied zum praktischen Prozeß verhält sich das Lebendige nicht bloß negativ und »vernichtend« zur Außenwelt, sondern in der Negation der Begierde zugleich »positiv« – er ist an ihm selber die Position des Lebendigen im Gegenstande. »Die Begierde«, sagt Hegel, offenkundig im Hinblick auf das, was er in der ›Phänomenologie des Geistes‹ »Arbeit« nennt und als vorzügliche Seinsweise des Menschen thematisiert, »ist also zugleich befriedigt und gehemmt; und der Organismus macht sich nur objektiv, indem er die unorganische Materie für sich zurechtlegt. Praktisches und theoretisches Verhältnis sind hier so vereinigt«[50]. Die »Bildung« in diesem Prozesse erscheint als das »zweckmäßige Tun« des Lebendigen, das zugleich mit seinem Zwecke das »Vorherbestimmte« und Tätige ist, wobei es »sich zu Anderem verhält und darin sich selbst erhält, indem es das Andere assimiliert«[51]. Seinem »inneren Begriff« gemäß ist alles Seiende »Mittel«, und das heißt: »bezogen auf eine Einheit, so, daß diese Einheit (hier das Lebendige) nicht wäre ohne dieses Ding, das zugleich nur ein Moment im Ganzen ist, ein Aufgehobenes, kein Selbständiges, An-und-Fürsichseiendes«[52]. Als Beispiele des dem Lebendigen immanenten Bildungstriebes nennt Hegel die Errichtung von Nestern, Höhlen, Lagern, worin es seinen Ort verändert, damit die »allgemeine Totalität der Umgebung«, wenn auch nur der »Form« nach, die »seinige« werde. Ferner weist Hegel auf die Anlage von Futtervorräten und die Bereitung von Waffen hin, womit es die Naturdinge zur Nahrung vermittelt (das Netz der Spinne usf.) oder Feinde abwehrt.

Im Hinblick auf unsere Fragestellung wird nun vor allem wichtig, daß Hegel das Lebendige in der bildenden Kunst-Tätigkeit zum »Selbstgefühl« kommen läßt. »Indem im Bildungstriebe das Tier sich selbst hervorgebracht hat und doch dasselbe Unmittelbare ist, so kommt es erst hier zum Genusse seiner selbst, zum bestimmten Selbstgefühl«[53]. Im praktischen Verhalten hingegen »war es nur Genuß der Außendinge, die unmittelbare Empfindung nur abstraktes Insichsein, worin das Tier nur dies empfindet, wie es bestimmt ist«. Das Seinsgefühl im praktischen Verhältnis wird primär von der Äußerlichkeit der Natur bestimmt, während im tätigen Verhalten der Bildung das Lebendige selbst »bestimmt«, nämlich die im Praktischen noch bestimmende Äußerlichkeit. So kommt es im Prozeß mit der äußeren Natur zur Objektivierung seiner selbst, zum Selbstgefühl in der äußeren Gegenwart des formierten Gegenstandes: »Das Thier *ist* befriedigt, indem es Hunger und Durst stillt; es *hat* aber noch nicht *sich* befriedigt, dies erlangt es erst jetzt. Indem es das Äußere sich angemessen macht, hat es sich selbst in äußerer Gegenwart und genießt sich«[54].

Uns soll hier nicht die naturphilosophische Fragwürdigkeit dieser der Sache nach anthropomorphen Auslegung interessieren, sondern die Art und Weise, in der das Lebendige in seinem Sein dargestellt wird, das Hinüberspielen des menschlichen Horizontes in den »natürlichen« und des natürlichen in den »menschlichen«. Denn gerade dieses zweideutige Hinüberspielen der Auslegungshorizonte wird zum Problem, wenn man die Marxsche Interpretation des Mensch-Natur-Verhältnisses mit Hegels Auslegung des Lebendigen und seines Naturverhaltens vergleicht. Es kann kein Zweifel bestehen, daß die Grundstellungen des Lebendigen zur Natur, wie sie Hegel im Rahmen der Naturphilosophie bestimmt, und die Kategorien, in denen er seine Äußerungen faßt, bei Marx wiederkehren und den Boden bilden, von dem aus er das Sein des Menschen denkt. Wie das zu verstehen ist und welche Konsequenzen sich daraus für das Verhältnis von Natur und Mensch einerseits und für die Beziehung des Theoretischen und Praktischen zum Sein des Menschen andererseits ergeben, wird im folgenden zu zeigen sein. Wir beziehen uns zunächst auf den Erfahrungsansatz, der sich für den jungen Marx mit den *Pariser Manuskripten* von 1844/45 eröffnet, um dann die wenigen, aber inhaltsreichen naturphilosophisch-anthropologischen Partien heranzuziehen, die sich in den Vorarbeiten zur *Kritik der politischen Ökonomie* (1857/58) finden. Ein kurzer Hinweis auf das *Kapital* (1867) soll schließlich zeigen, wie auch dort das anthropologische Fundament erhalten bleibt, indem der Mensch in erster Linie als *homo faber* und die Natur qua Erde als das Arbeitsfeld und -arsenal seiner praktisch-produktiven Tätigkeit genommen wird[55].

III. Naturphilosophische Fundamente der Marxschen Ökonomie: der theoretisch-praktische Lebensprozeß als Ansatz der Anthropologie

Der Denkansatz des jungen Marx bewegt sich im Umkreis von drei Kategorien: Natur, Mensch und Arbeit. Diese Kategorien sagen ihm, wenn sie in ihrer wechselseitigen Beziehung gedacht werden, das »Immersein« an dem aus, was ist. Der Mensch ist Naturwesen, die Natur »Wesen« für den Menschen und die Arbeit die Mensch und Natur verbindende und aneinanderbindende, vermittelnde Bewegung, in welcher erst beide – Natur wie Mensch – das werden, was sie »an sich« sind. Der Mensch ist nach Marx »unmittelbar Naturwesen«, und diese Unmittelbarkeit liegt näher darin, daß er lebendiges Naturwesen ist. Die Lebendigkeit äußert sich in »natürlichen Kräften« und »Trieben«, die den Menschen in Bewegung »setzen«. Daher ist er weder ein lebendiges Naturwesen noch überhaupt und unmittelbar Naturwesen, sondern wesentlich ein »tätiges Naturwesen«, das seine Tätigkeit zu

zeigen und an den Gegenständen der Natur zu bewähren sucht. Aber diese Tätigkeit steht nicht außerhalb der Natur, sondern in ihr spielt das Sein des Menschen in das der Natur hinüber und dieses in jenes hinein. Wie der Mensch einerseits »von Haus aus« Natur ist, so ist die Natur sein »Haus«, die Stätte seiner Lebensbetätigung. So versteht es sich, daß die Natürlichkeit der Natur – bei Marx wesentlich ihre »Gegenständlichkeit« – eine Qualität der eigenen, menschlichen Natur ist. Das Wesen des Menschen gründet nicht in der »Unnatürlichkeit« und »Ungegenständlichkeit« des Geistes, sondern im gegenständlichen Sein der Natur, in der er selber durch seine Tätigkeit sich vergegenständlicht. Das »gegenständliche Wesen« des natürlichen Menschen »wirkt gegenständlich, und es würde nicht gegenständlich wirken, wenn nicht das Gegenständliche in seiner Wesensbestimmung läge. Es schafft, setzt *nur Gegenstände, weil es* durch Gegenstände gesetzt ist, weil es von Haus aus *Natur* ist«[56].
Diese Voraus-setzung des natürlichen Menschen im Umkreis der Natur hat Marx im Gegensatz zu Hegel, dem der Mensch als ein »nichtgegenständliches, spiritualistisches Wesen« gilt und der deshalb sein Sein aus der natürlichen Lebendigkeit herausinterpretiert, aufgestellt. Seine angestrengten, gegen Hegel sich richtenden Reflexionen über Mensch und Natur bilden den Ansatz dafür, den Menschen als theoretische und praktische Lebendigkeit und sein Sein überhaupt als Tätigkeit zu fassen. Marx findet es weder rätselhaft noch unbegreiflich, daß ein »lebendiges, natürliches, mit gegenständlichen, i. e. materiellen Wesenskräften ausgerüstetes und begabtes Wesen«, wie der Mensch es ist, auch »wirkliche, natürliche Gegenstände« seiner Wesenskräfte und Wesenstätigkeiten habe, denn diese Kräfte und Tätigkeiten »verlangen«, indem sie in der menschlichen Lebendigkeit aufsteigen, die Wirklichkeit natürlicher Gegenstände, an denen sie die Möglichkeit ihrer Verwirklichung finden. Die natürlichen Kräfte und Triebe des lebendigen Naturwesens betätigen sich sowohl erst an den Gegenständen, als die Gegenstände erst an ihnen in ihrer eigentümlichen Beschaffenheit sich vergegenständlichen. Denn für Marx ist die »gegenständliche Wirklichkeit« eins mit der »menschlichen Wirklichkeit«, mit der »Wirklichkeit der menschlichen Wesenskräfte« und umgekehrt[57].
Es versteht sich, daß, wenn der Mensch in dieser Weise in die Natur eingespannt ist und die Natur in ihn, er als ein lebendiges,

wirkendes Naturwesen teilhat am allgemeinen, am *Gattungsleben des Lebendigen* – am physischen Leben-von-der-Natur. Die Natur enthält die Mittel für die Seinserhaltung der Lebendigen, die von ihr »zehren« müssen, um nicht zu verenden. Daraus, daß der Mensch in der Weise alles Lebendigen von der Natur lebt, ergibt sich für Marx das grundlegende Verhältnis zwischen Mensch und Natur: »Die Natur ist sein Leib, mit dem er in beständigem Progreß bleiben muß, um nicht zu sterben«[58]. Für den Menschen in seiner Lebendigkeit ist die Natur nicht »die Natur aller Dinge«, sondern primär sein unorganischer Leib, die Verlängerung seiner selbst und die Voraussetzung seiner Lebenstätigkeit. Wie bei Hegel das Lebendige die Natur aus sich »entläßt« zur »un-organischen« Natur, so hat auch bei Marx der Ausdruck »Natur« in erster Linie einen anthropologischen Sinn: die Natur ist schon immer ein Sein-für-den-Menschen. Der Unterschied des Menschen zu den anderen Lebendigen besteht allein darin, daß er ein »universelles« Wesen ist, mit universellen Wesenskräften und -tätigkeiten begabt, welche an der Natur im ganzen sich äußern und sie in der universellen Vergegenständlichungstätigkeit in ihrer Gegenständlichkeit »stellen«, in der Weise, daß sie als universelles Objekt und der tätige Mensch ihr gegenüber als Subjekt gefaßt werden kann.

Die bei Hegel nur beiläufig auftretende Bestimmung, daß der Mensch, sofern er lebendiges, natürliches Wesen ist, das Seiende nicht nur als beschränkten Umkreis, sondern als »universellen Gegenstand« denkt, bezeichnet für Marx den Horizont, der das Sein des Menschen im ganzen umschließt. Die Lebendigen sind »species« und allein der Mensch »Gattung« und »freies« Gattungswesen, weil er faktisch die »ganze Natur« zu »seinem unorganischen Körper« macht und machen kann. Seine Universalität und sein freies, zur Vergegenständlichung qua Untersuchung der Natur befreites Wesen erscheint nach Marx »praktisch«, in der Universalität menschlicher Praxis in der Welt – »eben in der Universalität, die die ganze Natur zu seinem unorganischen Körper macht, sowohl insofern sie erstens ein unmittelbares Lebensmittel, als inwiefern sie zweitens die Materie, der Gegenstand und das Werkzeug seiner Lebenstätigkeit ist«[59]. Was auffällt, ist die Gleichheit der Aussageweise, die in Hegels Philosophie des Lebendigen und in Marx' Anthropologie den Seinsbereich »Natur« meint: die Natur als »unorganischer Körper« oder »Leib der Sub-

jektivität«, von dem das als Subjektivität erfahrene Lebewesen sowohl zehrt als an ihm sich darstellt.
Die unter dem Titel: *Grundrisse der Kritik der politischen Ökonomie* veröffentlichten Reflexionen der späten fünfziger Jahre formulieren den eigentümlichen Zusammenhang von menschlicher Lebendigkeit und natürlicher Welt, das Eingespanntsein der Natur in die Lebensäußerungen des Menschen und ihr Zugestelltsein auf seinen Leib genauer, und zwar in der ihrerseits eigentümlichen metaphysischen Redeweise der Hegelschen Theorie des Lebendigen. Ihr eigentliches Thema kreist um das Phänomen der menschlichen Arbeit. Aber schon darin, wie Arbeit jenseits der sozialen und politischen Kategorien bestimmt wird, gehen sie über auf das allgemeine Phänomen von Natur und Mensch und die wechselseitigen Beziehungen beider. »Arbeit«, heißt es da, sei die »Fähigkeit in einem Lebendigen«, »subjektive Tätigkeit« und »produktives Dasein«, »Produktion« des Individuums, worin es sich »vergegenständlicht«, und »Reproduktion« der ganzen Gesellschaft, worin diese in »stets größerer Fülle« sich gegenwärtig wird[60]. Nicht zufällig treten im Zusammenhang dieser metaphysischen Redeweise die aristotelischen Unterscheidungen von Stoff und Form, auch von Natur und Kunst auf. Die Gleichgültigkeit des Stoffs gegen die Form in der »künstlichen« Arbeit des Menschen entwickelt sich, sobald der geformte Stoff aus der »beseelenden« Tätigkeit des Formierens freigelassen und aus dem zeitlichen Prozeß der Arbeit gleichsam wieder in das äußerliche Bestehen bloßer Räumlichkeit hinaustritt. Der Stoff, sagt Marx in einem ganz an Aristoteles orientierten Satze, erhält die Form im Tun der Arbeit »durch kein lebendiges, immanentes Gesetz der Reproduktion, wie der Baum z. B. seine Form als Baum erhält«, sondern existiert nur an der Form, aber nicht in ihr. Erst in die Bedingungen der »lebendigen Arbeit« versetzt, würden Stoff und Form wieder »beseelt«. Die »vergegenständlichte Arbeit« hört auf, tot am Stoffe als gleichgültige Form zu existieren, da sie »selbst wieder als Moment der lebendigen Arbeit gesetzt ist«[61]. Weil die Arbeit für Marx ein wesentliches Vermögen der menschlichen Lebendigkeit ist, bezeichnet er sie als eine »lebendige Zeit« und den Stoff sowie die stofflichen Mittel als ihre gegenständlichen »Daseinsmomente«. Jenseits aller sozialen und politischen Bestimmungen ist sie wesentlich, und das heißt: metaphysisch »das lebendige gestaltende Feuer; die Vergänglich-

keit der Dinge, ihre Zeitlichkeit als ihre Formierung durch die lebendige Zeit«[62].

Die metaphysische Auslegung des Menschen als Lebendigkeit, welche die Kennzeichnung der Arbeit als einer lebendigen, beseelenden Verrichtung bestimmt, tritt besonders dann deutlich zutage, wenn Marx auf die ursprüngliche Voraussetzung der Arbeit zu sprechen kommt und sie an ihrem Ursprunge aufsucht. Die ursprünglichen Bedingungen der Arbeit können nicht schon selber am Ursprung aller Produktion produziert sein, sondern liegen ihr voraus und zugrunde. Diese ursprüngliche Voraussetzung bilden auf der einen Seite die Natur als ein Objekt, auf der anderen der Mensch als ein natürliches Subjekt. Wie das »arbeitende Subjekt« an seinem Ursprunge »natürliches Individuum, natürliches Dasein« ist, so auch das Dasein der Natur. Es erscheint als die »erste objektive Bedingung seiner Arbeit«, als sein »unorganischer Leib«, und zwar zunächst jenseits aller tätig-subjektiven Setzung: »In anderen Worten: die ursprünglichen Bedingungen der Produktion erscheinen als Naturvoraussetzungen, *natürliche Existenzbedingungen des Produzenten*, ganz so wie sein lebendiger Leib, sosehr er ihn reproduziert und entwickelt, ursprünglich nicht gesetzt ist von ihm selbst, als die *Voraussetzung* seiner selbst erscheint; sein eigenes Dasein (leibliches) ist eine natürliche Voraussetzung, die er nicht gesetzt hat«[63]. Was freilich deutlich unterschieden werden muß, ist die ursprüngliche Voraussetzung von Natur und Mensch und die faktische »Setzung« der Natur durch den Menschen. Wohl ist die unorganische Natur Bedingung und »objektive« Voraussetzung aller Tätigkeit, aber diese Voraussetzung ist keine absolute; sie ruht auf einem Grunde, der ihr vorausgeht, der lebendigen Subjektivität, als die bei Marx das Sein des Menschen gefaßt wird. So heißt es ganz in der Sprache der Hegelschen Naturphilosophie: »... Es selbst (das lebendige Individuum) ist nicht nur der organische Leib, sondern diese unorganische Natur als Subjekt.« Ihre Bedingung wird also »gesetzt«, obwohl sie als Bedingung vorausgesetzt ist[64], – ein Zirkel, der nicht auflösbar ist, weil die Lebendigkeit des Menschen faktisch in ihm steht. Das Sein der Natur bleibt im Zirkel des Menschen zentriert, d. i. in seiner Subjektivität. Auf dem Grunde dieser Erfahrung wird der Mensch zugleich als seinsmächtige Tätigkeit gedacht, die sich äußern, bewähren und in die Erscheinung treten muß. Hierin besteht der Übergang der metaphysischen

Bestimmungen Hegels in die – bei ihm z. T. schon vorhandenen – Analysen des menschlichen Tätigkeitsverhältnisses zur Welt, das bei Marx für die Bestimmung des menschlichen Wesens maßgebend wird. Dieser Übergang kommt in seinen allgemeinen Momenten immer wieder zum Vorschein, etwa wenn Marx in den ›Grundrissen‹ auf das ursprüngliche Naturverhältnis des Menschen eingeht und zeigt, wie dieser sich schon immer aus der Natur »herauszuarbeiten« sucht. Hier wird die Natur mit den bei Hegel vorgedachten metaphysischen Kategorien beschrieben; und mit ihr zugleich und in derselben Weise die Lebendigkeit des Menschen, indem Marx sagt, sie sei das »Laboratorium seiner Kräfte« und die »Domäne seines Willens«, seine »Werkstätte« und sein »Lebensmittel«, der »vorgefundene Leib seiner Subjektivität« und die »unorganische Natur« dieser Subjektivität, worin sie »sich selbst realisiert«[65].
Wenn das Verhältnis von Mensch und natürlicher Welt in dieser Weise gedacht und ausgelegt wird, im Erfahrungshorizont des Reproduktionsprozesses, liegt auf der Hand, daß der Bezug von Mensch und Natur und die Verhaltensweisen des Menschen zu ihr ebenfalls von dem assimilierenden Naturverhalten des Lebendigen bestimmt werden: von der Zueignung und Aneignung der natürlichen Dinge durch das Sein und Tun der Subjektivität. In der Tat bezeichnet Marx die für das Menschenwesen konstitutive Arbeitsbeziehung zur Welt mit den Ausdrücken der Hegelschen Theorie des Lebendigen. Dafür ist schon der häufige Gebrauch des Wortes »Stoffwechsel« charakteristisch. Wir verweisen nur auf eine Stelle im ›Kapital‹, wo es zu Beginn des 5. Kapitels heißt: »Die Arbeit ist zunächst ein Prozeß zwischen Mensch und Natur, ein Prozeß, worin der Mensch seinen Stoffwechsel mit der Natur durch seine eigene Tat vermittelt, regelt und kontrolliert. Er tritt dem Naturstoff selbst als eine Naturmacht gegenüber. Die seiner Leiblichkeit angehörigen Naturkräfte, Arme und Beine, Kopf und Hand, setzt er in Bewegung, um sich den Naturstoff in einer für sein eigenes Leben brauchbaren Form anzueignen. Indem er durch diese Bewegung auf die Natur außer ihm wirkt und sie verändert, verändert er zugleich seine eigene Natur. Er entwickelt die in ihr schlummernden Potenzen und unterwirft das Spiel ihrer Kräfte seiner eigenen Botmäßigkeit«[66]. Hier zeigt sich zugleich sehr deutlich, wie sich der Ansatz des jungen Marx für die Auslegung des Mensch-Welt-Verhältnisses bis zum ›Kapital‹ durch-

hält: die Natur ist nur eine Welt für den Menschen, die er primär in der Weise der »Aneignung« erfährt, weil der Prozeß seines Lebens wesentlich ein »Stoff-wechsel« ist.

Das, was für Hegel allein das Sein des Lebendigen bestimmte, – die theoretische, praktische und »bildende« Assimilation des Seienden, – wird nun bei Marx zur Grundlage des Mensch-Welt-Verhältnisses im ganzen. Es ist nur konsequent, wenn ein philosophischer Ansatz, der den Menschen als Subjekt und Lebendigkeit und die Natur als gegenständiges, un-lebendiges Objekt nimmt, zur Auslegung des Verhältnisses beider unter den Aspekten des Theoretischen und Praktischen führt, einmal, weil man von der faktischen Assimilation des Lebendigen, d.i. von Struktur und Intentionalität seiner Sinnlichkeit, nicht absehen kann, und zum anderen, weil die Lebendigkeit, indem sie neuzeitlich als Subjekt verstanden und in ihrem Subjekt-sein als die gesteigerte Subjektivität des Menschen gedacht wird, ebenso faktisch mit einer gesteigerten Seinsmächtigkeit begabt ist, die schon immer auf die Unterwerfung des Seienden und auf die Erweisung ihres Seinkönnens zielt.

Weil für Marx die Kategorie »Assimilation« die grundlegende Beziehung zwischen Subjekt und Objekt qua Mensch und Natur auslegt, erscheinen die Phänomene des Theoretischen und Praktischen nicht nur in ihrer Gleichursprünglichkeit, sondern von vornherein unter dem Vorrang einer technisch verstandenen Praxis. In dieser Weise rekurriert schon der erste Entwurf der Marxschen Anthropologie auf das Zueigensein und -machen der Natur für den Menschen im theoretischen und praktischen Verhalten. Das allgemeine Leben, das Gattungsleben des Menschen wird darin gesehen, daß er »praktisch und theoretisch die Gattung, sowohl seine eigene als die der übrigen Dinge«, zu seinem »Gegenstand« macht und in diesem Tun sich zu sich selbst als zu einem »universellen«, darum »freien Wesen« verhält. Die Freiheit eines Lebewesens besteht für Marx primär in der Universalität der Verhaltensweisen, die Unfreiheit zeigt sich entsprechend in deren »Spezialität«, worin es sich jeweils in der Form seiner »species« verhält. Je universeller der Mensch daher sei als die Lebendigen, um so universeller der »Bereich der unorganischen Natur«, von dem er lebt: »Wie Pflanzen, Tiere, Steine, Luft, Licht etc. theoretisch einen Teil des menschlichen Bewußtseins, teils als Gegenstände der Naturwissenschaft, teils als Gegenstände der

Kunst bilden, – seine geistige unorganische Natur, geistige Lebensmittel, die er erst zubereiten muß zum Genuß und zur Verdauung –, so bilden sie auch praktisch einen Teil des menschlichen Lebens und der menschlichen Tätigkeit«[67].

Für Marx geschieht die »wirkliche Aneignung« der Natur nicht in der »gedachten«, sondern in der »tätigen realen Beziehung« des Menschen auf die für ihn natürlichen Lebensbedingungen innerhalb der Gegenstände der Natur, im »wirklichen Setzen derselben als der Bedingungen seiner subjektiven Tätigkeit«[68]. Während Hegel für den Menschen das »Denken« der Natur als »Befreiung« vom Banne ihres Seins faßt, spricht Marx vom Sein des Menschen nur noch in der Sprache der Hegelschen Naturphilosophie, die für die Lebendigen den »realen Prozeß gegen die Äußerlichkeit« als grundlegend herausstellte. Dieser Prozeß besteht in der das Seiende assimilierenden Arbeit, die ihrerseits als der »Lebensprozeß« und als »Produktion« und »Reproduktion« gedacht und bezeichnet wird. Die ursprüngliche Weite dieser »ökonomischen« Kategorien, welche Herbert Marcuse mit Recht hervorhebt[69], gründet aber nicht schon, wie er annimmt, im Bereich der Ökonomie, sondern in ihrer Verwurzelung in dem bei Marx als lebendige »Subjektivität« gefaßten Menschen. Ökonomie selber untersteht den Bedingungen des Lebendigen; sie gehört zur Natur des Menschen, für den Konsumtion und Produktion zu grundlegenden Weisen seines Lebens geworden sind.

Wie Hegel in der Naturphilosophie die theoretische und praktische Assimilation des Lebendigen von ihrer »bildenden« Tätigkeit unterscheidet, so tritt auch bei Marx neben das theoretische und praktische »Lebensmittel« der Natur eine praktisch-theoretisch »erzeugte« gegenständliche Welt. Auch hier fällt auf, daß er in der Bestimmung dieser »gebildeten« und eigenständigen Welt die menschliche Hervorbringung von der tierischen abhebt und in dieser Abhebung ihre Eigentümlichkeit entwickelt. Zwar produziert, wie es in den ökonomisch-philosophischen Manuskripten heißt, auch das Tier, indem es seine Umgebung verändert, sich Plätze für seinen Leib baut usf., aber es produziert nur »einseitig«, was es unmittelbar bedarf, während der Mensch allseitig und selbst »frei vom physischen Bedürfnis« produziert. Daher produziert es auch nur »sich selbst«, während der Mensch, »die ganze Natur reproduziert«. Das tierische Produkt gehört somit ganz und unmittelbar zu seinem physischen Leib, während

der Mensch seinen Leib aus dem Produkt zurücknimmt und ihm – dem Produkt – »frei« gegenübertritt und »wahrhaft« erst produziert in der Freiheit von Leib und Bedürftigkeit. In dieser wahrhaften Produktion erschließt sich ihm das »Maß« der natürlichen Gegenstände und die »Inhärenz« seines eigenen maßgebenden Tuns: »Das Tier formiert nur nach dem Maß und dem Bedürfnis der species, der es angehört, während der Mensch nach dem Maß jeder species zu produzieren weiß und überall das inhärente Maß dem Gegenstand anzulegen weiß; der Mensch formiert daher auch nach den Gesetzen der Schönheit[70].«
Trotz dieser wesentlichen Unterscheidung des tierischen vom menschlichen Tun und der Verschiedenheit ihrer hervorgebrachten »Welten« ist es nun merkwürdig zu sehen, daß *im Resultat* die Hegelsche Auslegung des Lebendigen mit der Marxschen Interpretation des Menschen übereinstimmt. Wie nämlich bei Hegel das Lebendige in der »Angemessenheit« des Äußeren, im Bildungsprozeß zu seiner »Wirklichkeit« und zum »Selbstgefühl« gelangte, so wird auch bei Marx die menschliche Individualität in der Werkwelt sich gegenständlich und »bewährt« ihr Selbstgefühl in der Umbildung des Seienden. Weder im theoretischen noch im praktischen Prozeß gegen die Außenwelt erhält der Mensch die Wirklichkeit seines Gattungswesens, sondern erst in der »Bearbeitung der gegenständlichen Welt«. Die Produktion einer »eigenen« Welt erklärt Marx zum »Gattungsleben« des Menschen; durch sie erscheint die Natur als sein Werk und seine Wirklichkeit: »Der Gegenstand der Arbeit ist daher die Vergegenständlichung des *Gattungslebens des Menschen,* indem er sich nicht nur wie im Bewußtsein intellektuell, sondern werktätig, wirklich verdoppelt, und sich selbst daher in einer von ihm geschaffenen Welt anschaut[71].« Das Tun der Arbeit zielt also primär nicht auf die Anerkennung der gegenständlichen Natur, sondern auf die »Subjektivität« des Menschen, die im Gegenstande sich selber »gegenständlich« zu werden sucht. Alle Organe und Wesenskräfte des Menschen sind in ihrem Verhalten zur gegenständlichen Welt sich selber gegenständlich und zugleich die »Aneignung« der Gegenstände: »Die Aneignung der *menschlichen Wirklichkeit*, ihr Verhalten zum Gegenstand, ist die Betätigung der menschlichen Wirklichkeit[72].« Im »produktiven Leben« des Menschen kommt sein »Gattungsleben« zur Erfüllung. Denn für Marx ist dieses produktive Gattungsleben schon das »Leben erzeugende Leben.

In der Art der Lebenstätigkeit liegt der ganze Charakter einer species, ihr Gattungscharakter[73].« Daß Marx an einigen Stellen diese in sich kreisende Bewegung der menschlichen Lebensäußerungen, die in den gegenständlichen Hervorbringungen »bejaht« werden und zur »Anschauung« kommen, auf das »Bewußtsein« des Menschen oder die »Universalität« seines Gattungslebens bezieht, bezeichnet zwar einen formalen Unterschied zu Hegels Philosophie des Lebendigen, ändert aber nichts am sachlichen Sinn der Selbst-Werdung des Menschen, die im Rahmen des Marxschen Denkens in den Erfahrungshorizont des Lebendigen eingespannt bleibt und sich prinzipiell auf derselben Ebene bewegt, in der alles Lebendige sich hervorbringt. Die Selbstwerdung kann daher nur, wie Marx des öfteren in den kategorialen Bezeichnungen andeutet, bis zur Selbstbejahung und Selbstbewährung, bis zum »Selbstgefühl« gelangen. Schon dies, daß das »Fürsichwerden« des Menschen durchweg auf die Gegenstände, d. h. auf die Vergegenständlichung bezogen wird, zeigt die sachliche Gemeinsamkeit mit Hegels Erfahrung des Lebendigen. Sie besteht eben in der *Vergegenständlichung* der lebendigen Subjektivität mit der Gegenwart eines von ihr hervorgebrachten, ihr zueigenen Gegenstandes, in welchem der bloße »Genuß der Außenwelt« umschlägt in die Selbstbewährung und -äußerung der Subjektivität als des *Subjectum* der vergegenständlichten Gegenstände.

Die Gemeinsamkeit der Auslegungsmöglichkeit gründet vor allem darin, daß Hegel wie Marx das Lebendige bzw. die Lebendigkeit des Menschen neuzeitlich als Subjektivität erfahren; Marx in der Weise, daß er die Subjektivität des Menschen aus der Hegelschen Geist-Sphäre zurückbeugt in den Umkreis des Lebendigen, so daß sich von hier aus die dargelegte Übereinstimmung ergeben konnte. Der Sinn dieser vergleichenden Betrachtung war nicht zuletzt, gerade in der Übereinstimmung den Unterschied aufzuweisen, der zwischen dem anthropologischen Ansatz von Marx und der Hegelschen Theorie der Subjektivität des Geistes im Menschen besteht. Die Kategorien des theoretischen und praktischen Prozesses mit der Natur haben nicht, wie bei Marx, eine anthropologische, sondern eine naturphilosophische Bedeutung und bringen, restringiert auf den tierischen Organismus, als solche die »natürlichen« Daseinsbedingungen des Lebendigen zum Ausdruck.

Hegel, Heraklit und die moderne Physik

»So ist das Feuer die Zeit«

Wie tief sich Hegels Philosophie der urtümlich dialektischen Denkform von Heraklit verbunden weiß, ist bekannt. Jeder kennt sein Bekenntnis: »Hier sehen wir Land; es ist kein Satz des Heraklit, den ich nicht in meine Logik aufgenommen«.[1] Was aber hat diese Verbindung mit der modernen Physik zu tun? Lassen Sie mich dazu mit einigen Sätzen des französischen Physikers Poincaré aus dem Schlußkapitel seines Buches über den *Wert der Wissenschaft* beginnen, die zugleich unser Thema: »Natur und Geist« berühren: »Alles, was nicht Gedanke ist, ist das reine Nichts, weil wir nur den Gedanken denken können, und weil alle Worte, über die wir verfügen, um von Dingen zu sprechen, nur Gedanken ausdrücken können; zu sagen, daß es etwas anderes gibt als den Gedanken, ist also eine Behauptung, die gar keinen Sinn haben kann. Und doch – seltsamer Widerspruch für die, die an die Zeit glauben – zeigt uns die geologische Geschichte, daß das Leben nur eine kurze Episode zwischen zwei Ewigkeiten des Todes ist, und daß in dieser Episode selbst der bewußte Gedanke nur einen Augenblick gedauert hat und dauern wird. Der Gedanke ist nur ein Blitz inmitten einer langen Nacht. Aber dieser Blitz«, so schließt Poincaré, »ist alles«.[2]

Das sind Heraklitisch-Hegelsche Denkmotive, auch wenn die Namen von Hegel und Heraklit nicht fallen. Und es fehlt ein dritter Name: der von Parmenides, auf den der seltsame Widerspruch zwischen Gedanke und Zeit zurückgeht. Ist er nur einer für diejenigen, die an die Zeit glauben und den Gedanken des Seins nicht kennen? Für die doppelköpfigen Sterblichen, die nach Parmenides nicht in Eins zusammenzudenken vermögen, was war und ist und sein wird? Hebt er sich auf für die, die sich wie Einstein als gläubige Physiker verstehen, denen die Scheidung zwischen Vergangenheit, Gegenwart und Zukunft nur die Bedeutung einer wenn auch hartnäckigen Illusion hat,[3] weil sie an den Gott Spinozas und die *eine* Substanz, die Natur, glauben? Oder entsteht er vielleicht gar nur dann, wenn man mit Hegel an das reine Denken der Substanz als Subjekt glaubt und diesen Glauben »Philosophie« nennt: die Macht des Geistes, dem alles in der

Natur durchsichtig wird, unter Einschluß der Zeit, die er in sich begreift. Als was begreift? Als Wirklichkeit oder Illusion unseres Bewußtseins, die es zu durchschauen gilt? Als Schein oder Medium der Erscheinung von allem, des Seins gegenüber dem Nichts? Oder als keines von beiden, sondern als ihre Einheit: den »Prozeß der wirklichen Dinge«, der die Zeit »macht«?

Wie immer wir jene Fragen beantworten mögen, wir können sie nicht entscheiden, ohne uns über diesen Satz zu verständigen: daß »der Prozeß der wirklichen Dinge die Zeit macht«. Er ist ein Ausdruck der Hegelschen Nähe zu Heraklits Lehre vom »Feuer«, worin die moderne Physik im Überschreiten der Grenzen unseres bisherigen Wissens von der Natur eine Vorwegnahme des Gesetzes der Umwandlung von Masse in »Energie« erkannt hat, die alles bewegt und aus der alle Stoffe gemacht sind.[4] Dieser Erfahrung hinter der Grenze, dort, wo mit dem Blitz des Gedankens die Technik in die heutige Weltnacht einschlägt, eine Nacht des Geistes, dem das Feuer des Heraklit ohne die Heraklitische Weisheit in die Hand gegeben ist, gilt es im folgenden nachzudenken; mit Rücksicht auf das Denken von Parmenides, ohne dessen Wirkung auf die abendländische Wissenschaft, besonders auf die Atomistik, Heraklit nicht so gegenwärtig wäre, wie er es heute geworden ist. Ich versuche das in drei Durchgängen. Der erste Gang behandelt den Wechsel von der »klassischen« zur modernen Physik, das vielleicht folgenreichste Ereignis der neueren Wissenschaftsgeschichte, mit dem der Heraklitische Gedanke wiederkehrt (I). Danach gehe ich einem fundamentalen Widerspruch nach, der sich mit dieser Wiederkehr verbindet und genetisch bis auf die Konstellation der gegensätzlichen Denkfiguren von Heraklit und Parmenides in Hegels Philosophie zurückverfolgt werden kann (II). Und in einem dritten Durchgang versuche ich, am Leitfaden von Hegels Heraklit-Interpretation, den Ursprung und Sinn des rätselhaft dunklen Satzes im Untertitel meines Vortrags zu erhellen, wonach das Feuer die Zeit ist (III). Nicht um eines hermeneutisch vermittelten Heraklit-Verständnisses willen, sondern weil sich dahinter die Urerfahrung eines Maßes für das Sein auf Erden verbirgt, die anfänglich griechische Denkerfahrung, die aus der Verborgenheit der Zeit herausgeholt und in unser Denken eingeholt werden muß.

I

Die Geschichte des Wechsels von der »alten« zur »neuen« Physik ist unter verschiedenen Gesichtspunkten und auf sehr unterschiedlichen Niveaus dargestellt worden. Ich beziehe mich auf die neueste Darstellung von David Bohm,[5] des Einstein-Schülers und Fortführers der modernen Quantentheorie, der ihn auf die Formel: *Von der ausgefalteten zur eingefalteten (»implizierten«) Ordnung* gebracht hat, – eine kontextuelle Unterscheidung, die an Hegels Begriff der Entwicklung anklingt, »durch welche nur dasjenige gesetzt wird, was an sich schon vorhanden ist« (wie die sichtbare Pflanze im Keim).[6] Sie möchte ich zunächst in einigen Grundzügen erläutern.

Vom Standpunkt des Beobachters und seiner Beschreibung des Universums als eines Systems eigenständiger, aufeinander wirkender Teile zur Beschreibung einer ungeteilten Ganzheit, worin der Beobachter nicht von dem getrennt ist, was er beobachtet: das ist in Bohms Sicht der Kern der wissenschaftlichen Revolution in der Physik unseres Jahrhunderts. In der Gegenrichtung zum Wissenschaftsfortschritt der Neuzeit läuft er zu vorneuzeitlichen Ordnungsvorstellungen von natürlichen Prozessen in Begriffen des *Maßes*, der *Struktur* und *Harmonie* zurück. Ordnungen haben nach oben und unten hin ihre Grenzen, wie schon der mathematische Ordnungsbegriff einer Strecke ABCD zeigt, in deren unterem Abschnitt D eine andere Ordnung EFG usw. beginnt. *Métron*, das griechische Wort für »Maß«, bedeutet die »Absteckung« der Grenzen von allem, der Beschaffenheiten (Qualitäten) von Bewegungs- und Verhaltensordnungen, von Tonreihen und Farbskalen, und erst abgeleitet das Messen von Strecken und Dingen. Obwohl das Maß durch Proportionen und Verhältnisse spezifiziert werden muß, kommt im antiken Sinne dieser Spezifizierung eine untergeordnete Bedeutung gegenüber der Begrenzung zu, die dadurch spezifiziert wird. Und mit Recht hebt Bohm hervor, daß sie nicht einmal in Form einer quantitativen Proportion vorgenommen zu werden braucht, sondern durchaus in Form eines qualitativen Grundes erfolgen kann (etwa im Drama nach dem Grundsatz: *Mè pollà préssein*, »nicht zu viel tun«). Der Begriff des Maßes geht mit dem der Ordnung zusammen; verfolgt man beide in immer weiteren und komplexeren Zusammenhängen, so gelangt man zum Strukturbegriff, der, qualitativ als

Bewegung der »Struktuation« verstanden, eine harmonisch organisierte Totalität von Ordnungen und Maßen erfaßt, die sowohl hierarchisch (das heißt vielstufig) als auch extensiv ist (das heißt: sich auf jeder Stufe ausbreitet). Beispiele sind aus der *Biologie* die Prozesse des Wachstums und der Evolution, worin Moleküle zur Zellbildung, Zellen zur Organbildung, Organe zur Bildung einzelner Lebewesen und diese zur Gesellschaftsbildung zusammenwirken; ferner die Struktur der *Sprache,* die eine organisierte Totalität der allzeit fließenden Bewegung des Sprechens ist; und das Hören von *Musik,* in der die Strukturen von der Ordnung der Töne und von bestimmten Maßen (der Tonleiter, dem Rhythmus, dem Tempo usf.) bedingt sind.[7]

Jede Wissenschaft ist abhängig von einem Ordnungssystem von Begriffen und Methoden, das ihre *Theorie* definiert. Die klassische Physik – und damit komme ich zum Kern unseres Problems – legt ein absolutes System zugrunde, das durch den Gebrauch des Cartesischen Koordinatennetzes (drei zueinander senkrechte Mengen von Geraden mit gleichen Abständen) und der Vorstellung einer universellen, von Raum und Materie unabhängigen Zeitordnung charakterisiert ist. Das System ist mit theoretischen Grundannahmen verknüpft, die im wesentlichen auf der Annahme eines quasi-starren Körpers und der Analysierbarkeit des Ganzen in bewegte Teile hinauslaufen, die getrennt aufeinander wirken wie die Teile einer Maschine. Die Gesetze der Natur drücken die Verhältnisse in der Bewegung aller Teile so aus, daß sich die Bewegung jedes Teils mechanistisch auf die Anordnung aller anderen Teile erstreckt. Es sind der Methode des Messens »gemäße«, *quantitativ* beschreibbare Verhältnisse, so daß qualitative Beschreibungen des Typs, daß »das Maß des Wassers« zwischen 0° und 100° liegt,[8] fortfallen. Der Form nach gelten die Gesetze *deterministisch,* weil die einzigen Zufallsfaktoren dieses Systems die Ausgangspositionen und Geschwindigkeiten aller seiner Teile sind; und in der Sache sind sie *kausal,* sofern jede äußere Störung als eine Ursache mit einer genau angebbaren Wirkung betrachtet werden kann, die sich im Prinzip auf jeden Teil des Systems übertragen läßt.

Der Vergleich mit Hegels Lehre vom Maß drängt sich wie von selbst auf, mit jenem Programm einer »Mathematik der Natur« in der ›Wissenschaft der Logik‹, wonach die Qualitäten der Phänomene bis hinunter zur Ton- und Farbwahrnehmung durch den

Gebrauch von Zahlverhältnissen nicht auszulöschen, sondern quantitativ zu strukturieren und damit die Naturvorgänge in der ihnen wesentlichen Unbestimmtheit zu wahren sind: Quantität, die der Qualität und dem Zufall Rechnung trägt. Der Einsicht in die Theorieabhängigkeit der Messung entspricht bei Hegel das Verhältnis von »spezifischen Quantis als selbständigen Maßen«, das auf einem äußerlichen Maßstab beruht, der als solcher festgesetzt werden muß; den physikalischen Gesetzen das »reale Maß«, das sich auf Bestimmungen der Körperlichkeit, des Aufeinanderwirkens materieller Teile, der spezifischen Schwere, der chemischen Reaktionen usf. bezieht; und dem Typus qualitativer Beschreibungen Hegels Begriff der »Knotenlinie von Maßverhältnissen«, auf der an einem bestimmten Punkt Quantität in Qualität umschlägt: daß Wasser, indem es seine Temperatur ändert, damit nicht bloß weniger warm oder kalt wird, sondern durch die Zustände der Härte, der tropfbaren und elastischen Flüssigkeit hindurchgeht. Diese verschiedenen Zustände, so beschreibt es Hegel, »treten nicht allmählich ein, sondern eben das bloß allmähliche Fortgehen der Temperaturänderung wird durch diese Punkte mit einem Male unterbrochen und gehemmt, und der Eintritt eines anderen Zustands ist ein Sprung«.[9] Es ist das bekannte Lehrstück vom Umschlag der Quantität in Qualität, das marxistisch als ein Gesetz der Dialektik verstanden wird. In Wahrheit meint es ein Grundgeschehen der Natur, nämlich Bewegung und Veränderung des Seins in der Zeit: nicht nur das Übergehen einer Größe in eine andere Größe, sondern Übergang vom Quantitativen ins Qualitative und umgekehrt; ein *Anderswerden,* das sich »auf einmal« und »plötzlich« vollzieht.

Leider kann ich nur kurz vermerken, was in unserem Zusammenhang breiter ausgeführt zu werden verdient: daß Hegels Lehre vom Maß, ähnlich wie bei Bohm, im Hören von Klängen und Harmonien kulminiert. Es ist das *musikalische Verhältnis,* wonach sich in der arithmetisch ausdrückbaren Entfernung der Töne vom Grundton auf einmal eine »Rückkehr« hervortut, eine überraschende Übereinstimmung, die nicht durch das Vorgehende qualitativ vorbereitet war. Der Fortgang unterbricht sich; und indem er in quantitativer Rücksicht fortgesetzt wird, entsteht ein Symmetriebruch; es »bricht somit durch einen Sprung ein spezifisches Verhältnis ein«.[10] Dahinter steht die (hier nicht zu behandelnde) Kritik an Newton im Namen von Kepler auf der einen,

die der Naturphilosophie tief eingewurzelte Erfahrung des Seins in der Zeit auf der anderen Seite, worüber ich noch sprechen werde. Hegel läßt kein Naturphänomen davon aus. Selbst die Fortpflanzung des Lichts, der *absoluten Geschwindigkeit,* die sich den spezifischen und realen Maßen materieller Körper entzieht, »fällt in die Zeit«.[11]
Obwohl sich Hegel nirgends den relativitätstheoretischen Konsequenzen seiner Bestimmung des Lichts als absoluter Bewegung bewußt wird (er spricht lediglich *generell* von der »Relativität der Natur«), mag es erlaubt sein, von hier aus mit Bohm die Brücke zu Einsteins Entdeckung zu schlagen, daß die Lichtgeschwindigkeit keiner möglichen Geschwindigkeit eines Objekts, sondern mehr einem unerreichbaren Horizont gleicht, worin die Zeit relativ ist zur Geschwindigkeit eines Koordinatensystems. Es ist dieser Zug der Relativitätstheorie, der nach Bohm eine gänzlich anders geartete Beschreibung der Grundbeziehung von Elementen in ihrer Abhängigkeit und Unabhängigkeit ermöglicht, woraus unsere herkömmlichen Begriffe von Raum und Zeit und von getrennt existierenden Masseteilchen abstrahiert sind. Es sind Abstraktionen, die sich unseren Sinnen (bzw. auf unseren Instrumenten) im buchstäblichen Sinne »manifestieren« (= von lat. *manus,* d. h. »zur Hand sind«), ohne daß wir hinreichende Gründe dafür haben, daß sich die Natur »wirklich« nach jenen Begriffen strukturiert. Bohm nennt den Bereich, worin sie erscheinen, die *explizite* oder *manifestierte* Ordnung, in der er eine besondere und wohlunterschiedene Form sieht, die in der *allgemeinen Totalität aller impliziten Ordnungen* enthalten ist.[12]
Während sich das Grundgesetz der expliziten Ordnung darin erfüllt, die Dinge so zu entfalten, daß ein jedes nur in einem besonderen Raumabschnitt liegt, das heißt außerhalb der Abschnitte, die zu anderen Dingen gehören, bestehen die Beziehungen, die das Grundgesetz der impliziten Ordnung bilden, in den eingefalteten Strukturen, die sich im Ganzen des Raums ineinander verweben und sich gegenseitig durchdringen, also nicht, um diesen Punkt noch einmal zu unterstreichen, zwischen den abstrahierten und abgetrennten Formen, die sich den Sinnen (und auf unseren Instrumenten) manifestieren. Wie in der Hegelschen Naturphilosophie vollzieht sich die Entfaltung der impliziten Ordnung zugleich nach außen und innen, und es scheint mir kein Zufall zu sein, daß die Hegelsche ›Physik‹ das Mittelstück der Naturphi-

losophie, nach dem Durchgang der ›Mechanik‹ mit dem *Licht* als »daseiendem Insichsein« anfängt. Und hier ist Hegel, verglichen mit der damaligen und heutigen Physik, ganz »modern«. Das Licht ist weder Welle noch Korpuskel (sofern sich damit »Materielles« konnotiert), sondern Strahlung: die »reine Linie, die sich nur auf sich selbst bezieht«.[13] Die implizite Ordnung ist (dem lateinischen *implicare* gemäß) »nach innen gefaltet«. Das will sagen: verschiedenartige Energien wie das Licht und der Schall falten unaufhörlich in jeden Abschnitt des Raumes Informationen ein, die im Prinzip das Universum betreffen, das sich in uns gleichsam verdichtet. Es ist überflüssig zu bemerken, daß Hegel Prozesse des Austauschs von Energien auf dieser Ebene nicht kennt. Der Einfaltung und »Information« entspricht naturphilosophisch, daß sich uns das Universum in der Botschaft von Klängen und Tönen *mitteilt,* wie überhaupt der Ton von Hegel als eine neben der Farbe bestehende, qualitativ selbständige Eigenschaft jedes (anorganischen oder organischen) Dinges betrachtet wird, auch der Pflanzen, die keine eigene »Stimme«, wohl aber ein »Tönen« haben.[14] In der Stimme des Lebendigen klingt an, was die Natur in Ton und Licht eingefaltet enthält: der »allgemeine Zusammenhang« des Universums,[15] der sich uns im Licht des Bewußtseins manifestiert und zur allgemeinen Mitteilung in der Sprache entfaltet.

Nach dem Ansatz der Theorie der impliziten Ordnung faltet alle Materie in unserem Körper von Anbeginn das Universum auf irgendeine Weise ein. So umfaßt sie mit der manifestierten Ordnung: der *Materie* und dem *Leben,* alle Manifestationen des *Bewußtseins*: das Gedächtnis, das Gefühl, den Willen, die Sprache, ohne daß das Bewußtsein wie bei Hegel eine fundamentale Rolle spielt oder sich am Abschluß seiner Manifestationen als absoluter Geist verselbständigt und der Natur entgegentritt. Über diesen Gegensatz reicht die allgemeine Totalität aller impliziten Ordnungen hinaus. Das Denken in Gegensätzen – Geist und Natur, Seele und Körper, Bewußtsein und Außenwelt – ist eine Cartesische Denkform, die vergißt, daß der Gedanke in der Zeit ist; daß unser Denken selbst in seiner Geschichte diese Unterscheidungen geschaffen hat. Sie besagen: Alles, was keine eindeutig feste Form besitzt, was sich nicht manifestiert, aber das Manifeste so bewegt, wie es der Wind tut (oder ein Wort), wird Geist genannt.[16]

Für Bohm ist der Manifestationsprozeß die Entfaltung des in der

Materie verborgenen Potentials, das in seiner Tiefe vom Potential des Geistes nicht zu unterscheiden ist. Was nicht heißt, daß beide identisch sind oder sich das eine auf das andere reduziert. Vielmehr fließen beide Ströme aus einer gemeinsamen Quelle, die uns als leerer Raum erscheint, in Wahrheit aber einen gewaltigen Untergrund von Energie birgt, auf den die Materie, wie wir sie kennen, eine geringfügig »gequantelte«, wellenartige Anregung darstellt, wie eine winzige Kräuselung auf einem ungeheuer weiten Meer, das in ruhiger Bewegung ist. Bohm spricht von »Holobewegung«: ein Bild für die ständige Umwandlung von Masse und Energie nach der Einsteinschen Äquivalenzformel ($E = m \cdot c^2$), die er unter Anspielung auf das Heraklitische *pánta rheî* auch »Holorhesis« nennt: den Ganzheitsfluß, der das symbolisiert, *was ist.* Für seine Deutung, daß der Raum, der so viel Energie besitzt, *voll* ist und *nicht leer,* beruft sich Bohm zugleich auf Parmenides und seine Schule, den Satz, daß alles von Sein erfüllt sei (πᾶν δ' ἔμπλεόν ἐστιν ἐόντος).[17] Es ist der auch von den älteren »Physiologen« seit Thales über Anaximander und die Pythagoreische Schule bis hin zu Heraklit vertretene Grundsatz, dem Demokrit mit der folgenreichen Annahme des leeren Raums als Medium der Atombewegung widerspricht; obwohl die antike Atomistik auf der anderen Seite am kosmischen Symbol für das *Volle* festhält, an der von Bohm erwähnten Auffassung, daß oberhalb der Luft der *Äther* den ganzen Raum des Himmels erfüllt.

Es kann uns nicht daran gelegen sein, den theoretisch widersprüchlichen Folgerungen im einzelnen nachzugehen, die sich aus dieser überraschenden Berufung für das Konzept der impliziten Ordnung ergeben. Sie überrascht, weil sich Bohm als Vertreter eines »dynamischen Holismus« in der Nachfolge von Whiteheads Prozeßtheorie der Wirklichkeit und des Wissens von ihr versteht, die eine der Hauptaufgaben der Metaphysik in der Erhellung der Bedeutung des Satzes: »Alles fließt« gesehen hatte.[18] Und das ist ja die Aufgabe, der sich inzwischen auch die Grundlagendiskussion in der heutigen Naturwissenschaft annimmt. Sie reicht von der evolutionären Erkenntnistheorie bis hin zu einer evolutionstheoretischen »Physik des Werdens«, die sich unter Anspielung auf das Kategorienpaar am Anfang der Hegelschen ›Logik‹ von der klassischen »Physik des Seins« absetzt und dabei der Hegelschen Naturphilosophie nachrühmt, daß sie »alles das in ein System brachte, was die Newtonische Wissenschaft leugnete, insbesondere den qualitativen Unterschied zwischen dem von der Mechanik beschriebenen einfachen Verhalten und dem Verhalten komplexer Einheiten, wie ... der Lebewesen«.[19] Das wirft Probleme auf, die wir hier beiseite lassen müssen, zumal der evolutionstheoretisch durch den 2. Hauptsatz der Thermodynamik unterstellte »Zeitpfeil« in Richtung auf die Zukunft (nach dem Satz, daß die Entropie der Welt einem Maximum zustrebt) gänzlich außerhalb des naturwissenschaftlichen Kenntnisstandes und Bezugsrahmens der Hegelschen Philosophie der Natur liegt, für die der Pfeil »physikalisch« genau umgekehrt von der Gegenwart in die Vergangenheit weist. Obwohl die Formel: *Vom Sein zum Werden* einen für die systematische Endgestalt von Hegels Naturphilosophie wichtigen Zug erfaßt, der in sich selbst widersprüchlich ist, entspricht sie weder der Heraklitischen Intuition seines Denkens noch der Denkbewegung am Anfang der ›Logik‹. Was ist das für ein Widerspruch? Und was hat er mit unserem Thema zu schaffen? Diesen Fragen gehe ich im zweiten Schritt meines Vortrags nach, wobei ich zunächst abstecke, was mir der Hauptwiderspruch des dynamischen Holismus zu sein scheint. Daran anschließend werde ich Hegels Interpretation der Heraklitischen Lehre vom Feuer im Rahmen seines ursprünglich phänomenologisch konzipierten Systems behandeln, worin die Natur im Verhältnis zum Geist eine vom späteren *Enzyklopädie-System* abweichende, die Erscheinung des Geistes in der Zeit fundierende Stelle einnimmt.

II

Überblicken wir die Grundzüge der Bohmschen Theorie der impliziten Ordnung, dann fällt folgender Widerspruch ins Auge. Auf der einen Seite behauptet sie, daß für unser gesamtes Wahrnehmungsfeld die eingefaltete Ordnung vorrangig ist in dem Sinne, daß das Gefühl fließender Bewegung erfahren wird, *bevor* wir jene Elemente analysieren, die die Bewegung ausdrücken und sichtbar machen. Wenn sich das so verhält, wenn die Ordnung im mesokosmischen Bereich unserer Bilderfassung, des Hörens von Klängen und Tönen und vielleicht auch der Sprache, so aktiv ist, daß sie unsere emotionalen, körperlichen und sonstigen Reaktionen beeinflußt, die von den Transformationsprozessen im Mikrobereich (aus denen die Ordnung wesentlich besteht) nicht zu trennen sind, dann impliziert sie notwendig »Zeit«. Durch die Einführung des Parmenideischen Gedankens, daß das, was wir über die Sinne als leeren Raum wahrnehmen, in Wirklichkeit das Volle ist, der Grund für das Dasein von allem und jedem, einschließlich von uns selbst, verschiebt sich jedoch das Raum-Zeit-Kontinuum zugunsten des Raumes: des nicht-manifesten Ursprungs unserer Existenz.[20] Die Zeit gehört hingegen ganz der manifestierten Ordnung an, den Sukzessionen und Momenten einer Vielzahl von »Zeiten«, die sich im Fortschreiten von einer Explikationsordnung zur anderen, von der dreidimensionalen zur multidimensionalen impliziten Ordnung und schließlich zu deren Ausweitung zum »Meer« von Energie in dem als leer wahrgenommenen Raum, ableiten lassen. Die implizite Ordnung, so folgert Bohm, ist »immer ›insgesamt‹« da, also hat sie nichts mit der Zeit zu tun – als ob das »Immer« die Zeit ausschließt; als ob die Bewegung des Ein- und Entfaltens von ihr keinen Gebrauch macht.

Es ist der Einspruch des Parmenideischen Gedankens gegen die Zeit, den Hegel als haltlos erkannt und für sich selbst abgewiesen hat. »Wenn von der Zeit gesagt wird«, heißt es im Jenenser Heft zur Naturphilosophie (1805/06), »daß sie in der absoluten Betrachtungsart vertilgt sei, so wird sie getadelt teils wegen der Vergänglichkeit oder ihres negativen Charakters. Aber diese Negativität ist der absolute Begriff selbst, das Unendliche, das eine Selbst des Fürsichseins, wie der Raum das reine Ansichsein, gegenständlich gesetzt [ist]. Sie ist um deswillen die höchste Macht alles Seienden, und die wahre Betrachtungsart alles Seienden ist deswegen es in seiner Zeit, d. h. in seinem Begriffe, worin alles nur als verschwindendes Moment ist, zu betrachten«.[21]

Es scheint mir bemerkenswert zu sein, daß dieser in Hegels Denkerfahrung eingewurzelte Grundsatz zuerst im Rahmen der Naturphilosophie festgeschrieben wird; und zwar zu einem Zeitpunkt, da sich Hegel erstmals den Erscheinungsformen des logischen Begriffs in der Geschichte der Philosophie zuwendet. Von hier aus findet der Satz auf dem Weg zur ›Phänomenologie des Geistes‹ Eingang in deren programmatische Vorrede, die auf das im Grundriß entworfene »System der Wissenschaft der Erfahrung des Bewußtseins« ausblickt: »Was die *Zeit* betrifft, von der man meinen sollte, daß sie zum Gegenstück gegen den Raum, den

Stoff des anderen Teils der reinen Mathematik ausmachen würde, so ist sie der *daseiende* Begriff selbst«. Gemeint ist: der »daseiende Gedanke der negativen Einheit oder des reinen Werdens«,[22] das die Ordnung des Systems auf phänomenologischer Grundlage zu entfalten unternimmt.

Hegels Naturphilosophie geht von Anbeginn, seit der Jenenser Dissertation über die Planetenbahnen (1801), davon aus, daß der Raum nichts Absolutes, sondern relativ auf die Zeit als Bedingung von Materie in Bewegung ist. Ja, der junge Hegel hat die Zeit sogar als primäres Moment der Naturidee ausgezeichnet und für die Bestimmung der Qualitätenfülle der Naturphänomene das komplexe Zeitgefüge in sein Denken eingeholt. »Erfüllt« ist die Erfahrung von »Gegenwart«, das absolute Dieses, das »nicht ein sich in sich ausdehnendes Ganzes oder Quantum« ist, ein »Verschiedenes, das an ihm gleichgültig oder äußerlich sich aufeinander bezöge, sondern es ist absolut differente Beziehung des Einfachen«.[23]

Es ist, mit Bohm zu reden, die »ungeteilte Ganzheit« des *Begriffs und der Realität*, die dialektisch eingefaltete *Idee* der Natur *und* des Geistes. Als solche muß sich die Idee die Frage gefallen lassen, die sich der Physiker nicht zu stellen braucht: in welches Medium sie denn getaucht sei, um *implizit*, nur *an sich*, sein zu können.[24] Darauf hat Hegel im Gang seines Denkens mit der ›Wissenschaft der Logik‹ geantwortet. Von ihr meinen wir, daß sie die Frage nicht befriedigend löst, weil sie nicht in der Lage ist, den durchaus anderen Anfang der Naturphilosophie zu begründen.[25] So interessiert uns Heutige die spekulative Antwort am Ausgang von Hegels Denkweg, die da lautet: das Medium der Naturidee ist »der *Äther* oder die *absolute Materie*, das absolut Elastische, jede Form Verschmähende, sowie eben das absolut Weiche und jede Form sich Gebende und Ausdrückende«.[26]

Man mag an den Cartesischen Wirbel feiner Materie oder an den Nebel der Kant-Laplaceschen Kosmogonie, an Gaswolken der modernen Astrophysik oder an das Meer von Energie denken: für Hegel ist der Äther gleichbedeutend mit »reinem Geiste, denn diese absolute Materie ist nichts Sinnliches, sondern der Begriff als reiner Begriff in sich selbst, der als solcher existierend Geist ist und der jenen Namen erhält, insofern hieran nicht gedacht wird«.[27] Der Physiker vergißt nicht nur, daß der Gedanke *ist*; er hat vergessen, daß der Äther oder die absolute Materie eine *Ant-*

wort auf eine *von ihm gestellte Frage ist.* Sie sind Bestandteil des Dialogs mit der Natur, den der Dialektiker in Erinnerung an das sprachliche Geschehen am Grunde der Naturphilosophie nach außen, in den ätherischen Monolog des uns umgebenden Universums, verlegt. Ich zitiere dazu einige Sätze aus dem Anfang des 1. Teils von Hegels früher Philosophie der Natur, dem »System der Sonne«, dem das »Irdische System« (mit *Mechanik* (A), *Prozeß der Materie* (B) und *Physik* (C)) als 2. Teil folgt: »Dieses Sprechen des Äthers mit sich selbst ist seine Realität, nämlich daß er sich ebenso unendlich, als er sich selbst gleich ist. Das Sichselbstgleiche ist das Vernehmen der Unendlichkeit, ebenso wie es das Empfangene der Stimme ist; es ist das Vernehmen, d. h. das Unendliche ist ebenso absolut in sich reflektiert, als es unendlich ist, und der Äther ist nur Geist oder absolut, als er so sein Vernehmen ist, d. h. als er so Zurückkehren zu sich selbst ist ... Das Sprechen ist die Artikulation der Töne der Unendlichkeit, die, vernommen vom Sichselbstgleichen als absolute Melodie, in welcher das Sichselbstgleiche durch die Unendlichkeit mit dem vernehmen[den] Sichselbstgleichen vermittelt ist. Und das Universum vernimmt sich, es ist Geist«.[28] Das ist der Hintergrund von Hegels ursprünglicher Lehre, daß die Natur a priori eins ist mit der Idee. In ihr schwingt mit, was wir hier nur andeuten können: Gespräche mit Hölderlin in Frankfurt über die Allebendigkeit der Natur; die Gemeinschaft mit Schelling im Aufbruch zu einer nicht-mechanistischen Naturphilosophie; das Studium von Keplers pythagoreischer Weltharmonik als Gegenpol zur Newtonschen Weltmechanik, das Interesse an der frühgriechischen Äthervorstellung und schließlich die kühne Vision einer spekulativen Philosophie, die das »Älteste vom Alten« der Griechen, den *Logos* des Heraklit, mit dem christlichen »Zeugen des Wortes vom Anfang« *unmittelbar* zusammendenkt. Denn dies war die Absicht von Hegels frühestem Systementwurf: das »Erschaffen des Universums als *Aussprechen* des absoluten *Wortes* und das Zurückgehen des Universums in sich als Vernehmen desselben« darzustellen, so daß (nach dem Bericht von Rosenkranz über das uns verlorene Manuskript) »Natur und Geschichte zu dem als Anderssein selbst verschwindenden Medium zwischen Sprechen und Vernehmen wurden«.[29] Diese Vision öffnet Hegel das Tor zur Einsicht, daß die Natur, *gegen* die Verkehrung der neuzeitlichen Physik, dem griechischen Wortsinn von *Physis* gemäß als

Erscheinung des *sichselbsterhaltenden Lebens* in seiner Gleichursprünglichkeit mit dem Geist verstanden werden muß: »Das Leben ist als Natur sein eigener Begriff, und es ist nur auf diese Weise seine Bestimmtheit« – nicht *Quantum*, sondern *Qualität überhaupt.* Es ist ein schlechthin *Allgemeines*, das als *Besonderes* mit der *Allgemeinheit* des Lebens durch die *Einzelheit* des Lebendigen erst dann zusammengeschlossen ist, wenn sich der so bestimmte Naturbegriff zur zeithaft-geistigen Lebendigkeit fortbestimmt, wenn der Mensch sich selbst in der Natur erkennt und darin *anerkennt*, daß sie *Leben* ist. Wohlgemerkt: Nicht davon kann (mit den Romantikern) die Rede sein, daß »die Natur allenthalben lebendig sey, sondern vom Wesen des Lebens. Es ist zu begreifen, es ist auszulegen in die Momente seiner Wirklichkeit oder Totalität, und diese sind aufzuzeigen«.[30] Die Naturphilosophie »hat als Bestimmung, die Natur als lebendig zu erkennen, wie die Griechen«.[31]

An dieser Bestimmung, die gleichbedeutend ist mit dem »Glauben« von Heraklit, daß »die Natur vernehmlich« sei, hat Hegel bis zum Einschnitt der Berliner Lehrtätigkeit festgehalten; obwohl sich der Aufbau der Naturphilosophie fortlaufend ändert und eigentlich erst mit der Ausbildung des *Enzyklopädie-Systems* auf der revidierten Grundlage der ›Wissenschaft der Logik‹ zum Abschluß gelangt – ein Schluß, der in der schließlichen Annahme des neuzeitlichen Begründungsdenkens und des ihm immanenten Glaubens an Naturbeherrschung die Vision der Einheit von Natur und Geist auf dem Boden einer wahrhaft spekulativen Philosophie der hörenden Vernunft verdeckt. Das berührt unser Thema nur am Rande, so daß ich mich mit einigen Hinweisen begnüge:

1. Hegel versteht unter »Naturphilosophie«, was die Aristotelische »Physik« gewesen ist: eine »zweite Philosophie«. Für Aristoteles befaßt sich die Philosophie nur mit dem Seienden, soweit es dies ist (καθ' ὅσον ὄν ἐστι),[32] wie es der Parmenideische Seinsgedanke vorschreibt. Sowie er darüber hinausreicht, z. B. in Aussagen über Seiendes in Bewegung, wird aus der »ersten« Philosophie die »zweite«: die *Physik*, die auf die *Metaphysik* des »unbewegten Bewegers« und der Unbewegtheit aller Wesensheiten im Kosmos folgt. So kommt auch Hegels Naturphilosophie nach der Logik der Gedanken Gottes vor der Erschaffung der Welt und des endlichen Geistes. Im Unter-

schied zu Aristoteles nimmt Hegel jedoch den Satz des Parmenides: *Nur das Sein ist und das Nichts ist gar nicht,* den Grundsatz der logischen Analytik, in den Heraklitischen Satz zurück: *Das Sein ist so wenig als das Nichts,* um dann zu behaupten, daß statt des »ersten« jener »andere Anfang« des Heraklit der Grund der abendländischen Wissenschaft sei. Der Fortgang vom Ersten, merkt Hegel in der 1. Auflage der ›Wissenschaft der Logik‹ an, »ist in der Philosophie zugleich der *Rückgang* zu seiner Quelle, zu seinem wahrhaftigen Anfang. Somit beginnt im Hinausgehen über den Anfang zugleich ein neuer Anfang, und der erste zeigt sich damit nicht als der wahrhafte«.[33]

2. Diesen Satz und seine Prämisse: daß die Philosophie zweifach anfängt, hat Hegel in der Endfassung der Logik zugunsten des *einen* Anfangs der abendländischen Wissenschaft mit dem Seinsgedanken des Parmenides gestrichen.[34] Mit dem Ergebnis, daß der Raum die Zeit überlagert; daß sich Natur und Geist im *Enzyklopädie-System* immer weiter voneinander entfernen und der Zusammenschluß der Logik mit der Naturphilosophie mißlingt. Die »ungeteilte Ganzheit« des Universums, die der junge Hegel nach dem Vorbild von Keplers Weltharmonik und ihrer Herkunft aus der vorplatonischen (Pythagoreischen, Heraklitischen) Äther- und Kosmosspekulation in der Vereinigung des »himmlischen« mit dem »irdischen System« naturphilosophisch zu entfalten suchte, tritt in der logischen Idee dreifach auseinander: als *Sein* in die *mechanische Natur,* als *Wesen* oder *Sphäre der Reflexion* in die *unorganische* und als *Begriff* in die *organische Natur.*[35] Das entspricht dem historischen Aufstieg der *Mechanik* von einer bloßen List- und Hilfsdisziplin zur Grunddisziplin der Naturwissenschaft; aber es widerspricht dem logischen Gang des Begriffs, der mit dem Sein als *Qualität* einsetzt, während die Philosophie der Natur nicht mit dem Qualitativen, sondern dem Quantitativen anfängt. Hegel glaubt, dies begründen zu können. Aber die Begründung: »weil ihre Bestimmungen nicht wie das logische Sein das abstrakt-Erste und Unmittelbare, sondern wesentlich schon das in sich *Vermittelte,* Äußerlich- und Anderssein ist«,[36] erscheint künstlich. Sie rechtfertigt im nachhinein die Überordnung des Raumes gegenüber der Zeit; die Preisgabe des kühnen Gedankens, daß die Zeit als der eine Faktor der qualitativ bestimmten Gravitation in den mit Materie erfüllten Raum übergeht, der

durch die Bewegung in der Zeit erzeugt wird und am erkennenden Geist (mens) sein Gegenbild hat: »... der Geist, der sich nach vollzogener Abstraktion vom Raum ständig selbst erzeugt, ist die Zeit«.[37]

3. Die Umkehr dieses Verhältnisses im *Enzyklopädie-System*, der Übergang vom Raum zu Zeit, Bewegung und Materie, ist logisch nicht überzeugend, wie überhaupt die Zeit in der ›Logik‹ keinen eindeutigen Stellenwert besitzt. Wenn das Sein mit dem Raum gleichbedeutend ist, dann müßte ihr in der Entfaltung des Begriffs vom Sein über das Nichts zum Werden das Nichts entsprechen. In rein logischer Hinsicht ist das auch der Fall, sofern Hegel die Zeit als Negation der Negation oder als die sich auf sich beziehende Negativität faßt – was das logische Wesen der Kategorie der Unendlichkeit ausmacht. Und so tritt die Zeit im Rahmen der Logik immer wieder und immer anders auf (Man erinnere sich des »Auf einmal« und »Plötzlich« in den Knotenlinien der Maßverhältnisse oder des »daseienden Begriffs«). Den eigentlichen Widerspruch sehe ich jedoch darin, daß dem Werden in der Reihenfolge der naturphilosophischen Kategorien der Ort, die Bewegung und die Materie entsprechen und zuvor gleichwohl die Zeit als »angeschautes Werden« auftritt: »Die Zeit als die negative Einheit des Außersichseins«, so heißt es im Blick auf das Äußerliche des Raumes, »ist gleichfalls ein schlechthin Abstraktes, Ideelles: sie ist das Sein, das, indem es *ist*, nicht ist, und indem es *nicht ist*, ist, – das angeschaute Werden«.[38]
Der Widerspruch läßt sich nur historisch auflösen, nämlich durch den Rückgriff der Hegelschen Naturphilosophie auf Heraklits Lehre vom Feuer und ihren Zusammenhang mit den Anfängen der griechischen Philosophie. Ihm möchte ich in einem dritten Gang nachgehen.

III

Der Name von Heraklit begegnet uns in der Mitte der Naturphilosophie: im Hervorbrechen des Lebens in der Natur; und dann noch einmal an ihrem Ende: im Hervorgang des Geistes durch den Prozeß von Krankheit und Tod.[39] Kein Zweifel: Wer dieses Werk durchwandert und darauf stößt, daß die Luft ein schlafendes Feuer, das erloschene Feuer Wasser und das Feuer die Zeit sei, verkehrt in einer vorsokratischen Gedankenwelt.[40] Das darf jedoch nicht darüber hinwegtäuschen, daß überall am Horizont die moderne Welt aufscheint: mit der Dampfmaschine, Chemie und Elektrizität, mit der beginnenden Thermodynamik und Werkstoffwissenschaft. Der Zusammenprall *dieser* Gegensätze wirkt explosiv. Er entlädt sich in der spezifischen Zeiterfahrung, die sich im naturphilosophischen Systemaufbau artikuliert.

Die *Mechanik* stützt sich auf eine sich bewegende *Gegenwart*, um den Ort der bewegten Körper im Raum zu unterscheiden. Die *Physik* setzt mit dem Licht ein, das im Gravitationsfeld unseres Planetensystems in die Zeit fällt, das heißt: als Feuer auf die Erde herabfällt und den meteorologischen, physikalischen und chemischen Prozeß anfacht. (Im chemischen Prozeß ist nach Hegel die Erde als Totalität der individuellen Körper schon vorhanden, wie überhaupt die Naturwissenschaften an ihrem Dasein orientiert und daran gebunden sind).[41] Sie hat eine geologische Geschichte, die *vergangen* ist und im *Prozeß der Elemente* fortdauert, die in seltsamer Mischung des Alten mit dem Neuen *Feuer, Wasser, Luft* und *Erde* auf der einen, *Kohlenstoff, Wasserstoff, Sauerstoff* und *Stickstoff* auf der anderen Seite umfaßt: die Verbindung der ersten Reihe ist ein *natürlicher*, die der zweiten ein *künstlicher* Prozeß, der sich weder von selbst anfachen noch steuern kann. Könnte er das, wäre das Feuer, das ihn in Gang hält, unvergänglich. Die Natur hätte das »Dasein des Begriffs« und damit die *Zeit* erreicht, die sich am Lebendigen offenbart; als *künftige*, wie ich hinzusetze, weil das *Leben* wesentlich auf Zukunft hin angelegt ist und so die Zeit im Ganzen auslegt. An dieser Stelle endet die *Physik*, es beginnt die *Organik*. In ihr ist, wie Hegel es ausdrückt, das »freie Feuer a) als gereinigt von Materiatur und b) im Dasein materialisiert ... so haben wir die objektive Zeit, ein unvergängliches Feuer, das Feuer des Lebens, wie Heraklit das Feuer als Seele aussprach, und die trocknen Seelen als die besten«.[42]

Den Rahmen für dieses Naturverständnis, das weder aristotelisch noch platonisch und in gar keinem Fall kantisch ist (obwohl für die *Organik* gelegentlich die *Teleologie* einsteht), hat Hegel schon im *Naturrechts*-Aufsatz abgesteckt. Dort wird am Beispiel des »vollkommensten Minerals« gezeigt, daß sich in jedem Teil die Natur des Ganzen bricht, aber seine Form das »Außereinander« bleibt, so daß »nicht wie in den Elementen des Wassers, Feuers und der Luft« jeder besondere Teil »die vollkommenste Natur und der Repräsentant des Ganzen« ist.[43] Ihn konkretisieren die Vorlesungen zur Geschichte der Philosophie, die mit der Abwehr der bis dahin geltenden *interpretatio aristotelica* der Elemente als materieller »Urstoffe« und dinglicher Bestandteile des Universums deren undingliche Gestaltung und Umwandlung ineinander als Grundzug des anfangenden Denkens der Griechen herausarbeiten. Hegel nennt diesen Zug »spekulativ«, weil sich in der Natur eines jeden der Elemente die ungeteilte Ganzheit und das Verfließen der Teile ins Ganze spiegelt.

Schon im Wasser des Thales ist über den mythischen Schwur der Götter beim Styx der Heraklitische Fluß, in der Luft des Anaximenes über den Vergleich mit der Seele das Heraklitische Feuer da, dem Hegel auch bei Pythagoras und Parmenides nachspürt. Die Spur verweist auf die Äthervorstellung des Parmenides: das »ätherische Feuer« der mit sich selbst identischen Flamme als das »Tätige, Belebende«, das nach Meinung der doppelköpfigen Sterblichen der Nacht, dem Kalten als Leidendes gegenübersteht.[44] Dieser Meinung scheint Heraklit mit der Lehre von den Wendungen des Feuers widersprochen zu haben, und Hegel schließt sich diesem Einspruch an. Heraklit konnte nicht mehr »Wasser oder Luft, oder dergleichen als absolutes Wesen aussprechen, – nicht mehr in Weise eines Ersten, woraus das Andere hervorgehe, – indem er Sein als dasselbe mit Nichtsein oder den unendlichen Begriff dachte«.[45] Ich habe bei anderer Gelegenheit nachgewiesen, daß der in Hegels ›Logik‹ unterstellte Heraklit-Satz: *Das Sein ist so wenig als das Nichts* in Wahrheit von Demokrit (oder seinem unbekannten Vorgänger) stammt,[46] was hier auf sich beruhen kann. Mir kommt es lediglich auf die Hegelsche Folgerung an, daß *in der Zeit* beide Momente, Sein und Nichtsein, nur *als negativ* oder *unmittelbar verschwindend* gesetzt sind; daß die Denkerfahrung der Zeit mit dem Gedankenprinzip des Heraklit zusammenhängt. Und das ist für Hegel das *Werden* oder der *Prozeß*: »Die Zeit mit solchen Momenten angetan ist der Prozeß. Die Natur begreifen heißt: *sie* als Prozeß darstellen. Dies ist das Wahre Heraklit's und der wahre Begriff«.[47]

Heraklit, der nicht beim logischen Ausdruck des Werdens stehenbleibt, gibt dem Prinzip die Gestalt des Seienden in der sich »zunächst« darbietenden Form der Zeit. Dazu zieht Hegel aus Sextus Empiricus einen bisher wenig beachteten Beleg heran: τὸ ὂν καὶ τὸ ... πρῶτον ... σῶμα χρόνος ἐστίν: »Die Zeit sei das erste körperliche Wesen«.[48] Und Hegel unternimmt dann einen bei aller Zweideutigkeit bemerkenswerten Interpretationsversuch, den wir erst heute, nach der Wirkung von Heideggers Werk, zu würdigen beginnen. Hegel tadelt das Ungeschickte des Ausdrucks σῶμα, den er, nicht weniger ungeschickt, mit »körperlich« umschreibt; obwohl er wenig später den Bericht von Poseidonios (A 8), wonach Heraklit den *Logos*, der durch das Sein des Ganzen hindurchgeht (λόγος ὁ διὰ τῆς οὐσίας τοῦ παντὸς διήκων), den »ätherischen Leib, den Samen des Werdens von allem« (αἰθέριον σῶμα, σπέρμα τῆς τοῦ παντὸς γενέσεως),[49] ungleich treffender übersetzt. Und so mag ihm aufgegangen sein, daß zwischen dem Satz über die Zeit, der Lehre vom Feuer und vom *Logos* ein innerer Zusammenhang besteht, den er in seiner Heraklit-Interpretation entfaltet.

Ihre Bedeutung liegt darin, daß Hegel den Satz über die Zeit mit gutem Grund der üblichen Zurückführung des Heraklitischen Prinzips auf das Feuer (die »physikalische Zeit«) voranstellt. Die Zeit, so läßt sich Hegels Gedankengang zusammenfassen, in dem Hölderlins Nachdenken über das Werden im Vergehen anklingt, »ist das reine Verändern, sie ist der reine Begriff, das Einfache, das aus absolut Entgegengesetzten harmonisch ist. Ihr Wesen ist, zu sein und nicht zu sein, und sonst keine Bestimmung«.[50] Aber ist sie darum »abstrakt« und nur als negativ oder unmittelbar verschwindend gesetzt? Ich glaube nicht. Sie würde es nur dann sein, wenn sich das angeschaute Werden im »Jetzt« fixierte und nicht zur Erfahrung des »wirklichen Prozesses der Dinge« fortginge, der die Zeit »macht«.

Dazu ist Hegel im ersten Schritt der *Naturphilosophie*, mit der Einführung des Zeitbegriffs der »mathematischen Mechanik« (Kap. 1, Abschnitt B), fortgegangen. Dieser Titel ist nicht im Sinne der mathematischen Naturwissenschaft der Neuzeit, sondern der »Mathematik der Natur« zu verstehen, des alternativen Programms einer Logik des Maßes, das die Praxis quantitativer Messung und die mechanische Experimentierkunst in Grenzen halten soll. Hegel knüpft an das »vulgäre« Zeitverständnis an: »*In* der *Zeit,* sagt man, *entsteht* und *vergeht* alles; wenn von *Allem,* nämlich der Erfüllung der *Zeit,* ebenso von der Erfüllung des Raums abstrahiert wird, so bleibt die leere Zeit, wie der leere Raum übrig ... Aber nicht *in* der Zeit entsteht und vergeht alles, sondern die Zeit selbst ist dies *Werden,* Entstehen und Vergehen, das *seiende Abstrahieren*«.[51] Das zeigt der Mythos von *Kronos* an, dem ältesten der Götter, der seine Geburten aufzehrt, ohne daß ihm die Dinge in der Natur widerstehen können. Ja, in der Natur »gibt« es »Dinge« nur dem Schein nach, in endlich-zeitlicher Erscheinung: »Weil die Dinge endlich sind, darum sind sie in der Zeit: nicht weil sie in der Zeit sind, darum gehen sie unter; sondern die Dinge selbst sind das Zeitliche, so zu sein ist ihre objektive Bestimmung. Der Prozeß der wirklichen Dinge selbst macht also die Zeit ...«[52]

Hegels Rede von der »Relativität der Natur« ist gewiß generell; aber sie meint ganz konkret die Erfahrung des Da-seins in der von uns als »Anders-Sein« und »Sein zum Ende« erlebten Zeit. Die endlichen Dinge sind alle zeitlich, weil sie der Veränderung »über kurz oder lang« unterworfen, d.h. ohne Dauer (oder gar im Stillstand) sind. Und Hegel verweist dafür schon in der ›mathematischen Mechanik‹ auf das leibhafte Signum der Relativität, den Tod durch den berühmten »Zufall der Natur«, der in Wahrheit mechanisch konditioniert ist: »Ein Ziegelstein für sich erschlägt einen Menschen nicht, sondern bringt diese Wirkung durch die erlangte Geschwindigkeit hervor: d.i. der Mensch wird durch Raum und Zeit totgeschlagen«.[53] Das anschauliche Beispiel nimmt auch Prigogine auf, um es in die unanschauliche Sprache der heutigen Naturwissenschaft zu übersetzen: der Totschlag erfolgt durch kinetische Energie (mv 2/2), eine abstrakte Größe, für die Masse und Geschwindigkeit austauschbar sind.[54] Mit der Übersetzung in die Wissenschaftssprache der modernen Physik geht die Anschauung des Werdens verloren; und mit ihr das Beispiel für die Sache, die es veranschaulichen soll. Hegel führt es (was Prigogine entgangen ist) noch innerhalb der »mathematischen Mechanik« fort. Denn die Sache selbst (der »Prozeß der wirklichen Dinge«, der die Zeit »macht«) verliert sich auf keiner Stufe der Naturphilosophie. Sie bildet vielmehr den Übergang von der ›Mechanik‹ zur ›Physik‹ (als Theorie der Elementarprozesse zwischen Himmel und Erde) und von dort zur Organik. So ist es letztlich auch nicht die Schwerkraft der Körper in Raum und Zeit, die Vorgestalt der Verbindung von allem mit allem, die als »Ursache« des herabfallenden Steines einen Menschen totschlägt: »Ein Mensch kann totgeschlagen werden, dieses Äußerliche ist aber zufällig; das Wahrhafte ist, daß der Mensch durch sich selbst stirbt«.[55]

Das alles sind Phänomene, die erst in der ›Organik‹, der *Theorie des Lebensprozesses der Natur unter Bedingungen des Erdganzen*, ihren Ort haben. Denn die Erde, das bleibt für Hegels naturphilosophisches Konzept entscheidend und spielt darum in der Konzeption des natürlichen Prozesses der Elemente von Feuer, Wasser, Erde und Luft (§§ 281-285) eine zentrale Rolle, ist selbst *Organismus* mit einer Geschichte des Lebendigen und Toten, der vergangenen Zeit der natürlichen Elementarprozesse mit ihren »ungeheuren« Gärungen und Gestaltungen, die in ihm geschichtlich sedimentiert und in Grundstrukturen der »geologischen Natur« gegenwärtig sind (§§ 337-342). In der Mitte dieser beiden Teile der Naturphilosophie, mit dem »*Feuerreich* des Lebens« als Angelpunkt, um den sich das Ganze dreht (§ 337 Zus.), begegnet Hegels Denken dem von Heraklit und Parmenides, von Anaximander, Empedokles, Anaxagoras, Demokrit. Und es scheint mir außer Frage zu stehen, daß vor allem die »Zusätze« vorsokratisches Gedankengut bergen. Kein Wunder, wenn man weiß, daß sie größtenteils Material aus den Jenaer Heften präsentieren,[56] das sich Hegel in seiner Auseinandersetzung mit der Geschichte der griechischen Philosophie erarbeitet hat. Ich führe das nicht im einzelnen weiter aus, sondern beschränke mich darauf, Hegels Rede vom »Prozeß der wirklichen Dinge, der die Zeit macht«, im nochmaligen Blick auf seine Heraklit-Deutung zu erläutern.
Der Prozeßgedanke findet seinen Anhalt in Heraklits Lehrstück von den »Wendungen« (Veränderungen) des Feuers in Fr. B 31: »... zuerst das Meer und dann davon die Hälfte die Erde, die andere Hälfte der Blitzstrahl« (πρηστήρ) – das »entspringende Feuer«, wie es plastisch im Unterschied zum »schlafenden« (Luft) und erloschenen Feuer (Wasser) genannt wird. Es springt von der Erde ab, womit im Auseinandertreten des Gegenteiligen die Gefahr des Ungleichgewichts und Zerfalls aufsteigt. Dem begegnet der in diesem Fragment formulierte Maßgedanke: »Meer ergießt sich nach zwei Seiten und wird zugemessen nach demselben Verhältnis, das galt, bevor die Erde entstand«. Gemeint ist offenbar, daß die Wendungen des Feuers ein bestimmtes Zeitmaß nicht überschreiten können. So hat es Aristoteles von Heraklit berichtet (Fr. A 5) und ihm dafür den Begriff des »Schicksals« (εἱμαρμένη) zugeschrieben. Fr. B 137 lautet lapidar: ἔστι εἱμαρμένα πάντως.[57] Hegel nimmt dies aus der Heraklit-Vorlesung in die ›Logik‹ hinüber und rühmt das der Neuzeit überlegene Wissen

der Griechen, daß »*alles ein Maß hat,* so daß selbst Parmenides nach dem abstrakten Sein die *Notwendigkeit* als die *alte Grenze, die allem gesetzt ist*«, einführt.[58]
In der Sprache des Mythos heißt die Parmenideische Notwendigkeit *Moîra*, die Göttin der Zu-teilung, die bei Parmenides das Sein als Ganzes und Unbewegtes gebunden hält (Fr. B 8, 37). Von ihr ist *Heimarméne,* die Heraklitische Notwendigkeit, darin unterschieden, daß sie sich der »trockenen Seele«, in Hegels Deutung: der Wachheit des »Bewußtseins«, mit-teilt: »›Nach der Weise, wie die Kohlen, die dem Feuer nahekommen, selbst feurig werden, getrennt davon aber verlöschen: so wird der Teil (μοῖρα)‹ – die Notwendigkeit (s. oben) – ›die in unseren Körpern von dem Umgebenden beherbergt ist, durch die Trennung fast unvernünftig‹.«[59] Der Teil hat dann nicht mehr Anteil am Ganzen, das uns umgibt; eine Interpretation, die in noch unausgelotete Tiefen der Heraklit-Überlieferung hinabtaucht und von hier aus den Gedanken des »Werdens der Freundschaft« als der Teilnahme am Leben der All-Natur heraufholt (gemäß dem Ursinn von *meíromai* mit part. perf. *heimarménos* = Anteil haben).[60]
Vernunft haben und Verstand, das ist »nichts anderes als die Auslegung – (Bewußtwerden, Darstellung, Einsicht) der Weise der Anordnung (Einrichtung) des Alls (ἐξήγησις τοῦ τρόπου, Wendung, Wandelung, τῆς τοῦ παντὸς διοικήσεως). Deswegen so weit wir Teil nehmen am Wissen von ihm (αὐτοῦ τῆς μνήμης κοινωνήσωμεν), sind wir in der Wahrheit: So viel wir aber Besonderes – (Eigentümliches) – haben, sind wir in der Täuschung«.[61] Und die Zeit? Gehört sie zur Wahrheit? Ja, sofern sie das Widerfahrnis des *Logos* in uns bezeugt, der die Ordnung kennt, die »immer ›insgesamt‹« da ist, nach dem Heraklitischen Satz, der uns als Fr. B 30 überliefert ist: κόσμον τόνδε τὸν αὐτὸν ἁπάντων οὔτε τις θεῶν οὔτε ἀνθρώπων ἐποίησεν, ἀλλ' ἦν ἀεὶ καὶ ἔστιν καὶ ἔσται πῦρ ἀείζωον, ἁπτόμενον μέτρα καὶ ἀποσβεννύμενον μέτρα. Hegel übersetzt: »Das Universum hat kein Gott und kein Mensch gemacht, sondern es war immer und ist, und wird sein ein immer lebendiges Feuer, das sich nach seinem Gesetze (μέτρω) entzündet und erlischt«.[62] Es ist die Quelle des Hegelschen Satzes, daß das Feuer die Zeit sei. Das Gesetz ist kein Naturgesetz, nach dem das Geschehen im Universum abläuft, wie das die »Vorstellung der Phantasie« vom Weltbrand annimmt: daß nach einer gewissen Zeit die Welt in Feuer untergehe. In

Hegels Sicht ist es ein Maßverhältnis, das im Vergleich mit Parmenides' *Moîra* »entwickeltere, reflektiertere Maß«[63] der Notwendigkeit, das der *Logos* in uns erkennt. In der Sprache von Hegels Heraklit-Interpretation ist dies das »Feuer der Seelen«, deren beste die »trockenste« ist, was besagt: die sich des Maßes für das Sein auf Erden bewußt zu werden vermag. Was »immer ›insgesamt‹« da ist, die implizite Ordnung, die sich nach außen hin als Kosmos entfaltet, ist eingefaltet in unser Bewußtsein, das sich des »Immer« und »Insgesamt« erinnert.

Wer sich erinnert, begibt sich auf den Weg, der das Denken ist. Er beginnt zu erkennen, was dem Seienden im Ganzen zugrunde liegt, indem er anerkennt, daß das Sein »Werden zu sich selbst«, d. h. am Grunde zeitlich ist. Ist die Zeit der Blitz, der alles steuert? Die Heraklitische Weisheit, die im Gedanken der ewigen Wiederkehr des »Kreises« der Natur gipfelt, wie Hegel mit Nietzsche zu denken scheint? Wir wissen es nicht. An uns, denen das Leben zwischen zwei Ewigkeiten des Todes zugemessen ist, liegt es, jenen Schluß zu ziehen, den Hegels Heraklit-Interpretation auf dem Hintergrund der modernen Physik nahelegt: Wenn das sich verzehrende Feuer die Zeit ist und das »Ist« zeitlich, und wenn die Zeit das angeschaute Werden ist, dann sind wir selbst das sich verzehrende Feuer der Zeit. Er deutet auf den Gedanken, der alles ist und, zu Ende gedacht, die heutige Weltnacht des Geistes erleuchten könnte.

Dritter Teil
Ethik

Zweck- und bedürfnisgebundenes Handeln

Zur Tragweite des teleologischen Begründungsansatzes in der Handlungstheorie

Daß menschliches Handeln zweck- und bedürfnisgebunden ist, dies scheint eine Annahme zu sein, die sich fast von selbst versteht. Was wir tun, tun wir es nicht alle, um irgendwelche *Bedürfnisse* zu befriedigen oder um *Zwecke* zu realisieren? Und das Tun selbst, das Ausführen einer Handlung, was ist es anderes als ein *Mittel* zum Zweck, sei es von Bedürfnisbefriedigungen, sei es von Zweckrealisierungen?

Daß die Rede von »Zweck«, »Mittel« und »Bedürfnis« ein jedermann vertrautes Handlungsverständnis ausspricht, und zwar so, wie es in unserer Alltagserfahrung, im Verhältnis des heutigen Menschen zu sich und seinesgleichen, faktisch vorkommt, daran dürfte niemand zweifeln. Ein Faktum läßt, trotz anderslautender Gerüchte, auch die Philosophie gelten. Was sie in Frage stellt, ist nur der Schein des Selbstverständlichen, der es umgibt, – als ob sich das Beschreiben und Erklären von Handlungen auf dieser Basis von selbst verstünde!

Das Selbstverständliche bezweifeln oder philosophieren, das heißt für uns, einen handlungstheoretischen Ansatz begriffskritisch zu überprüfen, der ohne Kritik der Begriffe aus dem genannten Faktum weittragende Folgerungen zu ziehen versucht. Ich beziehe mich auf das Modell der teleologischen Erklärung des Handelns, das seit einiger Zeit im Mittelpunkt der analytisch-philosophischen Diskussion in den angelsächsischen Ländern steht. Eine Variante dieses Modells bildet die *Erklärung des Handelns aus dem Bedürfnis,* die man *epithymetologisch* nennen könnte. Sie steht heute im Mittelpunkt der kontinentalphilosophischen Diskussion. In unserem Lande wird sie teils von dialektisch-materialistischer, teils von konstruktivistischer Seite vertreten.

Daß das teleologische Modell über diese Variante, das epithymetologische Modell der Handlungserklärung, rezipiert wurde, hat im wesentlichen historische Gründe. Während in den angelsächsischen Ländern die Platonisch-Aristotelische Kritik an ihm (trotz Bentham und J. St. Mill) noch immer nachwirkt, ist diese Wirkung in Deutschland seit Hegel und Marx gebrochen. Die Bedürfnisse, so hatte Hegel argumentiert, bilden in der neuzeitlich-bürgerlichen Gesellschaft ein »System«; sie sind, wie Marx weiter ausführt, der eigentliche *Anfang der Handlung*. Bedürfnisse wie Hunger, Durst, Geschlechtstrieb, Sichkleiden, Wohnen usw. sind *naturnotwendig* oder *Determinanten* des Tuns, die befriedigt werden müssen, und darin besteht das *Ende der Handlung*, ihr *Zweck*. Zwecke, so heißt es von analytischer Seite, sind nicht naturnotwendig wie Bedürfnisse, sie werden, wie die Analytiker mit Recht hervorheben, sogar *beabsichtigt* oder *gewollt*. Aber von ihnen gilt, daß sie *verwirklicht* werden müssen, und in dieser Hinsicht sind sie in anderer Weise *Determinanten des Tuns*. Zwecke gehören zum Außenaspekt der Handlung, und zwar so, daß sie alles Handeln als *Mittel* zur Erreichung des Zwecks determinieren. Wenn unser Tun, wie Dialektiker, Konstruktivisten und Analytiker gemeinsam voraussetzen, zweck- und bedürfnisgebunden ist, in welchem Sinne wird dann der Handlungsbegriff interpretiert?

I

Wenden wir uns zunächst kurz dem epithymetologischen Modell der Handlungserklärung zu! Die marxistische Philosophie versteht unter »Bedürfnis« ein »allgemeines, wesentliches, notwendiges, relativ beständiges Verhältnis des Menschen zu seiner natürlichen und sozialen Umwelt. Es ist auf die Aneignung dieser Umwelt durch aktive Auseinandersetzung mit ihr gerichtet und findet in der dadurch erzielten Bestätigung des Menschen als Subjekt dieses Prozesses seine mehr oder minder vollständige Befriedigung. Die Aktion zur Befriedigung des Bedürfnisses reproduziert zugleich auch objektiv das Bedürfnis selbst in entwickelter Gestalt.«[1] Diese Definition des Ausdrucks *Bedürfnis*, die sich in einem Standardwerk des heutigen Marxismus findet, stützt sich im wesentlichen auf einen Text der *Einleitung* zur »Deutschen Ideologie«, in der Marx und Engels das Handeln als *Modus des Arbeitens oder Produzierens* einführen. Die damit verknüpfte Verengung des Handlungsverstehens wiederholt sich im Ansatz des Bedürfnisbegriffs, seiner Gleichsetzung mit dem Begriff der

Konsumtion. Marx und Engels beginnen mit den naturnotwendigen Elementarbedürfnissen des Menschen, denen elementar-konsumtive Handlungsweisen wie Essen, Trinken, Wohnen, Sichkleiden entsprechen. Die erste geschichtliche Tat des Menschen, so heißt es zu Beginn der Analyse des bedürfnisgebundenen Handelns, ist »die Erzeugung der Mittel zur Befriedigung dieser Bedürfnisse, die Produktion des materiellen Lebens selbst, und zwar ist dies eine geschichtliche Tat, eine Grundbedingung aller Geschichte, die noch heute, wie vor Jahrtausenden, täglich und stündlich erfüllt werden muß, um die Menschen nur am Leben zu erhalten ... Das Erste also bei aller geschichtlichen Auffassung ist, daß man diese Grundtatsache in ihrer ganzen Bedeutung und ihrer ganzen Ausdehnung beobachtet und zu ihrem Recht kommen läßt ... Das Zweite ist, daß das befriedigte erste Bedürfnis selbst, die Aktion der Befriedigung und das schon erworbene Instrument der Befriedigung zu neuen Bedürfnissen führt – und diese Erzeugung neuer Bedürfnisse ist die erste geschichtliche Tat.«[2]

Marx und Engels orientierten sich an den sogenannten *Grundbedürfnissen,* die Bezugspunkt jenes Handlungstyps sind, den sie als *Arbeit* oder *Produktion* auszeichnen. Dazu gehört auch die *Zeugung,* die *Reproduktion* des Menschen im Geschlechtsakt, die Marx und Engels als *dritte* Handlungsdeterminante anführen – das Sexualbedürfnis, das der Mensch mit dem Tier teilt. Freilich zeigt sich gerade hier, wie unspezifisch der so eingeführte Bedürfnisbegriff ist. Die marxistische Definition: Bedürfnis ist ein allgemeines, wesentliches, notwendiges, relativ beständiges Verhältnis des Menschen zu seiner natürlichen und sozialen Umwelt, ist analytisch, sie reduziert sich formal auf den Satz: *A bedarf Y.* Der Satz ist jedoch im extremen Maß unvollständig, er unterstellt den Fall, daß die Person A zu beliebigen Zeiten des Befriedigungsmittels Y bedarf – eine Unterstellung, die schon empirisch falsch ist. Hunger und Durst hat jeder Mensch nur zu gewissen Zeiten, desgleichen das Bedürfnis zu schlafen oder spazierenzugehen. Wir korrigieren deshalb den Satz, indem wir zum Bedürfnisbegriff die Zeitbedingung hinzunehmen und etwa so definieren: »A hat zur Zeit t das Bedürfnis nach Y, wenn ihm Y zu diesem Zeitpunkt fehlt und er sich nur dadurch am Leben erhalten kann, daß er Y erhält.«[3]

Auch diese (erweiterte) Definition beschreibt nur Bedürfnisse,

die Mensch und Tier mehr oder weniger gemeinsam sind. Die spezifisch menschliche Bedürftigkeit erfaßt er nicht. Wessen der Mensch im einzelnen bedarf, das erscheint freilich unklar genug, zumal der Bedürfnisbegriff selbst außerordentlich vieldeutig ist. Nicht zufällig erlaubt unsere Sprache zu sagen, daß Pflanzen Wasser und Felder Regen »bedürfen«. Hier hat der Ausdruck offensichtlich den Sinn von »nötig haben«, »brauchen«. Und so reden wir nicht nur über Lebendiges, etwa wenn wir meinen, daß Hunde und Kinder Zuwendung nötig haben, sondern über Nicht-Lebendiges, über das Haus, das einen Anstrich, oder das Auto, das eine neue Zündkerze braucht. Gleichwohl scheint sich hier eine klar ausziehbare Grenzlinie aufzutun: Bei uns Menschen (und dieser Fall wird dann von uns auf tierisches Verhalten übertragen) verknüpft sich das *Bedürfnis* unmittelbar mit der *Handlung,* nämlich so, daß schon das Bedürfen selbst im *Modus des Handelns* auftritt: als *Begehren, Streben, Verlangen.* Daß A zum Zeiptunkt t Y bedarf, dieser Satz meint daher: die Person A begehrt, erstrebt, verlangt in der Zeit t nach dem Gegenstand Y.
Die marxistisch-dialektische und die analytische Standardansicht zur Begrifflichkeit von »Begehren« ist die, daß ihm teils eine Art von *Gefühl,* teils eine Art von *Vorstellung* zugrunde liegt, das Fühlen auf das »Subjekt« der Handlung, das Vorstellen auf ihr »Objekt« bezogen. Die Standardansicht hat ihre Vorgeschichte in der empiristischen Handlungsphilosophie der Neuzeit (Hobbes, Locke), die wir hier nicht weiter erörtern können. Uns kommt es darauf an zu sehen, an welchem Punkt die Interpretation des bedürfnisgebundenen in die des zweckgebundenen Handelns übergeht. Der Übergang läßt sich annähernd genau bezeichnen. Er liegt dort, wo sich Gefühl und Vorstellung im Begehren überschneiden. *A begehrt Y,* dieser Satz meint nach den Prämissen der empiristischen Handlungsphilosophie: Y ist das vorgestellte Objekt, das die Person A begehrt und handelnd zu erreichen sucht, und diese Objektvorstellung bezieht sich auf das besondere Gefühl, das wir dabei haben, das Unbehagen (von Locke mit *uneasiness* umschrieben) oder kurz: das Gefühl der Unlust. Das mit dem unbefriedigten Bedürfnis zusammenhängende Unlustgefühl sowie die Handlung, zu der es anstrebt, sind beides *Folgebegriffe* des Begehrens. Wie aber verhält es sich mit dem vorgestellt-gefühlten *Objekt?*
Darüber ist es in der neuzeitlichen Handlungsphilosophie zu ei-

nem bis heute nicht beendigten Dauerstreit gekommen. Während die einen (im Anschluß an Hobbes) behaupten, es gehöre ebenfalls zu den *Folgebegriffen* des Begehrens, sagen die anderen (im Anschluß an Aristoteles und die klassisch-ethische Tradition), es sei ein *Grundbegriff*, der Begriff des *Guten* (agathon) im Sinne eines vorhergehenden Zwecks (telos), nach dem alle begehren, streben, verlangen. Es ist das *andere Ende* der Handlung, das damit in den Blick kommt: nicht *Bedürfnisbefriedigung* oder *Zweckverwirklichung*, sondern *Sinnerfüllung*. Diese Begrifflichkeit muß hier außer Betracht bleiben. Wir beschränken uns auf die empirisch-analytische und empirisch-konstruktivistische Reduktion des ethischen Grundbegriffs auf das Modell *teleologischer Handlungserklärung* und seine epithymetologische Variante.

Wie sich diese Reduktion in der handlungstheoretischen Begriffsbildung auswirkt, läßt sich an einem Textstück aus O. Schwemmers »Philosophie der Praxis« nachweisen. Es kann unsere These verdeutlichen, weshalb es ausführlicher zitiert sei. Schwemmer geht von dem konstruktivistischen Beratungsansatz aus, wonach die Teilnehmer an einer Beratung »sich darin einig sind, daß bestimmte Handlungen, über deren Ausführung beraten wird, bestimmte Wirkungen haben. Auf Grund dieser Annahme können die Beratungsteilnehmer von jemandem, der die Ausführung einer bestimmten Handlung in der Beratung vorschlägt, sagen: ›er begehrt, daß der Zustand A herbeigeführt wird‹. Der Zustand A ist bei dieser Redeweise eine Wirkung der vorgeschlagenen Handlung.

Nicht alle Wirkungen, die eine Handlung x hat, werden die Beratungsteilnehmer von demjenigen, der x vorschlägt, als begehrt annehmen: vielmehr nur die relevanten Wirkungen, je nach dem Handlungskomplex, zu dem die Handlung x gehört. Die relevanten Wirkungen einer Handlung x, die – jeweils innerhalb eines bestimmten Handlungskomplexes – von demjenigen, der die Ausführung von x vorschlägt, als begehrt angenommen werden, sollen ›Zweck‹ der Handlung x heißen. Entsprechend können wir die Handlung x ›Mittel‹ nennen, um diesen Zweck zu erreichen.«[4]

Im konstruktivistischen Modell sind bedürfnis- und zweckgebundenes Handeln integriert. Der Zustand A, den die Handlung x herbeiführt, heißt ihre *Wirkung*, und diese wird als *Zweck* Z definiert. Der Zweckbegriff aber wird über den Begriff des *Begehrens* eingeführt. Der Satz: *Er begehrt Z,* ist sonach gleichbedeutend mit: *Er bewirkt, daß A.* Diese konstruktivistische Begriffseinführung gibt den *Zweck* der Handlung dem subjektiven Belieben anheim, sie argumentiert so, als ob ihn die sich beratende Gruppe erst *setzt.* Daß der Handelnde in der Besonderheit seines Begehrens dabei sein muß, dieser Aspekt ist in der Sache wohl berechtigt. Es ist der von Hegel notierte Aspekt der *subjektiven Freiheit,* damit aber auch der *Willkür,* die vom bedürfnis- und zweckgebundenen Handeln unabtrennbar erscheint. Denn es ist ja das je eigene Begehren, das befriedigt sein will. Hegel hat hier sehr treffend vom *Interesse* der handelnden Person gesprochen,[5] aber gleichzeitig unmißverständlich die subjektivistische Beschränktheit dieses Ansatzes aufgewiesen. Die Zwecke der Handlung fallen eben nicht mit dem zusammen, was wir begehren, erstreben, verlangen, mit dem Inhalt unserer Triebe, Neigungen und Wünsche, so wenig diese in jedem Falle etwas praktisch bewirken. Begehrungen als solche mögen mancherlei Wirkungen haben, leibliche und seelische, wie sie uns umgekehrt auch vielfach zum Handeln *bewegen* oder *motivieren.* Die alleinigen *Beweger der Handlung,* ihre *Motive,* wie wir dazu auch sagen können, sind sie nicht.

Auf dieses Thema, das Problem der *Handlungsmotive,* wird später zurückzukommen sein. Wir müssen zunächst noch den Grundriß des teleologischen Modells der Handlungserklärung weiter nachzeichnen. Nach analytischer Auffassung (und dies gilt ebenso für die kurz charakterisierte Position des Konstruktivismus) ist nicht allein der Zweckbegriff, sondern der des *Mittels,* genauer: die *Mittel-Zweck-Beziehung,* für das Handeln konstitutiv. Was das Modell charakterisiert, ist die *Determination der Handlung als Mittel,* oder anders ausgedrückt: die Perspektive seiner *Verwirklichung,* in der das Handeln ausschließlich als *Tun* erscheinen muß. Allerdings fällt die angebbare Zweck-Mittel-Beziehung nicht völlig mit dem Außenaspekt der Handlung zusammen. Denn Zwecke sind etwas, das sich jemand »vornimmt« bzw. »vorsetzt«, sie werden durch Begriffe wie »Vornahme«, »Vorsatz« und »Absicht« spezifiziert. Nach dieser Begrifflichkeit, die der Ausdruck *Intention* zusammenfaßt, spricht man auch von einem *intentionalen* Handlungsmodell. Konstitutiv für den Begriff der Handlung, so muß dann der Ansatz des teleologischen Modells variiert werden, ist der gewußte Zweck: was die handelnde Person *beabsichtigt* oder *intendiert*.[6]

Danach können wir im einzelnen rekonstruieren, was im Verlauf des Handelns geschieht. Mit Hilfe beider Modelle, des teleologischen Modells wie einer intentionalistischen Variante, läßt sich zeigen, daß Überlegung und Entscheidung nichts Irrational-Willkürliches sind, sondern eine eigene Logik besitzen. Dem teleologischen Modell zufolge hat sie die Form eines Schlusses, der seit Aristoteles *praktischer Syllogismus* heißt. Er beschreibt in der *ersten* Prämisse den Zweck, der nach analytischer Auffassung gleichbedeutend ist mit der *Absicht* des Handelnden, in der *zweiten* Prämisse die Mittel, die er wählen muß, um den Zweck bzw. die Absicht zu verwirklichen, und im Schlußsatz seinen »Entschluß«, was er getan hat bzw. tun wird. Der praktische Syllogismus, so lautet die These der Analytiker, enthält die Logik des teleologischen Handlungsmodells, und zwar nach folgendem Schema:

A beabsichtigt x.
Um x zu realisieren, muß A y tun.
Darum hat A y getan.

Das x in der ersten Prämisse dieses Schlusses ist der *Zweck* Z, den die handelnde Person hat, sagen wir: sie will, daß das Zimmer hell wird. Die zweite Prämisse gibt an, was die Person A dazu wissen muß: daß der Zweck mittelbar zu erreichen ist, sagen wir: durch das Drehen des Lichtschalters; sie enthält die Verbindung einer *volitiven* mit der *kognitiven* Einstellung des Handelnden, einer *Absicht* mit einer *Ansicht*, die das geeignete Mittel identifiziert, und der Schlußsatz wäre dann die ausgeführte Handlung.[7] Aber worin besteht sie?

Nach analytischer Auffassung müßte die Antwort lauten: im *Drehen des Lichtschalters*, denn jene Handlung allein, das Mittel y, finden wir im Schlußsatz des praktischen Syllogismus notiert. Daß diese Erklärung unserer Handlungserfahrung nicht standhält, daß ihre Perspektive zu kurz ist, liegt auf der Hand. A hat y getan, weil er beabsichtigte, Z herbeizuführen – aber warum, so wäre zu fragen, hat er diese Absicht gehabt? Absichten werden gebildet, und zwar von *Determinanten* verschiedenster Art. Diese determinieren dann in zweiter Hinsicht auch unser Handeln, z. B. *Bedürfnisse*, die *innere Determinanten* der Handlung darstellen, im Unterschied zu *Verpflichtungen* und normgemäßen *Erwartungen* der Gesellschaft, die *von außen determinieren.*

Wir begegnen hier denselben Unterscheidungen, deren wir uns bei unserem Rekonstruktionsversuch von Anfang an bedient haben. Daß Bedürfnisse, Verpflichtungen und Erwartungen schon für das schlichteste Identifizieren einer Absicht eine große Rolle spielen, bedarf für uns nunmehr keiner ausführlichen Begründung. Die Frage, warum die Person A Licht macht, beantwortet sich eben damit, daß sie das helle Zimmer braucht, um zu arbeiten, um die Zeitung zu lesen oder um zu essen. Möglicherweise war A dazu auch verpflichtet, etwa als Hausmeister, und vielleicht hat es jemand von ihm erwartet, etwa zum Zeichen, daß er zu Hause ist. Beschreibungsversuche dieser Art sind stets relativ auf *Situation* und *Kontext,* worin etwas getan wird, und was die Person A tut, geschieht normalerweise *in praktischer Kommunikation mit anderen Personen.*

Natürlich kann man von Kontext- und Situationsaspekten theoretisch ganz absehen; man kann sich der Sprache des neutralen Beobachters bedienen und die Handlung, nach dem kausalen Erklärungsmodell, als bloßen Ablauf von Ereignissen beschreiben, von denen das eine das andere bewirkt: A betritt das Zimmer, tastet nach dem Lichtschalter, dreht den Knipser um, und darauf erleuchtet sich das Zimmer – jedes Ereignis eine Ursache, um x zu erreichen. Die Ereignisfolge kann auch als *eine* Handlung beschrieben werden, die dann als »Lichtmachen« identifiziert wird, wobei diese wieder als Ereignis, nämlich als Wirkung von E_1, E_2 ... E_n bezeichnet werden mag. Soweit die Beschreibungsmittel die handelnde Person nicht von vornherein ausklammern, impliziert der Satz *»A bewirkt, daß p«* jedenfalls auch, daß A p »beabsichtigte« oder »wollte«.

II

Wie das *Wollen* mit dem *Tun* zusammenhängt, darüber gibt es in der analytischen Handlungstheorie eine umfangreiche Kontroverse. Nach G. H. v. Wright haben sich dabei zwei Typen von Theorie als unhaltbar erwiesen. Der erste Typ ist das soeben kurz skizzierte Modell der *kausalen Handlungserklärung.* Es nimmt an, daß es eine *naturgesetzliche* Verbindung zwischen Wollen

und Tun gibt, wonach A immer dann, wenn er eine bestimmte Absicht sowie eine Ansicht über die Mittel zu deren Verwirklichung hat, y tun wird. Das *zweite* Modell beruht auf der Annahme, daß die Verbindung *logischer* Natur ist. In ihm wird unterstellt, es sei ein Widerspruch anzunehmen, daß A, wenn er x beabsichtigt und weiß, daß er dazu y tun muß, sich nicht daran macht, y zu tun. Der Zusammhang zwischen Absicht bzw. Wollen und Tun gleicht danach einer logischen Grund-Folge-Beziehung. Wir sprechen daher vom Modell der *rationalen Handlungserklärung.*
Bemerkenswerterweise lehnt v. Wright beide Modelle ab: Die Determinanten unserer Handlung sind weder auf Gesetzmäßigkeit beruhende Ursachen noch deduktive Gründe, sie sind Determinanten *anderer Art.* »Ich weiß nicht«, fügt v. Wright hinzu, »ob man sagen sollte: Determinanten *dritter* Art, denn es könnte ja sein, daß diese Determinanten auch untereinander sehr verschieden sind, ein buntes Gemisch von verschiedenen Dingen darstellen, so daß man hier noch Unterschiede machen müßte.«[8]
Daß es sich in der Tat so verhält, darüber hat uns schon die Verschränkung der Begriffe »Zweck«, »Absicht« und »Bedürfnis« belehrt, die für die von uns analysierten Handlungsmodelle charakteristisch war. Was diese Modelle charakterisiert, ist jedoch ein anderer Aspekt. Sie setzen voraus, daß jemand einen Zweck, eine Absicht oder ein Bedürfnis danach hat, Licht anzumachen, Brot zu kaufen, eine Zeitungsannonce aufzugeben usw. Daß solche Handlungen nur von einer Person A auszuführen sind, ist trivial; nicht-trivial hingegen ist, ob sie so, wie die Modelle unterstellen, nämlich aus der Perspektive eines *methodologischen Individualismus,* d. h. des Zwecke setzenden, beabsichtigenden und begehrenden Individuums, adäquat darstellbar sind. Der methodologische Individualismus, der sowohl das teleologisch-intentionale, das kausale wie das rationale Modell der Handlungserklärung kennzeichnet, abstrahiert von der »allgemeinen Qualität der Handlung« (Hegel), ihrer Fundierung durch die *praktische Kommunikation.* Er wird durch den sozialen *Kontext* widerlegt, in dem wir handeln. Ich meine hier nicht nur das ganze Geflecht von Regeln, Normen, Institutionen, Überzeugungen usw., das unser Handeln durchzieht, sondern das *Sprechen,* mit dem es verwoben ist – die Sprache selbst als *Kontextelement,* das alle anderen Elemente und damit die *Situation* erst erschließt.

In der Sprache, die wir sprechen, hat sich der Kontext immer schon ausgelegt und interpretiert; ihre Erschließungsfunktion ist die Grundlage der Handlung – eine Determinante, die ganz anders, nämlich *hermeneutisch determiniert.* Zwecke und Bedürfnisse können nur dadurch determinieren, daß sie gedeutet oder *interpretiert* werden. Sie lassen sich daher nicht auf Humesche Ursachen und auch nicht auf logische Gründe zurückführen, weil sie nur im Kontext, in der praktischen Situation und Kommunikation mit anderen, von sozialen Determinanten wie Normen, Erwartungen, Institutionen usw. einführbar sind. Da mir die Unterscheidung zwischen »inneren« und »äußeren« Determinanten mißverständlich erscheint, ziehe ich den umfassenderen Ausdruck *Motiv* vor. Handlungen, so lautet jetzt unsere These, sind motiviert, und Handlungsmotiven liegen, wie vermittelt auch immer, *Interpretationen* zugrunde.

»Motive« können vielerlei sein: neben *Bedürfnissen* und *Zwecken Imperative,* also Aufforderungen durch andere oder durch sich selbst, ferner *Normen* und *Wertvorstellungen,* d. h. Interpretationen darüber, was »geboten« oder »verboten«, »gut«, »wertvoll« oder »erfreulich«, was zweckmäßig, vernünftig oder realisierbar ist, auch Phantasie- und Zwangserlebnisse. Motivbildungen sind stets gemischt und darüber hinaus von *Naturgesetzen* und den *Gesetzen der Logik* abhängig. Welche Unterscheidungen hier zusätzlich zu treffen sind, darüber mag uns ein Beispiel belehren, das sich den Modellen des bedürfnis- und zweckgebundenen Handelns entzieht. Es kann die wirkliche Komplexität der Handlungsdeterminanten veranschaulichen und das von uns gesuchte Alternativmodell der *motivationalen Handlungserklärung* in ein schärferes Licht rücken.

Ich wähle den Fall des unschuldig Verfolgten, den ein Freund vor seinen Häschern verborgen hält – eine *Situation,* die in unserem Jahrhundert, mit dem Aufkommen staatlich durchorganisierter Massenverfolgung, den *Charakter der Ausnahme verloren hat.* Es ist der Fall, auf den sich bereits Kant bezieht, um daran die Frage zu erörtern, ob es in dieser Situation erlaubt, ja vielleicht sogar geboten sei, die Häscher durch falsche Auskunft in die Irre zu führen – was Kant, den Ausnahmecharakter vor Augen, bekanntlich verneint.[9] Da mir Kants Beschreibung unsere heutige Erfahrung nicht mehr zu decken scheint, ziehe ich die differenziertere Fallanalyse vor, die Max Planck unter dem Eindruck der nationalsozialistischen Rassenverfolgung gegeben hat. Sie beschreibt den Regelcharakter der Situation, womit der Fall ein ganz anderes Gewicht und die durch ihn ausgelöste praktische Argumentation an Tiefe gewinnt. Wie wird sich, so fragt Planck, der Freund gegenüber den Verfolgern verhalten?

Die Frage ist so komplex, daß sich die Orientierung an »Bedürfnissen« oder »Zwecken« der Beteiligten als unzureichend erweist. Ihre Begrifflichkeit tritt bei Planck überhaupt nicht auf. Wenn der Freund ethisch begründet argumentiert, so lautet Plancks Antwort, »wird seine Wahrheitsliebe mit seiner Freundestreue in Konflikt geraten. Da die Erteilung einer sachgemäßen Antwort auf die gestellte Frage den Freund sicherlich ins Verderben bringen würde, so könnte er, um bei der Wahrheit zu bleiben, vielleicht auf den Gedanken kommen, eine Antwort zu verweigern und im übrigen alles zu versuchen, um die Unschuld des Verfolgten ans Licht zu bringen. Aber der Erfolg wäre dann vielleicht nur der, daß man dann Zwangsmaßnahmen gegen ihn selber anwenden würde, um ihn zu einer Aussage zu bewegen. Viel einfacher und für die Rettung seines Schützlings aussichtsvoller wäre es, wenn er durch eine Lüge die Verfolger irreführte und statt des richtigen Verstecks eine weit davon entfernte Örtlichkeit nennen würde. Dann wäre wenigstens zunächst einmal Zeit gewonnen. Auch andere Verhaltungsmöglichkeiten bieten sich ihm dar. Er könnte z. B. antworten, daß er den Aufenthaltsort nicht kenne, oder er könnte die Antwort hinauszögern, oder er könnte auch überhaupt nicht antworten und sich taub stellen. Für jede dieser Verhaltungsmöglichkeiten ließe sich einiges anführen, aber jede hat auch ihre Nachteile. So treffen und kreuzen sich in den Gedanken des Befragten eine große Anzahl von Überlegungen, deren jede einen Beitrag zu den für seinen Entschluß maßgebenden Motiven liefert und die er gegeneinander abwägen wird. Aber nicht diese Überlegungen allein sind es, welche schließlich die Willensentscheidung herbeiführen. Hinzu kommt noch ein zahlreiches Heer von Motiven und Trieben, die dem Überlegenden nur dunkel oder überhaupt nicht bewußt werden. Das sind gewisse, seinem Charakter oder seinem Temperament entspringende, durch die Aufregung vielleicht noch gesteigerte Gemütsstimmungen, Impulse oder auch Hemmungen, über die er sich keine klare Rechenschaft ablegt, die aber doch in dem Kampf der Motive von sehr bedeutendem Einfluß sein können.«[10]

Was Planck beschreibt, ist der Konflikt zwischen der Norm, stets die Wahrheit zu sagen, und der Norm, dem Nächsten zu helfen, die beide sittlich wohlbegründet sind. Planck subsumiert nicht einfach die zweite unter die erste Norm, womit Kant den Normenkonflikt formal zugunsten der unbedingten Verpflichtung zur Wahrhaftigkeit aufzulösen versuchte. Er hat aber auch keine Patentlösung parat, sondern schildert die Komplexität der Motivbildung, die in einer solchen Situation möglich erscheint. Wie immer die Willensentscheidung am Ende ausfallen mag, sie ist niemals unmotiviert. Wir glauben daher ganz im Sinne von Planck zu sprechen, wenn wir sagen: Handlungen unterstehen generell der *Regel der Motivation.*

Hier zeigt sich noch einmal die Grenze der Modelle des bedürfnis- und zweckgebundenen Handelns; es zeigt sich aber auch, um welchen Aspekt wir nun das Alternativmodell zu differenzieren haben. Bedürfnisse und Zwecke können handlungsmotivierend sein, aber sie sind nicht *per definitionem* ein Motiv. Wer nach dem Handlungsmotiv fragt, möchte den aussschlaggebenden Entscheidungsgrund wissen, alltagssprachlich formuliert: Was bringt mich dazu, so zu entscheiden? Wie komme ich darauf? Die Motivfrage verschafft die Möglichkeit, uns den *Vollzug des Handelns* und über den Vollzug die *Einheit* der Handlung, das gefühlte Bedürfnis und den vorgestellten Zweck, hermeneutisch verständlich zu machen. Obwohl auch Bedürfnisse und Zwecke Interpretation voraussetzen, sind sie etwas, was der handelnden Person leibhaft vorgegeben bzw. außerhalb von ihr kausal bewirkbar und/oder teleologisch zu erreichen ist. Motive dagegen sind *bloße Gedanken des Handelnden* – sprachlich artikulierte und damit *begrifflich fundierbare* Interpretation dessen, was von außen vorgegeben oder bewirkbar ist. Sie fungieren als *hermeneutisch vermittelte Handlungsdeterminanten.* Als handelnde Person durch bloße Bedürfnisse und Zwecke determiniert sein, das heißt, sich durch anderes determinieren lassen, im Unterschied zur Determinierung durch ein Motiv. Denn die Regel der Motivation impliziert normalerweise (von der Ausnahme einer Determinierung durch die nur metaphorisch so genannten Zwangsmotive einmal abgesehen, die gedankliche Zerrüttung voraussetzen) die *Möglichkeit der Selbstdetermination,* der Bestimmung unseres Tuns und Lassens nach praktischen Grundsätzen – daß der Handelnde bei dem, was er tut und läßt, mitdenkt oder sich anders entschieden hätte, wenn er mitgedacht haben würde. Bedürfnisbefriedigung und Zweckverwirklichung bleiben von Faktoren abhängig, die uns von außen bestimmen, z.B. Naturgesetze, die auch für tierisches Verhalten und die Verhältnisse raum-zeitlicher Körperbewegungen gelten. Naturgesetze determinieren, aber motivieren nicht, weil sie den Vollzug der Handlung transzendieren. Nur hermeneutisch vermittelte Determinanten können zugleich motivieren, nämlich die Grundsätze der praktischen Vernunft, die dem Handelnden immanent sind. Die Fähigkeit, sich selbst zu bestimmen, führt zuletzt auf die Frage zurück, ob *immanente Motivation* oder, anders gesprochen, *freies Handeln* möglich ist – eine Frage, die sich im Rahmen des teleologischen Begründungsansatzes der Handlungstheorie nicht mehr diskutieren läßt.

Freiheit und Verantwortung
Zwei Grundbegriffe der kommunikativen Ethik

Von »Freiheit« zu reden ist leicht, von ihr Rechenschaft zu geben schwer, zumal in einer Zeit wie der unseren, die diesen Begriff zu zerreden scheint. »Freiheit« ist keine *Parole*, sondern ein *Problem*. Das ist sie in mehrfacher Hinsicht: begrifflich wie empirisch, theoretisch wie praktisch. Sie ist ein *begriffliches* Problem infolge der Vieldeutigkeit des Wortgebrauchs; ein *empirisches* Problem wegen der fehlenden Zuordnung zu einem bestimmten Erfahrungskreis; ein *theoretisches* Problem, weil sich das Denken, ohne dazu anderer Antriebe zu bedürfen, die Frage nach der Freiheit selbst vorlegt; und ein *praktisches* Problem, sofern die Antwort gar nicht im Denken, sondern im *Tun* liegt – in der Praxis, die doch immer auch Abdruck von Unfreiheit ist. Ob die Frage überhaupt entschieden werden kann, wissen wir nicht. Was wir wissen, ist *erstens*, daß es vor dieser Frage kein Ausweichen gibt, und *zweitens*, daß sie sich in unserer Zeit anders stellt als in allen vorherigen Zeitaltern.

Die Andersartigkeit der Fragestellung ist an sich noch nichts, was unserem Zeitalter eigentümlich wäre. Denn die Freiheit gehört zu jenen Problemen, die sich *nur in der Zeit stellen*, d.h. dem Philosophieren nicht anders zugänglich sein können als in immer neuen, aktuellen Motivationen, die die Möglichkeit oder Wirklichkeit der Freiheit in immer neuem und anderem Sinne zur Fraglichkeit bringen.[1] Wovon wir uns Rechenschaft geben müssen, ist dies, daß sich heute das Problem zur *Aporie* zuspitzt: zur Negation von Freiheit im Namen der Freiheit.

»Aporie« ist ein zusammenfassender Ausdruck für die Schwierigkeiten und Hindernisse, denen wir uns bei der Lösung von Aufgaben oder der Klärung von Fragen gegenübersehen. Sie können unsere intellektuellen und moralischen Fähigkeiten wecken, aber auch so groß und unüberwindlich erscheinen, daß wir versagen. Das geschieht insbesondere dann, wenn sich die Aufgabe kompliziert und die Frage, um die es geht, nicht motiviert oder gar keine wirklich gefragte Frage ist. Das Problem erledigt sich dadurch, daß nicht mehr gefragt, daß sein Inhalt *fraglos* wird. In diesem

Falle – es ist der aporetische Fall des heutigen Redens über »Freiheit« – kommt es darauf an, den Parolen die Fraglosigkeit zu nehmen. Was Freiheit meint, so lautet meine These, läßt sich nicht aus ihr selbst, durch Reflexion auf ihren Begriff, entscheiden. Wenn die Begriffsreflexion radikal, d. h. bis an den Ursprung der Aporie durchgeführt wird, stößt sie auf den Begriff der *Verantwortung*. Er ist, so werde ich zu zeigen versuchen, nicht nur der logisch umfassendere, sondern der sachlich fundierende Begriff, der einer Lösung der Aufgabe zugänglich ist.

1. Zur Problemformulierung

Daß der Freiheitsbegriff das Eigentümliche an sich hat, nicht durch sich selbst bestimmbar zu sein, diese Einsicht spricht sich in fast allen vorliegenden Formulierungen des Problems aus. Was der Begriff meint, scheint sich aus seinem Gegensatz zu ergeben. In den spätantiken Philosophenschulen – die klassisch-griechische Philosophie kennt diese Problemformulierung nicht – ist es der Gegensatz zwischen *göttlichem Vorherwissen* (providentia, praescientia) und *menschlicher Willensfreiheit* (voluntatis libertas)[2], in der Spätscholastik der Gegensatz zwischen der *absoluten Freiheit Gottes* und dem, was, unter dieser Voraussetzung, *der Handelnde von sich weiß*,[3] bei den Reformatoren der Gegensatz zwischen der *Freiheit* und der *Dienstbarkeit* eines Christenmenschen[4] und in der neuzeitlichen Philosophie schließlich der Gegensatz zwischen der *Kausalität der Natur* und der *Spontaneität menschlichen Handelns* – dem Vermögen, eine Reihe von Begebenheiten von selbst anzufangen.[5] In der Gegenwart ist es der Gegensatz von *Kommunikation* und *Herrschaft*, dem die Rede von der *»Herrschaftsfreiheit«* entspringt.
Was diese im einzelnen sehr unterschiedlichen Positionen miteinander verbindet, ist eine bestimmte Spielart der Erkenntnis a priori. Die Möglichkeit der Freiheit steht nämlich entweder unter Bedingungen der Erkenntnis dessen, was in der *Zukunft* liegt: daß Gott alles Künftige *im voraus* weiß – ein theologischer Gedanke, der in der Moderne als Geschichtsphilosophie, im antizipierenden Vorgriff einer »herrschaftsfreien« Gesellschaft wiederkehrt; oder sie untersteht Bedingungen der Erkenntnis, die durch die *Vergangenheit* festgelegt sind: daß jede Wirkung der Natur

ihre Ursache hat, die ihr *vorhergeht* – an seinem Ursprung ein ebenfalls theologischer Gedanke, der in der reformatorischen Prädestinationslehre entfaltet und im Gesetzesbegriff der neuzeitlichen Naturwissenschaft säkularisiert wird.

Obwohl die Motivation der Frage nach der Freiheit des Menschen in jeder der genannten Problemformulierungen eine andere ist, enthalten sie einen argumentationsgeschichtlich identischen Kern. Er besteht, kurz gesagt, darin, daß der Begriff nach den vorausgesetzten Erkenntnisbedingungen nur *ex negativo* bestimmt werden kann. Die Begriffsbestimmungen aus dem Theorem der allgemeinen Naturgesetzmäßigkeit und dem der allgemeinen Herrschaftsabhängigkeit unterscheiden sich dabei von den theologischen Theoremen nur graduell. Es handelt sich in jedem Fall um objektivistische Grundannahmen über die Zeit als einer subjektiven Bedingung a priori der Erkenntnis. Die Zeitbedingungen, nach denen sich unser Erkennen auf Teilinhalte der Erfahrung bezieht, werden in intellektueller Anschauung so vergegenständlicht, daß sie, statt begriffliche Möglichkeit und Grenzen einer Erfahrungserkenntnis zu klären, alle mögliche Erfahrung transzendieren. Wir sprechen daher von *transzendenten Begriffen.* Transzendent sind nicht nur die onto-theologischen Sprechweisen der vorneuzeitlichen Metaphysik, sondern auch der physikalische Gesetzesbegriff oder – mutatis mutandis – der geschichtsphilosophisch-soziologische Begriff einer Gesellschaft ohne Herrschaft, der »herrschaftsfreien« Kommunikation. Sie beruhen insgesamt auf einer Amphibolie, der Verkehrung der subjektiv bedingten Temporalität unseres Begriffsgebrauchs zu objektiven Bedingungen der Sache selbst.

Onto-theologisch drückt sie sich darin aus, daß die Anschauungsformen der Zeit für das Wissen des Menschen von sich als einem Handelnden und zugleich für das göttliche Vorherwissen als Apriori der Freiheit angenommen werden. Wie für alle erkennenden Wesen gilt, daß sie sich mehr ihrer Fähigkeit bedienen als derjenigen des zu Erkennenden, so ist die menschliche Erkenntnis in der Einheit von Sinn, Einbildungskraft und Verstand auf die Zeit angewiesen. Was in der Zeit lebt, geht als ein Gegenwärtiges vom Vergangenen weiter in die Zukunft, während Gott die Form der Zeit als ewige Gegenwart anschaut, nach der er alles weiß.[6] Kraft dieser Bedingung erkennt Gott dasjenige als notwendig, was uns im Blick auf die Zukunft als frei erscheint – das

klassisch-theologische Argument, das die Freiheit zwar nicht leugnet, aber die Möglichkeit des Begriffs von ihr aus der Negation zum Begriff der Notwendigkeit gewinnt.
Die Verwirrung im Freiheitsproblem, die daraus in der Neuzeit durch die Transformation in das Argument der allgemeinen Gesetzmäßigkeit der Natur, die »Determination« allen Geschehens, entstanden ist, hat sich inzwischen über das komplementäre Argument der allgemeinen Herrschaftsabhängigkeit, der Verhängung des »gesellschaftlichen Banns«[7], vermehrt – als ob der Begriff allein antithetisch, aus dem Gegensatz zur Gesetzmäßigkeit, oder antizipativ, aus der Überwindung von Herrschaft, bestimmt werden könnte! Freiheit selbst, sagte Th. W. Adorno, bei dem Gesetz und Herrschaft ein und denselben logischen Ort haben, ist »derart mit der Unfreiheit verfilzt, daß sie von dieser nicht bloß inhibiert wird, sondern sie zur Bedingung ihres eigenen Begriffs hat«[8]. Würde diese Bedeutung zutreffen, wären Gesetz und Herrschaft nicht nur identisch, sondern die Formen der Zeit Bedingungen des Begriffs – ein von Adorno selbst gezogener Schluß, der das negativ-dialektische »Modell der Freiheit« in die Dauerreflexion gegen Natur und Gesellschaft hineintreibt, die sich bei seinen Nachfolgern teils im Theorem der »großen Weigerung« (H. Marcuse), teils in dem der »Herrschaftsfreiheit« (J. Habermas) verstrickt. Weil er *in* der Reflexion keinen Ort hat, verläuft sie sich in der Ortlosigkeit anarchischer Praxis und Meta-Politik. In der Zuspitzung des Problems, der Negation von Freiheit im Namen eines negativen Begriffs von ihr, ist die Freiheit zum Gegenstand des Streits, von Parolen und Kämpfen zwischen gesellschaftlichen Gruppen, geworden. Während die einen davon sprechen, daß Freiheit ein *Grundwert* der modernen Welt ist, behaupten andere, daß der Begriff durch Klasseninteressen »entwertet« und im Grunde ganz entbehrlich sei.
Ein Ausweg aus dieser Lage wird sich erst dann eröffnen, wenn wir wieder lernen, nach *Bedingungen der Möglichkeit des Gebrauchs* von Begriffen, ihrem *logischen und hermeneutischen Ort* sowie nach Argumenten für oder gegen begriffliche *Ortsverschiebungen* zu fragen. Es ist die Grundfrage einer philosophischen Reformulierung des Problems, die H. Krings aufgeworfen und durch die Unterscheidung verschiedener »Begründungsniveaus« von Freiheit zu beantworten versucht hat.[9] Da sich Probleme nicht eigentlich »begründen«, sondern nur »erörtern« und be-

stenfalls klären lassen, ziehe ich vor, von unterschiedlichen *Ebenen der Begriffserörterung* zu sprechen. Wenn ich im folgenden die von Krings vorgeschlagene Unterscheidung zwischen *realer, praktischer* und *transzendentaler* Freiheit aufnehme, um sie in einigen Punkten zu differenzieren, so tue ich das, weil sie mir nicht nur hermeneutisch plausibel, sondern analytisch unvermeidlich erscheint. Ich beginne mit einigen begriffskritischen Erwägungen zu der von Krings so genannten *realen Freiheit,* die jenen Inbegriff aller politischen sozialen und persönlichen Freiheiten des Menschen umfaßt, um den sich der heutige Wortstreit bewegt.

2. Reale und politische Freiheit: Das Problem der Befreiung

Der Ursprung des Streits liegt in einer speziellen Amphibolie: der Verwechslung der Begriffe *Freiheit* und *Befreiung.* Wenn Gesellschaft auf dem Boden der Neuzeit durch Ausbreitung von Herrschaft definiert ist, kann »Freiheit« nichts anderes als *Unabhängigkeit von ihr,* Befreiung von Abhängigkeit und Unterdrückung sein. Im gegenwärtigen Sprachgebrauch steht dafür das Plakatwort »Emanzipation«, das ursprünglich den Akt der Freilassung der Sklaven, abgeleitet die Entlassung von Kolonien aus dem Verband des Mutterlandes meint. Daß es mit Freiheit überhaupt verwechselt wird, ist kein begrifflicher Kurzschluß, sondern ein notwendiger, dem Begriffsgebrauch unvermeidlich anhängender Schein. In ihm bekundet sich die individual- wie gattungsgeschichtlich fundamentale Erfahrung, daß »Freiheit« dem Menschen nicht von Natur aus zukommt, daß er, um frei zu *sein,* frei *werden* muß. Dem Prädikat »frei«, so läßt sich diese Aporie umschreiben, korrespondiert gar keine Eigenschaft des Menschen, jedenfalls nicht so, wie dem Prädikat »zweibeinig« eine menschliche Natureigenschaft korrespondiert. Denn die Aussagen: »A ist zweibeinig« und »A ist frei« sind mindestens darin unterschieden, daß die erste einen bestimmten empirischen Sachverhalt wiedergibt, während die zweite nichts empirisch Bestimmtes beschreibt und auch praktisch nichts vorschreibt, so daß hier ein Bedürfnis zum Weiterfragen besteht, zumindest zu der Frage, *wovon* A frei ist. Freiheit, das sei zu einer ersten Klärung der Aporie festgehalten, ist keine Eigenschaft von A, sondern setzt eine Beziehung zu dem voraus, wovon A frei ist, so daß der Begriff, logisch gesehen, eine zweistellige Relation enthält: »A ist frei von Y«, F (A, Y). Wir haben es damit noch immer mit dem negativen Begriff der Freiheit zu tun, der für sich selbst keinen bestimmten Ort hat. Er erhält ihn erst dann, wenn er in Beziehung auf einen anderen, bereits bestimmten, Ort *gebraucht* wird, der seinerseits ganz verschieden, z. B. politisch (a), rechtlich (b) oder pädagogisch (c) sein kann. Der Gebrauch des negativen Begriffs wird, im buchstäblichen Sinne, »ortlos«, sobald er sich von der pragmatischen Zugehörigkeit zu einem jener Örter ablöst. Das Verhältnis der Zugehörigkeit zu einem Ort bestimmt die *Topik* eines Begriffs. Am Beispiel der politisch bestimmten Freiheit möchte ich zeigen, daß der pragmatische Begriffsgebrauch auf eine *transzendentale Topik* oder darauf verweist, wie Begriffe nicht nur faktisch *gebraucht*, sondern in der Möglichkeit ihres Gebrauchs müssen *gedacht* und theoretisch oder praktisch *ausgewiesen* werden können. Was »politische Freiheit« meint, erschließt sich nicht im Rückgang auf den Akt der »Befreiung«, auch wenn dieser *faktisch,* in Gestalt von Revolutionen, den Anfang des Politischen bildet. Es bedarf vielmehr der Annahme eines *normativen* Aktes: daß die Freiheit als *institutionell berufbar* »gesetzt« wird, was nach der uns möglichen Erfahrung nur über die politische Grundinstitution »Staat« geschehen kann. Politische Freiheit ist nicht Freiheit *vom,* sondern *im* Staat, der seine Herrschaft begrenzt. Freiheit und Herrschaft sind, logisch gesehen, *nicht dem Grad,* sondern *der Art nach* unterschieden: *Spezies von verschiedenem Genus.* Weder ist der eine Begriff die Negation des anderen noch dieser die Position von jenem. Was Freiheit, politisch gesehen, ist, läßt sich daher nur über einen *dritten* Begriff bestimmen, den das *Recht* an die Hand gibt. Es gehört zur Topik des Rechtsbegriffs, daß er Herrschaft nicht mehr transzendiert, sondern ihr *immanent* ist. Wir sprechen hier mit Kant von *transzendentalen Begriffen,* deren logische Funktion es ist, Begriffe, die sich wechselseitig auszuschließen scheinen, zum Zwecke der Ermöglichung von Erkenntnis miteinander zu verbinden. Im Falle des Rechts ist es die Vereinbarkeit von Herrschaft und Freiheit, der Kants Definition Rechnung trägt, wonach »Recht« mit der Befugnis zu *zwingen* verbunden ist. Der transzendentale Rechtsbegriff impliziert die Möglichkeit eines mit der Freiheit aller nach allgemeinen Gesetzen zusammenstimmenden, durchgängigen, wechselseitigen Zwangs.[10]

Es ist das jedem Menschen kraft seiner Menschheit zustehende *Recht auf Freiheit*, das ursprüngliche *Menschenrecht*, das als Unabhängigkeit von Herrschaft im Sinne eines einseitigen, auf bestimmte Klassen und Gruppen beschränkten, Zwangs verstanden werden muß. Die Berufung auf Freiheit findet nur dort einen Anhalt, wo diese als Recht positiviert wird. Der Positivierungsakt bleibt so lange faktisch oder ein Akt einseitigen Zwangs, wie das Gesetz ohne Freiheit konstituiert ist. Weil das Recht Bedingung der Wirklichkeit von politischer Freiheit ist, läßt sie sich nicht ausschließlich *negativ*, als Transzendieren von Herrschaft, bestimmen. Um wirklich und nicht nur in der Einbildung »frei« zu werden, muß jeder Bürger dazu berechtigt sein, sich in der ihm möglichen Freiheit auf das Gesetz seines Staats zu berufen. Die politische Freiheit ist andererseits auch nicht ausschließlich *positiv*, als bloße *Setzung*, zu bestimmen. Sie hat noch eine *Voraussetzung*, nämlich die, daß der Bürger das Recht hat, keinem anderen Gesetz zu folgen, als dem er selbst zugestimmt haben kann. Daß Gesetze *zustimmungsfähig* sind, ist das *formale Apriori der politischen Freiheit* – die Bedingung der Möglichkeit dafür, daß sie der Herrschaft immanent, d.h. zum *freien Rechtsstaat* konstituiert ist. Wir verstehen darunter den Begriff von einem Staat, der nicht Befreiung *verheißt*, sondern Freiheit durch Berufung auf Menschenrecht ermöglicht, im Unterschied zu allen Staatsgebilden, die Herrschaft menschenrechtswidrig ausüben, so daß »Herrschaftsfreiheit« notwendig ein Versprechen der Zukunft bleibt.

Die politische Freiheit, so hat sich aus unserer Analyse ergeben, setzt institutionelle Garantie des Menschenrechts und damit *Begrenzung von Herrschaft* voraus. In welchem Umfang sie begrenzt wird, ist der Konstitution des Staats, der Sprache seiner Verfassung zu entnehmen, die das Recht des Menschen *interpretiert*. Kein Staat kann dem Akt der Interpretation ausweichen. Er vollzieht ihn auch dann noch, wenn er um der Herrschaft willen die Berufbarkeit auf das Recht gar nicht erst als Gesetz positiviert – eine Situation, die angesichts des Menschenrechtskatalogs der Vereinten Nationen die Verfassungswirklichkeit fast aller heutigen Staaten, der westlich-liberalen ebenso wie der östlich-sozialistischen berührt. Das Menschenrecht wird zuletzt freilich nicht durch Gesetzestexte, sondern durch die *Tat* interpretiert. Paradigma einer Tatinterpretation ist das *Auswanderungsrecht.* Der Staat verdient erst dann den Namen »freier Rechtsstaat«, wenn er es verfasungsmäßig garantiert. Indem er seinen Bürgern die Möglichkeit der Freilassung einräumt, verzichtet der Staat auf zeitlich unbegrenzte, und das heißt: auf politisch-absolute Herrschaft. Das Recht auf Auswanderung entläßt den Bürger nicht in Herrschaftsfreiheit, sondern läßt ihn Herrschaft *frei wählen.* Die *Wählbarkeit von Herrschaft* ist das *materiale Apriori der politischen Freiheit* – die Bedingung der Möglichkeit dafür, daß sie rechtsstaatlich wirklich sein kann.

3. Transzendentale und kommunikative Freiheit: Das Problem des Freiseins

Reale Freiheit ist die politisch mögliche Realität der Freiheit, die der Staat in Gestalt von *Grundrechten* verwirklichen, d. h. garantieren muß. Was er damit als freier Rechtsstaat garantiert, ist eine *Pluralität von Freiheiten,* die vielfach *bedingt* sind. Ich meine damit nicht nur die subjektiv bedingte Temporalität unseres Begriffsgebrauchs, sondern objektive, nämlich *technische* und *ökonomische, institutionelle* und *anthropologische Bedingungen der realen Freiheit selbst,* die ihrerseits temporal strukturiert sind. So beziehen sich alle Grundrechtsgarantien auf Rechte, über die der Mensch frei *geworden* ist, die er geschichtlich *erwirbt* und deshalb auch wieder *verwirken* kann. Ihre Realität ist nicht gesichert, sondern hochgradig verletzlich, ja letztlich kontingent. Wie sie nach innen vom Wechsel der Generationen abhängt, so unterliegt sie nach außen der wechselnden Weltlage des Kampfes um die Erdherrschaft, dessen wirtschaftliche, militärische und ideologische Konstellationen sich ständig verschieben. Gibt es, im geschichtlichen Fluß der Weltbegebenheiten, einen festen Punkt, an dem der Begriff einen Anhalt finden könnte? Wenn die Realität der Freiheit zeitlich bedingt ist, läßt sich diese Frage nur im Rückgang auf ein Unbedingtes beantworten, das weder subjektiven noch objektiven Bedingungen der Zeit untersteht. Das Unbedingte, das nicht mehr in eine Begriffspluralität zerfällt, nennen wir *kommunikative Freiheit.* Sie ist die Freiheit, die nur im Singular vorkommt, da ihre Unbedingtheit im freien Verhalten des Menschen zu sich selbst als *Person* gründet, so daß wir auch von

personaler Freiheit sprechen dürfen. Wir verstehen darunter nicht den Inbegriff »persönlicher Freiheiten«[11], der sich immer nur auf ein empirisches Individuum beziehen kann, sondern den Begriff selbst: *die Freiheit in der Idee.* Im Unterschied zur realen Freiheit wird die kommunikative Freiheit nicht geschichtlich erworben, wie sie umgekehrt deren Verlust nicht zu beeinträchtigen braucht – obwohl sie es ist, die dem Kampf um Befreiung zugrunde liegt und ihm zuletzt die Orientierung gibt. Es ist die Freiheit, die kein Gesetz des Staates garantiert, die aber ebensowenig durch staatliche Gesetze aufhebbar ist. Während in der Sphäre des Politischen mit der Berufung auf Menschenrechte von »Rechtsfortschritt«, ja vielleicht sogar von einem geschichtlich fortschreitenden »Bewußtsein der Freiheit« (Hegel) die Rede sein kann, sind analoge Begriffsbildungen in dieser Sphäre nicht möglich. »Kommunikativer Fortschritt« ist eine *contradictio in adjecto,* da der Mensch als Person, unabhängig von politischen, sozialen und persönlichen Bedingtheiten, immer wieder von vorn, mit dem *Apriori freier Kommunikation* anzufangen hat.
Wer *frei zu werden* strebt – mit dieser These sei der Übergang zu der neuen Problemebene umrissen –, muß in gewisser Hinsicht schon *frei sein.* Sonst wäre »Befreiung« ein ebenso sinn- wie zielloser Prozeß. Die begriffsanalytisch notwendige Voraussetzung des »Freiseins« wurde bis in dieses Jahrhundert hinein mit dem ganz anderen, nämlich empirisch-anthropologischen Problem der *Willensfreiheit,* dem der Zeit nach bestimmten »Dasein« des menschlichen Willens verwechselt. Nach den Grundannahmen der neuzeitlichen Physik bedeutet »Dasein« soviel wie raum-zeitliche »Existenz«, weshalb die Freiheit als eine Natureigenschaft mißverstanden und unter dem Gesichtspunkt der kausalen Bestimmtheit des Naturgeschehens entweder indeterministisch bejaht oder deterministisch verneint wurde. Freiheit und Gesetzlichkeit – das ist die gemeinsame Prämisse der in der Neuzeit streitenden Parteien – sind miteinander unverträglich. Weil wir *wissen,* daß alles gesetzlich bestimmt wird, so schließt die eine Partei, ist die Behauptung der »Existenz« des »freien Willens« illusorisch; weil wir *wissen,* daß wir frei sind, so folgert die andere, ist der Determinismus falsch. Beide verwechseln die *theoretische* (metaphysische und/oder empirische) Fragen der *Willensfreiheit* mit dem moralisch-praktischen Problem von *personaler Freiheit inmitten der Bestimmtheit des Naturgeschehens.*

Determinismus wie Indeterminismus behaupten mehr, als wir wissen können. Daß alles mit Notwendigkeit geschieht, ist kein physikalischer Erfahrungssatz, sondern eine metaphysische Hypothese, die durch die moderne Physik als empirisch falsifiziert gelten darf. Es ist aber umgekehrt ebenso falsch, aus der notwendigen Unbestimmtheit gewisser quantenphysikalischer Sätze auf das Theorem der Willensfreiheit zu schließen. Seine Richtigkeit kann niemand mit empirisch-wissenschaftlichen Mitteln »beweisen«, d. h. theoretisch wissen, *was* Freiheit *ist.* Da das Freisein keine Eigenschaft von A darstellt, bleibt es das unbestimmte X, das der Indeterminismus folgerichtig als »Willkür« deutet. Obwohl danach keiner mehr zu wissen braucht, was er »will«, liegt der indeterministische Irrtum weniger an der Verwechslung dieses Begriffs mit dem der Freiheit. Er verdankt sich vielmehr dem Rückschluß von einer begrifflichen auf eine empirische, nämlich psychologische Unbestimmtheit, die dem menschlichen Sich-Entscheiden eignet. Nicht die indeterministische These: »A hat die Eigenschaft X«, sondern der ganz andere, nämlich moralisch-praktische Satz: »A ist sich gewiß, daß X« läßt sich mit Gründen verteidigen.

Um praktisch und nicht nur der Einbildung nach *frei zu sein,* müssen wir uns als *frei denken können.* Gerade diese Bedingung schließt der Indeterminismus aus. Bestünde das Freisein des Menschen tatsächlich in seiner »Willkür«, d. h. der gänzlichen Gesetzlosigkeit im Tun und Lassen, würde niemand mehr dessen gewiß sein, was er will; er »wüßte« lediglich, *daß* er will, – die rein aktivistische Entscheidungsgewißheit, die, für sich genommen, den festen Punkt verfehlt. Die Freiheit, so hat Kant aus der Undenkbarkeit des indeterministischen Ansatzes gefolgert, ist nicht Freiheit *von,* sondern *unter* Gesetzen, – einer Gesetzlichkeit, die den Willen erst als frei denken läßt. Freiheit und Gesetz sind, logisch betrachtet, nicht der *Art,* sondern dem *Grad* nach unterschieden: *Spezies innerhalb eines Genus.* Das Verhältnis von Gesetzlichkeit und Freiheit ist daher nicht das der wechselweisen Ausschließung, einer Alternative etwa des Typus: Wer nach Gesetzen handelt, handelt nicht frei; wer frei handelt, handelt gesetzlos. Was Freiheit *ist,* läßt sich nur im Blick auf den Gesetzesbegriff bestimmen – eine Bestimmung über ein und dasselbe Genus, das beiden immanent ist und gleichwohl alle generische Bestimmtheit der realen Begriffe von »Freiheit« und »Gesetz« überschreitet. Sie transzendiert mit der *natura generis* die zeitlichen Bedingungen der realen Freiheit, ohne ihren Ort in der für sich gesetzten Zeitlosigkeit eines Aspekts der Zeit, sei es der Transzendenz der Zukunft oder der Reszendenz der Vergangenheit, zu verlieren. Im Gegenteil: einen Anhalt gewinnt sie *inmitten* der Zeit, in der Immanenz praktischer Entscheidung, die sich immer nur gegenwärtig, im Schritt über das Vergangene zum Künftigen hinaus, vollzieht. In diesem Sinne sprechen wir von *transzendentaler Freiheit,* womit im Anschluß an Kant die »absolute Spontaneität der Handlung« bezeichnet sei,[12] die nach Kant allerdings die gänzliche Unabhängigkeit von der Zeitfolge und von der Natur überhaupt voraussetzt, ohne die ein anderes Genus für Gesetz und Freiheit nicht einmal *gedacht* werden könnte.

Die Alternative: Determinismus oder Indeterminismus löst sich schon im *Bewußtsein der realen Freiheit* auf. Ihr werden wir uns nicht durch die Unbestimmtheit des Wollen-Könnens, sondern dadurch gewiß, daß sich das Wollen an *Gesetzen* orientiert. Reale Freiheit ist *Handlungsfreiheit,* die uns die reale Gesetzlichkeit der Natur selbst einräumt. Um überhaupt etwas wollen zu können, müssen wir sie als »Dasein unter Gesetzen« denken. Das Gleiche trifft auf die *Gesetze des Staats* zu, mit deren Geltung vorausplanend gerechnet wird. Der realen Freiheit sind wir uns *pragmatisch gewiß* – eine notwendige, aber nicht hinreichende Bedingung des Freiseins, nach der wir uns *mit* der Ausweitung der Handlungsfreiheit immer mehr bedingen. Wer mit Umsicht und Selbstdisziplin alle möglichen Gesetze zum Zwecke seines Wollen-Könnens benutzt, mag sich darin noch so sehr als »emanzipiert« oder »befreit« wissen; er bleibt dennoch abhängig und unfrei, so lange er die gesetzliche Bedingtheit seines Tuns nicht in ein praktisch-unbedingtes Gesetz zurückzunehmen weiß.

Es ist die transzendentale Gesetzlichkeit des Wollens, der wir uns *kommunikativ gewiß* sind, mit Kant geredet: der Standpunkt der *Moralität,* auf dem wir den Begriff der Freiheit erst entdecken.[13] Leitfaden der Entdeckung ist das *moralische Werturteil,* das diese Gewißheit sprachlich artikuliert. In der Beurteilung von Handlungen nach den Prädikaten von »gut« und »böse« wird die generische Bestimmtheit der realen Freiheit überschritten. Immer dann, wenn wir von Handlungen sprechen, die »hätten geschehen sollen, ob sie gleich nicht geschehen sind«[14], denken wir uns dem Willen nach als frei. Dies ist das Urteilsfaktum der gemeinen

Menschenvernunft, das *Freiheit im kommunikativen Verstande* in sich einschließt. Kant hat hier von *praktischer Freiheit* gesprochen – ein Ausdruck, der in der kritischen Philosophie ursprünglich negativ, als »Unabhängigkeit der Willkür von der *Nötigung* durch Antriebe der Sinnlichkeit«, verstanden und von ihr aus diesem Vorverständnis, trotz späterer Korrektur,[15] niemals ganz herausgeführt worden ist. Wer moralisch beurteilt, muß notwendig sein empirisch bedingtes Dasein in der Zeit transzendieren; sonst wären die Urteilsprädikate »gut« und »böse« zeitlich bestimmbar, und wie könnte wohl das Tun des Guten jemals von Zeitterminen abhängig gedacht werden? Unter dem methodischen Gesichtspunkt, daß moralische Prädikate keine Anschauungsform zugrunde liegen haben, ist die These der ›Kritik der reinen Vernunft‹, wonach sich auf die transzendentale Idee der Freiheit der praktische Begriff derselben gründe,[16] sachlich ebenso gerechtfertigt wie die Zusatzthese der ›Kritik der praktischen Vernunft‹, die transzendentale Freiheit sei in der praktischen *realisiert,* d. h. erst ein positiv-gehaltvoller Gedanke.[17] Ungerechtfertigt ist nur die Einschränkung dieses Gedankens auf eine formale Gesetzlichkeit des Wollens, die der Grundformel des Kategorischen Imperativs das Gepräge gibt.

Wenn wir mit Kant den Kategorischen Imperativ als *Prinzip der Beurteilung von Handlungen* verstehen, erscheint die Einschränkung relativ unproblematisch, da der Imperativ: »Handle so, daß die Maxime deines Willens jederzeit als Prinzip einer allgemeinen Gesetzgebung gelten könne«[18], das Wollen lediglich als jenes X definiert, das einem moralischen Werturteil unterworfen, und das heißt: im praktisch-personalen Sinne als frei verstanden wird. Daß der Wille frei ist, ist das *formale Apriori kommunikativer Freiheit* – die Bedingung der Möglichkeit dafür, daß sich der Mensch *als Person begreift.* Die Problematik in der Kantischen »Auflösung des Problems der Freiheit«[19] entsteht erst dadurch, daß der im Grunde forensisch konzipierte Imperativ zugleich als *praktisches Entscheidungsprinzip* fungiert.

Als *Beurteilungsprinzip* setzt der Kategorische Imperativ neben der Identität der erkennenden und handelnden Person (a) die Isolierbarkeit einer Handlung (b) und deren (nachträgliche) Zuordnung zur Person voraus. Die transzendentale Freiheit wird hier grundsätzlich von der Idee der *Zurechenbarkeit* (Imputabilität) der Einzelhandlung her gedacht.[20] Als *Entscheidungsprinzip* bezieht er sich auf die Willensbildung derselben Person, die auf sich und ihre Maxime isoliert ist. Der kategorische Imperativ erscheint als die *unbedingte Form* gesetzlicher Willensbildung, in der sich der Handelnde in ein transzendental-praktisches Verhältnis zu sich als Person setzt, ohne daß der *Inhalt* dieser Form in seiner *Unbedingtheit* mitgedacht würde. Die Form der Willensbestimmung, in diesem Punkt ist Kants Ansatz unhintergehbar, ist sich hier ihr eigener Inhalt, denn es ist der personale Wille, der sich entscheidet. Was dabei ungedacht bleibt, ist das Implikat des Gesetzes, nämlich daß die Verallgemeinbarkeit der Maxime und die darauf begründete Entscheidung kommunikativ fundiert sein müssen, weil die kategorisch gebotene Gesetzlichkeit des Wollens eine Pluralität miteinander kommunizierender Personen impliziert und ohne diese ein sinnleerer Gedanke ist. Diese formal unableitbare Implikation nenne ich das *materiale Apriori der kommunikativen Freiheit.* Es ist die Bedingung der Möglichkeit dafür, daß transzendentale Freiheit interpersonal realisiert sein kann.

4. Freiheit, Zurechenbarkeit, Verantwortlichkeit

Wenn wir der Freiheit kommunikativ gewiß sind und diese Gewißheit, wie Kant treffend bemerkt hat, für uns sekundär, d. h. über das Werturteilsfaktum und zuletzt über das praktische Vernunftfaktum des Moralgesetzes vermittelt ist, stellt sich die Frage nach einem Primärbegriff. Kants Analytik, die sich am forensischen Paradigma des Urteils nach dem Gesetz orientiert, greift hier durchgehend auf den *Pflichtbegriff* zurück. Auf dem Standpunkt der Moralität ist das Verhältnis des Handelnden zum Gesetz subjektiv ein *Gefühl der Achtung*, objektiv der *Gedanke der Verpflichtung* – ein Drittes kennt Kant nicht. Das zwischen beiden die Mitte haltende Grundphänomen kommunikativer Freiheit ist die *Verantwortung.*

Obwohl der »höchste Punkt« der Kritik der praktischen Vernunft, in Analogie zu dem der theoretischen Vernunftkritik, das »intelligible Ich« ist, für welches die Erscheinung praktischer Freiheit nur seine Handlung sein kann, hat Kant diese Beschränkung immer wieder durchbrochen. Das klassische Beispiel dafür ist die Konkretisierung des Kategorischen Imperativs zu der Formel, so zu handeln, daß die Menschheit *sowohl* in der eigenen Person *als auch* in der Person eines jeden anderen jederzeit als Zweck, niemals bloß als Mittel gebraucht wird.[21] Daß in ihr mehr gedacht ist, als die Grundformel des Kategorischen Imperativs enthält, liegt auf der Hand. Aber es wird auf der Grundlage des »Sowohl-als-Auch« gedacht, so daß die transzendental geforderte Synthesis des personalen Verhältnisses zu sich selbst mit dem sozialen Verhalten zum Anderen eigentümlich in der Schwebe bleibt. Darin scheint mir das Motiv zu bestehen, das H. Krings, im Anschluß an Fichte (und Hegel), zu seinem Versuch einer Tieferlegung des Fundaments der praktischen Regel des Kategorischen Imperativs bewegt hat. Die Generierung der primären transzendentalen Regel vollzieht sich nach Krings im Akt der Selbstaffirmation praktischer Freiheit durch praktische Freiheit – nach der Formel, daß Freiheit sich dadurch konstituiert, daß Freiheit anerkannt wird.[22] Wenn ich richtig sehe, erweitert Krings, im Unterschied zu Fichte, damit nicht eigentlich den Kantischen Gedanken der (praktischen) Realisierung transzendentaler Freiheit um eine neue transzendentallogische Dimension. Er entfaltet vielmehr, was in diesem Gedanken verwickelt, ja in gewisser Hinsicht verdeckt ist: die *formale Begrifflichkeit der Verantwortung*.

Im Unterschied zum Pflichtbegriff, der stets einen Imperativ und damit ein »Du sollst« impliziert, erfaßt der Begriff der Verantwortung Verhältnisse der Gegenseitigkeit und wechselseitiger Beanspruchung, die uns als moralische Primärphänomene ursprünglich vertraut sind. Wer etwas »verantwortet«, tut dies gegenüber einem Anderen, der ihn dazu nicht eigens aufzufordern braucht, da man Verantwortung im allgemeinen nur dann »hat«, wenn man selbst auf etwas hin »in Anspruch genommen« wird. Es sind, mit einem Wort, *Erfordernisse kommunikativer Ordnung*,[23] die uns »beanspruchen« – Anforderungen der »Sache selbst«, über die keiner für sich, aber ebensowenig jemand für den anderen befinden kann.

»Verantwortung« ist ein kommunikativer Begriff, der ein Entsprechungsverhältnis von Personen und ihre Beanspruchung durch das Verhalten zu Sachen betrifft. »Verantwortlich« ist jemand, der irgendwelchen Anforderungen nicht »entspricht« und deshalb »Rede und Antwort« zu stehen hat. Wir »werden« für etwas verantwortlich gemacht, *wofür* wir es immer schon »sind«.

Was in der Rede von der Freiheit formal bleibt, erfährt nun seine materiale Erfüllung. Wie frei jemand ist, erfährt er daran, wofür er verantwortlich »erklärt« werden kann. Freiheit und Verantwortung sind Wechselbegriffe, deren letzterer den ersteren übergreift. Er bezeichnet eine dreistellige Relation: A ist verantwortlich *für* etwas, das er getan oder unterlassen hat, und zwar *vor* einem Anderen, der ihn dafür verantwortlich »machen« kann: »A ist B verantwortlich für Y«, V (A, B→Y). Das Verhältnis der Entsprechung gründet in der dem Menschen eigentümlichen Sprachlichkeit, die sich im Wechselspiel von *Anrede* und *Erwiderung* aufbaut. Im eigentlichen Sinne läßt sich nur der zum Anderen Sprechende *als verantwortlich* bestimmen. *Vor sich selbst* kann man nur in übertragener Bedeutung verantwortlich sein, da die Verantwortung wie das Reden gerade darauf beruht, daß man *sich selbst* wie einen *Anderen* zur Rede stellt. Paradigma dieser Relation ist wiederum das *Recht:* Jemand wird *vor* Gericht *für* etwas zur Verantwortung »gezogen«. *Verantworten* heißt daher, sich gegenüber einem Ankläger in Rede und Gegenrede *rechtfertigen* oder *verteidigen,* wobei auch eine andere Person (der »Anwalt«) »antworten« kann. Seine spezifisch moralische Ausdeutung erhält der Begriff in der christlichen Religion. Gott stellt den »schuldig« gewordenen Menschen »zur Rede«, der sich hier nur im Glauben »rechtfertigen« und so seiner *Verantwortlichkeit,* d. h. der *Möglichkeit* einer Verantwortung gegenüber Gott und den Mitmenschen, gewiß sein kann.[24]

5. Zurechnung und Verantwortlichkeit

Wer von »Verantwortung« redet, nimmt auf Normen und Werte Bezug. Er spricht über »Abweichungen« von Normen und »Verletzungen« von Grundwerten und damit – direkt oder indirekt – von *Schuld* und *Strafe.* Dieses Problem hat im *Grenzbereich zwischen Recht und Moral* seinen Ort, und je nach dem, ob oder wo man hier eine scharfe Grenze zieht, nimmt es eine andere Gestalt an. Die juristische Frage lautet, wer im gegebenen Fall zu *bestrafen,* und das heißt zugleich: »schuldig« sei. Der Begriff der Verantwortung wird damit von dem der *Zurechnung* her gedacht: *Wofür* jemand verantwortlich »ist«, sind *Handlungen* oder *Unterlassungen.* »A ist verantwortlich für Y« meint demnach soviel wie : »Y ist A zurechenbar«. Der Ausdruck »Zurechenbarkeit« ist freilich zweideutig.[25] Man kann darunter entweder das *Urteil des Richters* verstehen, der die Tat als Handlung dem Gesetz subsumiert und zum Täter »rechnet«, oder dessen *Verantwortlichkeit*, d.h. die *Möglichkeit der Verantwortung*, die seine (moralische) *Schuld* bezeichnet. Nach klassisch-juristischer Auffassung wird dabei von der Idee der Freiheit Gebrauch gemacht. Wer die Tat der Person zurechnet, »erklärt« sie für schuldig und dementsprechend für straffähig. Die Strafe beruht auf dem *Vergeltungsprinzip;* sie ist nicht nur »an sich gerecht«, sondern ein Recht des Schuldigen selbst, der darin seine »Freiheit« beweist. Im Unterschied dazu geht das neuere Strafrecht durchweg vom *Prinzip der »Vorbeugung«* und damit von einer streng deterministischen Interpretion des Zurechnungsbegriffs aus. Zwar ist auch hier unumstritten, daß die Praxis des Verantwortlich-Machens zur Einübung in soziales Verhalten unverzichtbar bleibt. Ihre Effektivität verdanke sich aber gerade der kausalen Determiniertheit des Handelns; zumindest »rechnet« jene Praxis mit einer solchen Determination (etwa durch Belohnung und Strafe), die ein »Motiv« dafür schaffen, sozial unerwünschte Handlungsweisen zu unterlassen, so daß sich als Umkehr des herkömmlichen Strafverständnisses ergibt: Frei ist, wer resozialisiert, d.h. mit Erfolg verantwortlich gemacht werden kann.

Die empirische Bestätigung für die Richtigkeit dieses Ansatzes, der sich in der Strafpraxis erst allmählich durchsetzt, bleibt noch abzuwarten. In konsequent-deterministischer Fassung führt er sich selbst ad absurdum. Wenn nämlich menschliches Verhalten *ausschließlich* über seine Folgen determiniert ist, läßt es sich nach dem System von Belohnung und Strafe von außen steuern. Der Mechanismus der Steuerung – eine »Verstärkung« sozial erwünschter mit entsprechender Schwächung sozial unerwünschter Eigenschaften des Menschen – macht Zuschreibung von Verantwortlichkeit weder mehr möglich noch nötig – eine Folgerung, die zwar nicht die Rechts-, aber die Verhaltenswissenschaft der jüngsten Zeit ausdrücklich gezogen hat.[26] An die Stelle der Idee der Verantwortung tritt das Faktum der »Kontrollierbarkeit« als technisch realisierte *Fremdbestimmung*, vor der die Ideen von Freiheit und Menschenwürde zum illusionären Schein vormoderner Gesellschaftsformationen herabsinken.

Wenn sich der Begriff weder aus dem traditionell-personalistischen Freiheitsverständnis noch aus Grundannahmen sozialer Determinierung widerspruchslos herleiten läßt, bleibt als Alternative zum kybernetischen Modell der Außenlenkung einzig das *Faktum der Resozialisation.* »Resozialisiert« ist jemand, der sich wiederum vor anderen »verantworten« und damit kommunikativ verhalten kann. Dabei besteht auch hier der Zirkel: Um verantwortlich zu »werden«, muß man es bereits »sein«. Tatsächlich bezieht sich die Praxis der Zuschreibung von »Verantwortlichkeit« nicht nur auf mögliche oder wirkliche Fälle von *Einzelhandlungen,* sondern auf *Lebensformen* mit einer Fülle recht unterschiedlicher Phänomene, die der strafrechtlich dominierende Sozialisationsbegriff nur unzureichend erfaßt. Umgangssprachlich artikulieren sie sich in Sätzen von *Lob* und *Tadel,* indem z. B. gesagt wird, A habe sich »verantwortungsvoll« verhalten oder vor einer Verantwortung »gedrückt«. Verantwortlich werden wir nicht nur *gemacht,* sondern wir *tragen* oder *übernehmen* »Verantwortung«. In diesem Sinne erstreckt sich der Begriff, über den Vergangenheitsaspekt der »Zurechnung« von Handlungen hinaus, auf künftiges *Handeln* im Sozialzusammenhang von *Institutionen.* Er hat demnach mit *Erwartungen* auf der Grundlage wechselseitiger *Beanspruchung* wie »Vereinbaren« und »Leisten«, »Versprechen« und »Erfüllen« zu tun.

6. Verantwortung als Grund der Freiheit

»Wofür« wir verantwortlich *sind,* das ergibt sich daraus, »woraufhin« wir beansprucht werden und so Verantwortung tragen. Man »ist« verantwortlich als jemand, der im Zusammenhang mit bestimmten Personen und Sachen für bestimmte Aufgaben »einzustehen« und »aufzukommen« hat, sei es als Arbeiter einer Fabrik, der ein Werkstück fertigen, als Beamter eines Ressorts, der Beschwerden erledigen, als Hundebesitzer, der für Schaden haften muß. »Unverantwortlich« handelt einer, der sich nicht sachlich verhält, sofern er sich von Aufgaben »beanspruchen« läßt, ohne sie erfüllen zu können, aber gleichwohl damit »durchzukommen« rechnet. »Verantwortungslos« verhält sich dagegen jemand, der die Wechselseitigkeit von Beanspruchungen und Erwartungen überhaupt nicht kennt, sich über Ansprüche anderer hinwegsetzt und so Verantwortlichkeit für die »Sache selbst« –

die Erhaltung kommunikativer Ordnungen unter Menschen – überspielt.[27] Der eigentliche Ort der Verantwortung, an dem die doppelte Relationalität des Begriffs zur Deckung gelangt, liegt in den *Institutionen des Miteinanderlebens,* die zugleich Vergemeinschaftungen von *Personen* und *Sachgemeinschaften,* d. h. durch Bedürfnisbefriedigung, Aufgabenteilung und reziproke Erwartungen definiert sind. Wer im Rahmen unterschiedlicher Institutionen handelt – und das ist bei jedermann der Fall –, von dem wird in verschiedener Weise erwartet, daß er bestimmten Anforderungen »genügt«. Verschiedenes »erwarten« heißt nicht nur damit zu »rechnen«, sondern indem man von »Verantwortlichkeit« spricht, »verlangt« man je anderes. Der Satz, A sei verantwortlich für Y, kann daher ganz Verschiedenes meinen,[28] etwa daß A seiner beruflichen Arbeit nachkommt (a), einen erteilten Auftrag ausführt (b), seiner Rolle als Vater oder Mutter, Bruder oder Freund gerecht wird (c), für Folgen seiner Handlungen einsteht (d) oder schließlich die kommunikative »Sache selbst«, die Bestanderhaltung und Fortentwicklung von Institutionen zur eigenen Sache machte.

Die den so Handelnden auszeichnende Verantwortlichkeit weist über ihn selbst als individuelle Person hinaus auf die Bedingungen der Möglichkeit kommunikativer Ordnungen, die geschichtlich über gemeinsame Teilnahme an der Praxis von Lebensformen vermittelt ist. Was jeder Mensch zu »verantworten« hat, sind die *Aufgaben,* die ihm das Angewiesensein auf den anderen in Familie und Betrieb, Verein und Gewerkschaft, Schule und Universität, Stadt und Staat, Partei und Kirche vorgibt; indem er sich ihnen »stellt«, »wird« er erst, im vollständigen Sinn dieses Wortes, »Person«. *Moralische* Verantwortlichkeit begründet sich *personal* und *sozial zugleich* und setzt so Zugehörigkeit zu Institutionen *voraus.* Sie »besteht« nicht in der Vorgegebenheit von »Ordnung«, sondern in der von ihr ermöglichten Kommunikation mit anderen. Der »Grund« einer je bestimmten Verantwortung liegt daher immer in der Achtung der Menschenwürde, die der Person und nicht der Institution »an sich« geschuldet ist. »Moralisch« ist die Übernahme von Verantwortung jedenfalls erst dann, wenn die Praxis einer Lebensform personale Teilnahme zuläßt, d. h. der Einzelne sich selbst *als verantwortlich* und in *diesem* Sinne *als frei weiß.*

Die Wirklichkeit der Verantwortung begründet zuletzt die dem

Menschen mögliche Freiheit. Ihr Sinn – »wozu« wir frei sind – ergibt sich daraus, wofür wir verantwortlich sind. Der Mensch ist nicht »zur Freiheit verurteilt«, wie der Existenzialismus der Nachkriegszeit meinte, wohl aber dazu, Verantwortung zu übernehmen. Ohne sie »gibt« es keine Freiheit, weil erst dann jemand frei »für sich« ist, wenn er es auch für andere sein kann. Wer Freiheit nur in der Unbedingtheit personaler Selbstverantwortung sucht, verzichtet darauf, nach der Bedingtheit der Situation und den Folgen seines Handelns zu fragen. Er zählt zu dem von Max Weber so genannten Typ des »Gesinnungsethikers«, der sich nur dafür verantwortlich weiß, »daß die Flamme der reinen Gesinnung, die Flamme z. B. des Protestes gegen die Ungerechtigkeit der sozialen Ordnung, nicht erlischt«[29], mag seine Protesthaltung sich auch in Taten des Gesinnungsterrorismus bis hin zur Zerstörung jeglicher Ordnung äußern. Der entgegengesetzte Typ des Verantwortungsethikers wird von M. Weber ausschließlich dem *politisch Handelnden* zugeordnet. Die von Weber vorausgesetzte Trennung von Moral und Politik läßt sich jedoch ebensowenig aufrechterhalten wie die Typisierung der moralischen Grundprobleme nach zweierlei »Ethiken«, einer *Ethik der Gesinnung* und einer *Verantwortungsethik* – als ob der Streit um die Begründung der ethischen Theorie in der Praxis durch die einschränkende Klausel zu schlichten sei, daß die eine Theorie nur für die Individuen der Klasse A, die andere für die der Klasse B gelte! Wer sich in seinem Handeln verantwortungsethisch orientiert, muß (wie selbst M. Weber einräumt)[30] nicht der Gesinnung ledig, und umgekehrt ein Gesinnungsethiker nicht bar jeder Verantwortung sein. Der Grundsatz: bei den Handlungen die Folgen zu verachten, so hat bereits Hegel notiert, und der andere: die Handlungen aus den Folgen beurteilen und sie zum Meßstab dessen zu machen, was recht und gut sei, ist gleichermaßen »abstrakter Verstand«[31]. Wer sich verantwortlich weiß, »hat« immer schon eine Gesinnung, die praktisch, d. h. in seinem Handeln *erscheint.*

Heidegger und der hermeneutische Weg zur praktischen Philosophie

I

Als Wilhelm Hennis Ende der 50er Jahre den Ort der Politik im Universitätsbetrieb der Nachkriegszeit zu bestimmen unternahm, schienen die Umstände einer solchen Ortsbestimmung nicht eben günstig. War doch dieses Lehrfach nach angelsächsischem Vorbild zur *Political Science* oder »Politologie« geworden, die sich an positivistischen Wissenschafts- und Methodenbegriffen orientierte. Gewiß: die Krisis des modernen Machtstaats und dessen Umschlag in ideokratische Herrschaftsformen machte eine Auseinandersetzung nötig. Aber worauf konnte sie sich stützen?

Da gab es einmal die Besinnung auf das Sein in der Zeit, den Ansatz von Heideggers Denken in der »Hermeneutik der Faktizität« des »Daseins«, dem es in seinem Sein um dieses Sein selbst geht, der trotz der längst vollzogenen »Kehre« zu einem geschichtlich vertieften Seinsverständnis dem Existenzialismus von Jaspers und Sartre allzu nahe schien. Und es gab die Besinnung auf den Sinn für das Tunliche in der praktischen Philosophie, die Aufnahme und Verwandlung dieses Ansatzes durch den neuhumanistisch geprägten Aristotelismus von J. Ritter und L. Strauss, der im Bannkreis von Dilthey der Tradition der Geistesgeschichte verhaftet blieb. Dazwischen dann die Bücher der großen Brükkenbauer unter den Heidegger-Schülern, die etwa gleichzeitig mit Hennis' Buch erschienen: Hannah Arendts *Vita activa* (1960) und Hans-Georg Gadamers *Wahrheit und Methode* (1960).

Es ist hier nicht der Ort, diese Positionen im Hintergrund von Hennis' Werk zu vermessen. Aber es dürfte unschwer auszuloten sein, daß ihnen, wie verschieden auch immer, die von Heidegger in der Zeit nach dem 1. Weltkrieg vollzogene Wende zu einer »von unten anfangenden Phänomenologie« am Leitfaden des *Logos* der *Praxis* den Boden bereitet hat. Ihre Spuren hatten sich freilich inzwischen verwischt; und sie waren schon in ›Sein und Zeit‹ kaum noch zu erkennen.[1] So mag es sich erklären, daß Heideggers Name und der von Gadamer (dessen Hauptwerk damals freilich noch nicht vorlag) in Hennis' Programmschrift nicht genannt werden. Immerhin erscheint es mir bemerkenswert, mit welchem Engagement Hennis' Versuch zur »Rekonstruktion der politischen Wissenschaft« gerade von den emigrierten Heidegger-Schülern Helmut Kuhn und Ludwig Landgrebe aufgenommen worden ist, die darin einen ersten Schritt auf dem Weg zur Sinnbestimmung der Politik aus dem Geist der praktischen Philosophie erblickten.[2]

Worauf sich dieses Engagement gründete, davon dämmerte mir einiges, als Gadamer zu Anfang der 60er Jahre Wilhelm Hennis zum Vortrag nach Heidelberg einlud. So mag es erlaubt sein, mit einer persönlichen Erinnerung zu beginnen. Hennis sprach über zurückliegende Totalisierungen des Politischen und suchte zu begründen, warum die moderne Deutung der Wahl einer Herrschaftsform als dezisionistischer Option zugunsten eines sich faktisch durchsetzenden Machtwillens das für die Verfassungstheorie Entscheidende verdeckt: daß eine solche Wahl doch nicht nur »Entschluß« sei, sondern ein Urteil und Schluß sein müsse. Und dafür sind Prämissen anzunehmen, Gesichtspunkte des Erwägens und Abwägens faktischer Möglichkeiten, die seit alters die Topik an die Hand gibt, die Aristotelische Lehre vom Finden solcher Richtpunkte für die Betätigung der Urteilskraft als einem Kernstück der Politik. An der Diskussion nahmen der greise Erich Kaufmann und Karl Löwith teil, beide der Dezisionismus-Kritik lebhaft zustimmend, die Löwith selbst während der Emigration mit Seitenblicken auf die Faktizität des zu sich selbst entschlossenen Daseins am Beispiel von Carl Schmitt ausgetragen hatte,[3] während Gadamer darauf bestand, daß dem Entschluß nicht nur die Tätigkeit der Urteilskraft vorhergehe. Die Kraft zu urteilen bedürfe eines »mittleren Vermögens« zwischen Topik und Politik, das nicht, wie Hennis voraussetzte, die Dialektik sein könne; jedenfalls nicht in jener Gestalt eines bloß meinungsmäßigen Wissens vom Wahrscheinlichen, das Hennis mit der Topik als einer »Techne des Problemdenkens« verband. Die Urteilskraft müsse noch eine andere Quelle haben, aus der sie schöpft.

Daß Gadamer die hermeneutische Aufgabe der Konkretisierung allgemeiner Gesichtspunkte im Falle ihrer Anwendung und dahinter das praktische Wissen meinte, die Einholung der *Phronesis* als eigener Weise der Seinsbesinnung »zwischen« *Techne* und *Wissenschaft* in die Philosophie, das konnte man sich damals am

Aristoteles-Kapitel von ›Wahrheit und Methode‹ zurechtlegen. Und ähnlich hatte es ja auch Hennis mit sicherem Gespür für geschichtliche Zusammenhänge gesehen, als er unter Berufung auf Aristoteles festhielt, im Bereich der »Humaniora« gehe es »nicht um schlichtes Verstehen – etwa gar um werturteilsfreies Verstehen – sondern um Verständnis, das in der Lage ist, der Lebensführung zu nützen, sie zu unterstützen«.[4] Das erklärte Gadamers Interesse an Hennis. Um so unklarer blieb die Berufung auf die hermeneutische Aktualität des Aristoteles im Gedankenzug seines Hauptwerks und der Wegbahnung durch Heideggers Denken.

Es hat Gadamer wenig geholfen, daß er nachträglich auf die Verbindung der Struktur des hermeneutischen Vorgangs mit der Aristotelischen Analyse der *Phronesis* hinwies und darauf aufmerksam machte, daß er damit im Grunde nur eine Linie weiterverfolge, die der junge Heidegger schon in seinen frühen Freiburger Jahren mit dem Programm einer »Hermeneutik der Faktizität« gezogen hatte.[5] Eine vorläufige Klärung brachte der Beitrag über »Hermeneutik als praktische Philosophie«, den Gadamer dem ersten Band des von mir herausgegebenen Sammelwerks zur ›Rehabilitierung der praktischen Philosophie‹ anvertraute. Aber Klarheit über das »Als« dieser Entsprechung im Zusammenhang seines Denkwegs mit dem von Heidegger bringt erst die jetzt erscheinende Werk-Ausgabe, die uns die Linien markiert und überschaubar macht.

Diese Zusammenhänge sind in der Rezeption von ›Wahrheit und Methode‹ nur unterschwellig zur Geltung gekommen. Ja, selbst den späteren Hinweisen auf Heideggers frühe Lehrtätigkeit ist man Gadamer lange nicht gefolgt,[6] obwohl ihre Einflüsse auf seine Schleiermacher- und Dilthey-Kritik, den Absprung vom ästhetisch-historischen Bewußtsein und überhaupt auf die Ausarbeitung der hermeneutischen Situation des Verstehens in diesem Werk unverkennbar sind. Und das Kapitel über die hermeneutische Aktualität des Aristoteles liest sich im Horizont unserer gegenwärtigen Erfahrung wie die direkte Weiterführung jener geschichtlich folgenreichen Aristoteles-Interpretation, die Heidegger auf seinem Weg abgebrochen oder doch in anderer Gedankenführung ausgezogen hat. So ist es an der Zeit, das Dunkel zu lichten, das die Rehabilitierung der alten Disziplin der praktischen Philosophie umgibt. Hennis beurteilt sie als eine der bemerkenswerten Leistungen der deutschen Gegenwartsphilosophie. Wenn eine Fachwissenschaft davon hätte profitieren können, heißt es im Vorwort zur 2. Auflage seiner Programmschrift, »so die politische. Heute sieht es so aus, als ob wieder erst auf dem Umweg über Amerika, wo sich der Staub der Irrelevanz über die ›approaches‹ von gestern legt, auch die deutsche politische Wissenschaft Anschluß an diese Diskussion gewinnen wird«.[7]

Hennis' Ahnungen haben sich durch die inzwischen erfolgte Selbstauflösung des »analytical approach« in Amerika erfüllt.[8] Sie hat eine breite Resonanz von Heideggers und Gadamers Werk in der angelsächsischen Welt zur Folge, mit Auswirkungen auf die Idee einer neuen Weltphilosophie unter dem Primat der hermeneutischen Vernunft, die im einzelnen schwer zu überblicken sind. Das braucht uns an dieser Stelle nicht weiter zu interessieren. Unser Augenmerk richtet sich auf die Anfänge des Programms einer »Hermeneutik der Faktizität«, womit, bei Lichte besehen, die Vorgeschichte der »Rehabilitierung der praktischen Philosophie« in unserem Jahrhundert beginnt.

Die Anfänge sind unvollständig dokumentiert. Seit der kürzlich erfolgten Drucklegung der ›Phänomenologischen Interpretationen zu Aristoteles‹ (1921/22) ist uns wenigstens der Ausgangspunkt klarer geworden, das Zeugnis dafür, daß sich Heidegger, nach der Auseinandersetzung mit Augustin und dem Neuplatonismus im Umkreis einer Phänomenologie der Religion, den Themen der praktischen Philosophie zuwendet.[9] Und seit kurzem kennen wir die Studie über ›Praktisches Wissen‹, das früheste Fazit, das Gadamer aus dieser Zuwendung für den eigenen Denkweg gezogen hat.[10] Dazu gibt es die wachsende Reihe der Marburger Vorlesungen, die uns die Wege zu ›Sein und Zeit‹ genauer überblicken lassen. Und wie viele Linien in diesem Werk zusammenlaufen, davon wissen wir dank der Berichte von Gadamer Genaueres, des Zeugen, der im Mitgehen auf Heideggers Wegen zugleich Rechenschaft vor sich selbst abgelegt hat.

Mit einer Arbeit über Plato bei Paul Natorp promoviert (1922), war Gadamer durch dessen damalige Zurücknahme der Deutung der Platonischen Ideen als methodischer Voraussetzungen zugunsten des Voraus-*seins* der Einheit des Einen, Urkonkreten, das aller Ideenvielfalt zugrunde liegt, auf die Begegnung mit Heidegger vorbereitet. Natorps Buch über ›Platos Ideenlehre‹ (1903)

Suhrkamp Wissenschaft

1988

PHILOSOPHIE

Karl-Otto Apel
Diskurs und Verantwortung
Das Problem des Übergangs zur postkonventionellen Moral
Etwa 480 Seiten. Leinen.
ca. DM 68,– [57924] (Okt. 88)

Johann P. Arnason
Praxis und Interpretation
Sozialphilosophische Studien
344 Seiten. Gebunden.
DM 48,– [57836]

Hans Blumenberg
Die Legitimität der Neuzeit
Erneuerte Ausgabe
707 Seiten. Leinen.
DM 92,– [57837] (Sept. 88)

Gernot Böhme
Der Typ Sokrates
Etwa 240 Seiten. Gebunden.
DM 32,– [57925] (Sept. 88)

Jacques Derrida
Vom Geist
Heidegger und die Frage
Übersetzt von
Alexander G. Düttmann
Etwa 200 Seiten. Gebunden.
DM 32,– [57937] (Nov. 88)

Über Ernst Cassirers Philosophie der symbolischen Formen
Herausgegeben von
Hans-Jürg Braun, Helmut Holzhey und Ernst Wolfgang Orth
stw 705. 305 Seiten. DM 20,–
[28305] Erstausgabe

Michael Dummett
Ursprünge der analytischen Philosophie
Übersetzt von Joachim Schulte
200 Seiten. Gebunden.
DM 32,– [57894]

Jon Elster
Logik und Gesellschaft
Widersprüche und mögliche Welten
Übersetzt von Walter Rosenthal
WSA. 406 Seiten. Kartoniert.
DM 32,– [57941] (Sept. 88)

Philipp Frank
Das Kausalgesetz und seine Grenzen
Herausgegeben von
Anne J. Kox
stw 734. 358 Seiten. DM 24,–
[28334]

Nelson Goodman
Tatsache, Fiktion, Voraussage
Übersetzt von
Hermann Vetter
stw 732. Etwa 170 Seiten.
ca. DM 16,– [28332] (Dez. 88)

Einführung in die »Arbeitsteilung« von Emile Durkheim
Etwa 544 Seiten. Leinen.
DM 60,– [57895] (Sept. 88)

S.N. Eisenstadt
Tradition, Wandel und Modernität
Übersetzt von Suzanne Heintz
WSA. 1988. 419 Seiten.
DM 28,– [57901]

Exil, Wissenschaft, Identität
Die Emigration deutscher Sozialwissenschaftler 1933–1945
Herausgegeben von Ilja Srubar
stw 702. 383 Seiten.
DM 24,– [28302]
Erstausgabe

Klaus Eder
Die Vergesellschaftung der Natur
Studien zur sozialen Evolution der praktischen Vernunft
stw 714. 434 Seiten.
DM 24,– [28314]
Erstausgabe

Norbert Elias
Über die Zeit
Herausgegeben von Michael Schröter
stw 756. Etwa 198 Seiten.
ca. DM 16,– [28356] (Dez. 88)

Helmut Fend
Sozialgeschichte des Aufwachsens
Bedingungen des Aufwachsens und Jugendgestalten im zwanzigsten Jahrhundert
stw 693. 321 Seiten.
DM 22,– [28293]
Erstausgabe

Adam Ferguson
Versuch über die Geschichte der bürgerlichen Gesellschaft
Herausgegeben und eingeleitet von Zwi Batscha und Hans Medick
Übersetzt von Hans Medick
stw 739. 472 Seiten.
ca. DM 28,– [28339] (Aug. 88)

Frauensituation
Veränderungen in den letzten zwanzig Jahren
Herausgegeben von Uta Gerhardt und Yvonne Schütze
stw 726. 293 Seiten.
DM 20,– [28326]
Erstausgabe

Horst-Volker Krumrey
Entwicklungsstrukturen von Verhaltensstandarden
Eine soziologische Prozeßanalyse auf der Grundlage deutscher Anstands- und Manierenbücher von 1870 bis 1970
WSA. 724 Seiten.
Gebunden. DM 38,–
[57942] (Sept. 88)

Niklas Luhmann
Die Wirtschaft der Gesellschaft
Etwa 320 Seiten. Leinen.
ca. DM 40,– [57883]
(Okt. 88)

Niklas Luhmann / Karl Eberhard Schorr
Reflexionsprobleme im Erziehungssystem
stw 740. Etwa 380 Seiten.
ca. DM 20,– [28340] (Okt. 88)

Richard Münch
Theorie des Handelns
Zur Rekonstruktion der Beiträge von Talcott Parsons, Emile Durkheim und Max Weber
stw 704. 693 Seiten.
DM 30,– [28304]

Darcy Ribeiro
Amerika und die Zivilisation
Die Ursachen der ungleichen Entwicklung der amerikanischen Völker
Aus dem Portugiesischen von Manfred Wöhlke
WSA. 686 Seiten.
DM 42,– [57903]

Wolfgang Schluchter
Religion und Lebensführung
Band 1:
Studien zu Max Webers Kultur- und Werttheorie
Etwa 340 Seiten. Leinen.
ca. DM 48,– [57944]
Band 2:
Studien zu Max Webers Religions- und Herrschaftssoziologie
Etwa 560 Seiten. Leinen.
ca. DM 64,– [57945]
2 Bände zus. DM 98,–
[57934] (Nov. 88)

Simmel und die frühen Soziologen
Nähe und Distanz zu Durkheim, Tönnies und Max Weber
Herausgegeben von Otthein Rammstedt
stw 736. Etwa 280 Seiten.
ca. DM 24,– [28336]
(Sept. 88) Erstausgabe

Ilja Srubar
Kosmion
Die Genese der praktischen Lebenswelttheorie von Alfred Schütz und ihr anthropologischer Hintergrund
350 Seiten. Kartoniert.
DM 38,– [57891]

Technik im Alltag
Herausgegeben von Bernward Joerges
stw 755. Etwa 220 Seiten.
ca. DM 18,– [28355]
(Okt. 88) Erstausgabe

Band 9:
Fälle und Probleme
Klinische Vorstellungen
Bearbeitet von
Peter Achilles, Martin
Schrenk,
unter Mitwirkung von
Dieter Janz. Mechthilde
Kütemeyer,
Wilhelm Rimpau, Walter
Schindler
Etwa 750 Seiten. Leinen.
ca. DM 98,– [57797]
Subskription: ca. DM 88,–
Kartoniert. ca. DM 78,–
[57795]
Subskription: ca. DM 70,–
(Okt. 88)

EVOLUTIONSTHEORIE, ETHNOLOGIE, KULTURGESCHICHTE, RELIGIONSWISSENSCHAFT

Mary Douglas
Reinheit und Gefährdung
Eine Studie zu Vorstellungen
von Verunreinigung und Tabu
Übersetzt von Brigitte Luchesi
stw 712. 242 Seiten.
DM 18,– [28312]

Edward E. Evans-Pritchard
Hexerei, Orakel und Magie bei den Zande
Von Eva Gillies gekürzte und
eingeleitete Ausgabe
Übersetzt von Brigitte Luchesi
stw 721. 386 Seiten.
DM 22,– [28321]

Clifford Geertz
Religiöse Entwicklungen im Islam
Beobachtet in Marokko und
Indonesien
Übersetzt von Brigitte Luchesi
Mit einem Essay von
Bassam Tibi
206 Seiten. Gebunden.
DM 36,– [57896]

Kultur und Gedächtnis
Herausgegeben von Jan
Assmann und Tonio Hölscher
stw 724. Etwa 320 Seiten.
ca. DM 22,– [28324]
(Aug. 88) Erstausgabe

André Leroi-Gourhan
Hand und Wort
Die Evolution von Technik,
Sprache und Kunst
Mit 153 Zeichnungen des
Autors
Übersetzt von Michael
Bischoff
stw 700. 532 Seiten.
DM 28,– [28300]

Michael Oppitz
Frau für Fron
Die Dreierallianz bei den
Magar West-Nepals
stw 731. 110 Seiten.
DM 14,– [28331]
Erstausgabe

menschliche Weise lebendig zu sein
Etwa 500 Seiten. Leinen.
ca. DM 48,– [57932] (Nov. 88)

Manfred Riedel
Für eine zweite Philosophie
stw 720. Etwa 220 Seiten.
ca. DM 22,– [28320] (Okt. 88)
Erstausgabe

Wilhelm Schmidt-Biggemann
Theodizee und Tatsachen
Das philosophische Profil der deutschen Aufklärung
stw 722. 289 Seiten.
DM 20,– [28322] Erstausgabe

Manfred Sommer
Identität im Übergang: Kant
stw 751. Etwa 200 Seiten.
ca. DM 18,– [28351] (Sept. 88)
Erstausgabe

Charles Taylor
Negative Freiheit?
Zur Kritik des neuzeitlichen Individualismus
Übersetzt von Hermann Kocyba. Mit einem Nachwort von Axel Honneth
320 Seiten. Gebunden.
DM 56,– [57900]

Technikbewertung
Philosophische und psychologische Perspektiven
Herausgegeben von Walter Bungard und Hans Lenk
stw 684. 383 Seiten.
DM 24,– [28284] Erstausgabe

Alfred North Whitehead
Wissenschaft und moderne Welt
Übersetzt von Hans Günter Holl
stw 753. Etwa 260 Seiten.
ca. DM 16,– [28353] (Nov. 88)

Ludwig Wittgenstein
Vorlesungen 1930–1935
Cambridge 1930–1932
Aus den Aufzeichnungen von John King und Desmond Lee
Herausgegeben von Desmond Lee
Cambridge 1932–1935
Aus den Aufzeichnungen von Alice Ambrose und Margaret Macdonald. Herausgegeben von Alice Ambrose
Übersetzt von Joachim Schulte.
WSA. 452 Seiten. DM 28,– [57904]

Zerstörung des moralischen Selbstbewußtseins – Chance oder Gefährdung?
Praktische Philosophie in Deutschland nach dem Nationalsozialismus
Herausgegeben vom Forum für Philosophie Bad Homburg
stw 752. Etwa 320 Seiten.
ca. DM 22,– [28352] (Okt. 88)
Erstausgabe

Jürgen Habermas
Nachmetaphysisches Denken
Philosophische Aufsätze
Etwa 300 Seiten. Leinen.
ca. DM 48,– [57928]
Kartoniert. ca. DM 32,–
[57930] (Sept. 88)

Jürgen Habermas
Der philosophische Diskurs der Moderne
Zwölf Vorlesungen
stw 749. Etwa 450 Seiten.
ca. DM 24,– [28349] (Sept. 88)

Hans Hahn
Empirismus, Logik, Mathematik
Mit einer Einleitung
von Karl Menger
Herausgegen von Brian
McGuinness
stw 645. 179 Seiten.
DM 16,– [28245]

Heiner Hastedt
Das Leib-Seele-Problem
Zwischen Naturwissenschaft
des Geistes und kultureller
Eindimensionalität
Etwa 340 Seiten. Gebunden.
ca. DM 42,– [57931] (Okt. 88)

Heidegger und die praktische Philosophie
Herausgegeben von
Annemarie Gethmann-Siefert
und Otto Pöggeler
stw 694. 395 Seiten. DM 24,–
[28294] Erstausgabe

Kants transzendentale Deduktion und die Möglichkeit von Transzendentalphilosophie
Herausgegeben vom Forum
für Philosophie, Bad Homburg
Siegfried Blasche, Wolfgang R.
Köhler, Wolfgang Kuhlmann
und Peter Rohs
stw 723. 326 Seiten. DM 24,–
[28323] Erstausgabe

Edmund Leites
Puritanisches Gewissen und moderne Sexualität
Übersetzt von Friedrich Griese
Etwa 240 Seiten. Gebunden.
ca. DM 36,– [57938] (Okt. 88)

Brian McGuinness
Wittgensteins frühe Jahre
Übersetzt von Joachim Schulte
Etwa 500 Seiten. Leinen.
ca. DM 78,– [57939] (Nov. 88)

Barbara Merker
Selbsttäuschung und Selbsterkenntnis
Zu Heideggers Transformation
der Phänomenologie Husserls
299 Seiten. Gebunden.
DM 44,– [57890]

Heinrich Niehues-Pröbsting
Der Kynismus des Diogenes und der Begriff des Zynismus
stw 713. 389 Seiten.
DM 24,– [28313]

Ulrich Pothast
Philosophisches Buch
Schrift unter der aus
der Entfernung leitenden
Frage, was es heißt, auf

Abkürzungen: stw = suhrkamp taschenbücher wissenschaft, WSA = Wissenschaftliche Sonderausgabe.
Suhrkamp Verlag, Lindenstraße, Suhrkamp Haus, 6000 Frankfurt/M. 1
Preisänderungen vorbehalten.
Redaktionsschluß: 1. August 1988 (99201)

hatte Heidegger die Grenzen des neukantianischen Methodengedankens der Konstitution in seiner Ausdehnung auf die Geschichte vor Augen geführt, ein Berührungspunkt des Lehrers mit dem Schüler, der in der Tiefe den Gedankenweg vorprägt. Heidegger erkennt die Grenzen der von Natorp anvisierten »Logizität« des Individuellen – daß der absoluten Gesetzlichkeit des Bewußtseins gerade dann, wenn sie die letzthinnige Individualbestimmung noch für die ethische und religiöse Sphäre gewährleisten soll, das originär Platonische Erkenntnisproblem der *Teilhabe* (μέθεξις) des Individuellen am Allgemeinen entfallen muß. In gewisser Hinsicht fällt es mit dem der *Mitteilung* zusammen, und das heißt zugleich: der Auslegung geschichtlich überlieferter Philosophie. Es stellt sich in aller Schärfe, wenn anerkannt wird, daß das »Erkenntnisproblem« bei den Griechen keinem »Faktum der Wissenschaft«, sondern dem »konkreten Erfahren des faktischen Lebens« erwächst.[11]

Im Ausgang von der faktischen Lebenserfahrung den »Vollsinn eines Phänomens« phänomenologisch auszuweisen und zur Sprache zu bringen, das ist das Programm der Vorlesung über: ›Ontologie-Hermeneutik der Faktizität‹ (1923), das Gadamers Denken in Bewegung gebracht hat. Allerdings: diese Hermeneutik grenzt sich nicht nur vom Neukantianismus und der Wertphilosophie, sondern von der neuhegelianischen Dialektik und Lebensphilosophie ab, von Diltheys Versuch, die traditionelle Kunstlehre der Auslegung von Texten parallel zur Methode der naturwissenschaftlichen Erklärung nach Gesetzen zum Organon des Verstehens von Lebensäußerungen in den Geisteswissenschaften zu machen. Sie schließt sich an kein »Faktum der Wissenschaft«, sondern an die ursprünglich phänomenologisch erfahrene *Faktizität* der Selbsthabe des Lebens in der Welt an, das hier und jetzt in eine *Umwelt* hineinlebt, eine *Mitwelt* mit anderen teilt und sich in der »Bekümmerung« um sich selbst auf die je eigene *Selbstwelt* richtet.[12]

In dieser dreifachen Richtung wandelt sich der intentionale Bewußtseinsakt, Husserls Leitfaden phänomenologischer Konstitutionsforschung, zur faktischen Intentionalität des »Selbst« in seinem Verhältnis zur »Welt«, das Heidegger in der Dreiheit von *Vollzugs-*, *Bezugs-* und *Gehaltssinn* konstituiert sieht. Mit der »existenziellen« Ausrichtung des Konstitutionsproblems auf das Leben in der Selbstbekümmerung erscheint gegenüber dem intentionalen Gehaltssinn der *Vollzugssinn* als vorherrschend. Und so verwandelt sich die Intentionalitätstheorie noch einmal, weil Heidegger die Selbsthabe des Lebens in der Welt, nach der von Dilthey notierten, aber bald wieder verdeckten Konnotation mit *Praxis*,[13] als *gerichtetes Sichverhalten* bestimmt. In der Spannung von Selbsthabe und Sichverhalten meint *Faktizität* den »Seinscharakter des eigenen Daseins«, die je eigene *Teilhabe* an der Lebenspraxis, die nach ihrem Bezugs- und Gehaltssinn verstanden und ausgelegt werden muß. *Hermeneutik* ist dann die ausgezeichnete Weise der Interpretation von Faktizität, die von Heidegger nicht mehr als »Lehre von der Auslegung, vielmehr als auslegendes Mitteilen« verstanden wird.[14]

Es handelt sich darum, das »jeweils eigene Dasein in seinem Seinscharakter am Dasein selbst zugänglich zu machen«. Der Zugang erfolgt über das auslegende Verhalten, ein Verhältnis der Mitteilung und Teilhabe, das sich prinzipiell vom Auslegen des Fremden (von Texten, Traditionen, Kulturen) unterscheidet. Das auslegende Mitteilen folgt dem Verstehen nicht nach, sondern *ist* »ein mögliches ausgezeichnetes Wie des Seinscharakters des faktischen Lebens selbst«. Hermeneutik ist gleichsam das »Wesen« des Faktums »Leben«, das sich auslegend verhält. So wie es Gadamer unlängst noch einmal erinnert hat: »Auslegung ... geht hier offenbar nicht auf etwas, was dadurch zum Gegenstand wird. Hermeneutik der Faktizität ist also ein genetivus subjectivus. Die Faktizität legt sich selbst in die Auslegung hinein. Faktizität, die sich selbst auslegt, trägt nicht auslegende Begriffe an sich heran, sondern ist eine Art des begrifflichen Sprechens, das seinen Ursprung und damit seinen eigenen Lebensatem festhalten will, wenn es in die Form der theoretischen Aussage übertragen wird«.[15]

Diesen Grundzug hat Heidegger anfänglich das »Wachsein des Daseins für sich selbst« genannt, das in der Haltung des Sichbekümmerns das Dunkel der Existenz in der Welt zu erhellen sucht: die »eigene (eigenste) Möglichkeit seiner selbst, die jedes Dasein als solches ist«. Darin klingt der Kierkegaard-Ton aus dem Umkreis der Kritik an Karl Jaspers' ›Psychologie der Weltanschauungen‹ (1919/20) an, der bis hin zu ›Sein und Zeit‹ nachhallt: »Von der Existenz her und auf sie hin wird die Existenz ausgelegt«. Aber schon hier hält Heidegger gegenüber dem existenziellen Pathos fest, worin der Ursprung des auslegenden Mitteilens besteht – daß er als das »volle Erfahren in seinem eigentlichen faktischen Vollzugszusammenhang im historisch existierenden Selbst« aufgesucht und bestimmt werden muß.[16] Im Vollzugszusammenhang von Geschichtlichkeit und Faktizität verhält sich die Existenz weder nur zu sich selbst, in der Nachfolge neuzeitlicher Subjektphilosophie, noch ist das Verstehen eine Verhaltensweise unter anderen. Es ist die Weise ihres »Seins in der Welt«, zu der sie sich in der Grundbewegtheit des auslegenden Mitteilens verhält. Verstehen und Auslegung sind, nach dem ontologischen Ansatz der »Hermeneutik der Faktizität«, *Seinsweisen des In-der-Welt-Seins,* die in dieser universalen Reichweite nicht von Kierkegaard, sondern von Aristoteles her zur Sprache gebracht werden.

Das ist im allgemeinen bekannt und belegt durch die der ontologischen Kategorienlehre nachgebildete Rede von *Existenzialien,* Seinscharakteren der Faktizität, die bei ihrer ersten Einführung als »Weisen des Umgangs des Daseins mit sich selbst« bezeichnet werden. Und dazu gehört von Anbeginn die *Zeitlichkeit,* die Heidegger, nach der Überwindung der Phase der »existenziellen« Interpretation urchristlicher Zeiterfahrung, mit Aristoteles als Zeit des *Handelns* (καιρός) versteht. Die Existenzialien der Zeit, des Geredes, des »Man« sind nicht einfach Abwandlungen der Aristotelischen Seinsweisen des »Was« und »Wesens« durch die Kategorien (des »Wann« und »Wo«, des »Tuns«, des »Leidens«, des »Habens«), sondern »Weisen *zu sein*«, Explikationen von *Verhaltensweisen,* die eher auf eine *Kategorienlehre des Gebrauchswissens* hindeuten und *praxeologisch* fundiert sind. Nicht bekannt und bedacht sind die ursprünglich *ethischen* Voraussetzungen, die der *Ansatz* jener Lehre enthält. Wir vergegenwärtigen sie uns, indem wir hinter die »Hermeneutik der Faktizität« auf das Ethos der »Selbstbekümmerung« zurückgehen, das dieses Programm einer Zurückgewinnung der verlorenen Selbstheit des faktisch-geschichtlichen Lebens trägt.[17]

Es hängt aufs engste zusammen mit der Problematik der »hermeneutischen Situation«, der Einsicht in die Grenzen des neukantianischen Methodengedankens für die Auslegung geschichtlich überlieferter Philosophie, die Heidegger an der »Marburger« Plato-Deutung aufgegangen war, aber nun im latenten Blick auf Husserls Lehre vom Aufbau der Erkenntnis durch die Intentionalität von Bewußtseinsakten entfaltet. Alle »selbstweltlich«

nicht bekümmerte Leistung eines transzendentalen Subjekts, so hatte Heidegger gegen Natorp eingewandt, ist ihrem eigenen Sinne nach »leicht«. Sie verliert sich im Bodenlosen geschichtlicher Willkür, das sich des Konstitutionsgedankens bemächtigt. Heidegger zeigt es am Beispiel der Sinngenese der europäischen Wissenschaftsidee und ihrer Gleichsetzung mit der Philosophie, wie sie Husserl vom Neukantianismus übernimmt. Über die theoretische Sicherung der Gegenstandsbestimmung und deren Rückanwendung auf das ›Selbst‹ konstituiert sich transzendental-phänomenologisch von Plato abwärts die Idee der Wissenschaft, für die das eigene Subjekt als einzelnes nicht in Betracht kommt. Mit der neuzeitlichen Stabilisierung der Idee als einer objektiven Kulturleistung verstärkt sich dann die Herrschaft der Wissenschaft. Und indem man zuletzt in der Verwissenschaftlichung des ganzen Menschheitslebens die Idee der Menschheit selbst erblickt, wird es dem Denken erleichtert, sich vom Gewicht der eigentlichen Aufgabe zu »salvieren«. Unter *diesem* Aspekt handelt es sich für Heidegger darum, die Idee der Philosophie als einer »Ursprungswissenschaft« unter dem *Primat der praktischen Vernunft* neu zu erobern, was in sich einschließt: »Das ursprünglichste und endgültigste Problem der Phänomenologie ist sie selbst sich selbst«.[18]

Gegen die bei Husserl fortwirkende Verkehrung der hermeneutischen Situation sucht Heideggers frühe Aristoteles-Interpretation Anhalt an der Geschichte und findet ihn zuerst bei Plato. Das mag sich aus dem paradigmatischen Eindruck von Natorps Plato-Deutung und dem dazu »gegenläufigen« Versuch erklären, den zeitgenössischen Kierkegaard-Enthusiasmus zu ernüchtern, d. h. die »Bekümmerung« als Grundzug faktischen Lebensverhaltens in die phänomenologische Philosophie einzuholen.[19] Dazu dient die Explikation der Struktur der »Sorge«, ein Titel, den Heidegger später mit der Aristotelischen *Orexis,* dem Zug des praktischen Verhaltens im weiteren Sinne des Wortes, parallelisiert.[20] Es kann jedoch kein Zweifel sein, daß er der Platonischen *Epimeleia* nachgebildet ist, der »Sorge um die Seele«, die am Grund der philosophisch zu erneuernden »Urwissenschaft« vom Sein aufscheint. Und das Seinsverständnis gründet anfänglich in dem von Plato eröffneten Zusammenhang des Wahren mit dem »Guten« als Ermöglichung und Ziel des verstehenden Lebensvollzugs. »Der Umvollzug der Seele aus dem nächtlichen Tag zum eigentlichen« (...ψυχῆς περιαγωγὴ ἐκ νυκτερινῆς τινος ἡμέρας εἰς ἀληθινήν), der »Weg hinauf zum Sein als solchen«, das ist es, was wir, sagt Heidegger mit Plato, »echte Philosophie nennen« (τοῦ ὄντος οὖσαν ἐπάνοδον ἣν δὴ φιλοσοφίαν ἀληθῆ φήσομεν εἶναι).[21] Heidegger bezieht sich auf den Ausdruckszusammenhang der griechischen Rede von »Sein« und »Wahrheit«, wenn er vom Nomen ἀλήθεια auf das Verbum ἀληθεύω, »bin wahrhaftig, aufrichtig, verifieri« zurückgeht[22] und überhaupt im intransitiven »Philosophieren« das Moment des Sichverhaltens im »existenziellen Vollzug« authentisch artikuliert wähnt: »Worauf es hier ankommt: Philosophie ist *ein Wie des Sichverhaltens.* (Plato würde nie Philosophie als τέχνη bestimmen!)«.[23] Heidegger spricht es nicht an dieser Stelle, aber im Fortgang der Aristoteles-Interpretation aus, was sie ist: eine *Zwischenbetrachtung* auf dem Platonischen »Weg der Sorge«,[24] die Wiederbefragung der »zwischen« Plato und Aristoteles strittigen Sache der Philosophie.[25] Was immer hier das Vorbild gewesen sein mag: am Existenzial der Sorge verdeutlicht sich, warum die existenziale Analytik ihre Kategorien nicht bloß im formalen Anzeigeverstehen expliziert, sondern als Hermeneutik der Faktizität einem Anspruchssinn Ausdruck gibt. Das Sorgen, formal angezeigt und dann nicht beansprucht, das wäre wider den Ansatz des Programms.[26] Heidegger spielt auf den praktischen Primat des philosophischen Wissens an, das als Auslegung faktischen Lebens niemals eines im Abstand sein kann. Es kommt nur im Vollzug des Sorgens vor; nicht als objektives, geschehnishaftes Auftreten, sondern jede Vorkommensweise »hat ihren kairologisch bestimmten Charakter, die Beziehung zu *ihrer* Zeit, die im Sinne des Vollzugszusammenhangs der Faktizität liegt«.[27] Aber das ist nicht alles. Ja, es kann nicht einmal die Hauptsache sein, wenn wir bedenken, daß der Vollzug *Praxis* ist, ein *Verhalten,* das sich in der Bewegung des »Um-zu«, »Wo-zu« und »Worum-willen« hält.

II

Im Rückgang auf Aristoteles behandelt Heidegger die »Interpretation der Faktizität«[28] als κίνησις-Problem, das sich in der Weite der Aristotelischen Philosophie als ein Problem des Prinzips (ἀρχή-αἴτιον), seiner erfassenden Bestimmung und Artikulation (im λόγος) und zuletzt des Seienden und Seinssinnes (ὄν-οὐσίακίνησις-φύσις) stellt.[29] Neben den *Zeitsinn des Vollzugs* tritt nun der *Bezugssinn der Sorge* in den Vordergrund, der am Leitfaden der Bewegungskategorien von *Neigung* (der Aristotelischen ὄρεξις), *Abstand* und *Abriegelung* thematisiert wird. Wir übergehen die inhaltlichen Aspekte dieser Kategorienlehre des Gebrauchswissens und beschränken uns darauf, ihre Voraussetzung hervorzuheben: auf den Umstand, daß sich die Explikation der Sorgestruktur an Grundbestimmungen der ethischen Tugend im II. Buch der ›Nikomachischen Ethik‹ knüpft. Was im Vollzug der Praxis das praktische *Verhalten* vom bloßen *Benehmen* abhebt, ist der intentionale Charakter der Sorge, die es *zu etwas* bestimmt. Und so begleitet sie die Intentionalität des Verhaltens auf jeder (theoretisch oder praktisch gerichteten) Bezugsstufe. Die Sorge ist das »Grundwie des Lebens«, das ins »Überlegen« faktischer Verhaltensmöglichkeiten einweist, ja, in sich Weisungscharakter besitzt. Sie ist *Unter-Weisung*, »voller Sinn der Intentionalität im Ursprünglichen«,[30] den das Leben im Verstehensvollzug, jenseits der theoretischen Einstellung und ihrer vermeintlichen Gegenstellung zur Praxis, an sich selbst erfährt.

So biegt die Zwischenbetrachtung auf jenen »Weg der Sorge« ein, den Plato und Aristoteles im Kampf gegen die Sophistik gegangen sind; und es ist nicht zu verkennen, daß er bei Heidegger den Extremen des zeitgenössischen Denkens gilt, der Wert- und Lebens- und Wissenschaftsphilosophie, die dem Dasein das Gewicht der Entscheidung nehmen. Indem es sich in der Vielfalt des Möglichen und Bedeutsamen verliert, verfehlt es sich und liefert sich dem »Leichten« aus. Und in der Richtungnahme auf das Verfehlbare als solches (Abstandstilgung und Abriegelung) macht es sich »schuldig«. Das klingt nach Kierkegaard und ist dennoch ein Kernbefund der Aristoteles-Interpretation. Das Verfehlen, (ἁμαρτάνειν), so übersetzt Heidegger die Aristotelische Bestimmung der Tugend aus ihrer Gegenmöglichkeit, »ist vielfältig (denn das Schlechte gehört zum Unbegrenzten, wie die Pythagoreer urteilen, das Gute (ἀγαθόν) aber zum Begrenzten), das Rechthandeln (καθορθοῦν) aber ist μοναχῶς, von *einer* Art. (Daher ist das eine leicht, das andere schwierig. Leicht ist es, das Ziel zu verfehlen, schwierig es zu treffen). Und daher gehört zur Schlechtigkeit (κακία) das Übermaß und das Zurückbleiben, zur Tugend aber das Mitte-Halten« (καὶ διὰ ταῦτ' οὖν τῆς μέν κακίας ἡ ὑπερβολὴ καὶ ἡ ἔλλειψις, τῆς δ'ἀρετῆς ἡ μεσότης).[31]

Heideggers Übersetzung der Aristotelischen μεσότης umschreibt die Richtung auf die Mitte (μέσον) im Bereich von *Pathos* und *Praxis*, ein Mitte-Halten, das nach Aristoteles überhaupt die Verhaltung der ethischen Tugenden auszeichnet. Es wird nicht eigentlich ersichtlich, wie Heidegger in diesem Kontext die Verbindung zur Platonischen Tugend-Definition schlägt; und man mag sich fragen, ob das Platonische μέτρον nicht besser das »Sichversehen« im Abstand kennzeichnet, worin sich das Leben im gebührenden Maß vergreift.[32] Es ist freilich eben dieser von Aristoteles gegen die Sokratische Gleichung von Wissen und Tugend ausgespielte Bereich, der den Leitfaden der Kategorienlehre im Bezugssinn des Lebens vorgibt. Das Wissen allein bewegt nichts, sondern Leidenschaften und Zwecke des Handelns.[33] Dabei kann die Mitte je nach Lage der Dinge verschiebbar sein; aber das Treffen selbst bleibt jedesmal die *eine* Aufgabe gegenüber den unendlichen Verfehlungsmöglichkeiten des Verhaltens in den Strukturmomenten der Ellipsis und Hyperbole. So werden sie von Heidegger für die Bestimmung der Sorgestruktur aufgegriffen. Wenn dem Sichverstehen der Sorglosigkeit die Führung zufällt, konstituiert *sie* die »Welt«; und von ihr läßt sich dann das Leben »bewegen«. Es wird »hyperbolisch und gewährt ein leichteres Erfüllen und Besorgen, d. h. sein Dasein, Erhalten, Durchhalten. Das hyperbolische Dasein erweist sich so zugleich als elliptisch: es geht dem Schwierigen, dem was μοναχῶς, einfältig (ohne Umschweife) ist, aus dem Weg, macht kein Ende fest, will nicht *auf* eine Urentscheidung und *in* sie (sie wiederholend) gestellt sein«.[34]

An diesem Wegende zeichnet sich die Richtung auf das daseinsmäßige »Ganzseinkönnen« des faktischen In-der-Welt-Seins ab. Sie führt hier noch nicht über die Stationen des *Pathos*, der im Rückgang auf Aristoteles' ›Rhetorik‹ (1924) gedeuteten Phänomene der *Befindlichkeit* und ihrer Zentrierung in der *Angst*, die in der Folgezeit die existenziale Konstitution der Faktizität im »Vorlaufen zum Tod« überwältigt und mit den Strukturmomenten der *Ellipsis* und *Hyperbole* (an deren Stelle die nun deskriptiv gefaßten Neigungscharaktere von *Dioxis* und *Phyge* treten) das ethische aufgegebene Mitte-Halten in den Hintergrund drängt.[35] In der »Zwischenbetrachtung« steht statt des Sich-Selber-Wählens des »Daseins« die Wahl des Guten gegenüber dem Schlechten in Frage. So ist jedenfalls das Gestelltsein auf das Eine, was

nottut, die Wiederholung der Urentscheidung, zu verstehen. Sie ist Heideggers Version der Aristotelischen *Prohairesis,* der vorsätzlichen Entscheidung für das Praktisch-Gute, in der sich das Existenzial der »Entschlossenheit« ankündigt. Ist doch nach Aristoteles die *Prohairesis* die entschiedene Grundhaltung (ἕξις προαιρετική), die dem *Ethos,* der festen Gewöhnung des zum Handeln bewegenden Strebens und Begehrens »gemäß dem rechten Wort« (κατὰ τὸν ὀρθὸν λόγον) erwächst.[36]
Im Blick auf die phänomenologisch unterschiedenen Aspekte der Intentionalität erhebt sich an dieser Stelle die Problematik des *Wahrseins,* die Frage nach dem *Gehaltssinn* der Sorge. Sie betrifft die »Erschlossenheit der Welt« im entdeckenden Vollzugszusammenhang des Verstehens, wie ihn die »Phänomenologie des Daseins« an ihrem Ausgangspunkt befragt. Wenn die Welt im praktischen Besorgen den Charakter der »Bedeutsamkeit« annimmt, ist der *Praxis* ein *Logos* immanent, der sie zusammenhängend verstehen läßt. Und wenn der Weg der Sorge im *Ethos* der Urentscheidung gipfelt, dann muß sich das Logosproblem angesichts dieser nicht bloß faktischen, sondern einzigen (und einheitlichen) Möglichkeit des Seinsverständnisses der Seele auf die Frage nach dem Entdecken des Wahren (im intransitiven Sinne des ἀληθεύειν) zuspitzen. Nach der Analyse des *ethischen* Mitte-Haltens im II. Buch der ›Nikomachischen Ethik‹ hatte die Aristoteles-Interpretation die Möglichkeit des Sichhaltens in der Mitte zu bedenken, wie sie das VI. Buch der ›Nikomachischen Ethik‹ im Horizont der von Aristoteles so genannten *dianoetischen* Tugenden (der Weisen des Wahrseins) thematisiert. Und dabei konnte sie den Gehaltssinn der Sorge am Aristotelischen Vorbild des *Phronimos* über die Praxis der Bezeugung des Sinnes für das Tunliche explizieren. Sie konnte sich das Hauptargument der Aristotelischen Plato-Kritik zu eigen machen, wonach die *Dianoia* als bloß »wissenschaftliche« Verstehensmöglichkeit dem Anspruch des Wissens vom Guten nicht genügt, mit Aristoteles gesprochen: daß die *Phronesis,* bei Plato die Grundhaltung des Sichverstehens und jeder ethischen Tugend, nicht nur eine dem *Logos* gemäße Verhaltung, sondern *eine andere Art von Wissen* ist.[37]

III

Auf dieser Bahn kreuzt sich Heideggers Zurückfragen in den Anfang der griechischen Philosophie mit der von Plato herkommenden Fragerichtung des Natorp-Schülers Gadamer. Wir sind gegenwärtig noch wenig gerüstet, die Phasen der phänomenologischen Aristoteles-Interpretation im einzelnen zu überblicken. Daß der Fortgang zum VI. Buch der ›Nikomachischen Ethik‹ auf der einen Linie des Weges der Sorge lag, belegt Heideggers Brief an Gadamer, der auch schon den Übergang zum IX. Buch der ›Metaphysik‹ anvisiert.[38] Nach Gadamer zielt sie trotzdem nicht so sehr auf die vom traditionellen Aristotelismus bevorzugte philosophische Theologie, die in der Orientierung am Bewegtsein der Dinge der Natur in der Physik und im Bewegergott der Metaphysik ihre letzte Grundlage hat, als vielmehr auf die »Sachnähe zu dem konkreten faktischen Daseinsvollzug«, die sich in Aristoteles' ›praktischer Philosophie‹ und in seiner Rhetorik greifen läßt. Die Erörterung der Weisen des Wahrseins im VI. Buch der ›Nikomachischen Ethik‹, so erinnert sich Gadamer, »hatten für Heidegger vor allem diese Bedeutung, daß der Primat des Urteils, der Logik und der ›Wissenschaft‹ für das Verständnis der Faktizität des menschlichen Lebens an diesen Texten zu entscheidender Begrenzung gelangte. Ein ἄλλο γένος γνώσεως kam zu seinem Recht, das nicht Gegenstände erkennt und objektives Wissen sein will, sondern die dem faktisch gelebten Dasein mögliche Helligkeit meint. So wurde neben der Ethik auch die Aristotelische Rhetorik deshalb wichtig, weil sie von den *prágmata* und *pathémata* weiß – und nicht von Gegenständen«.[39] In Heideggers Erinnerung nimmt sich das etwas anders aus. Sie bezieht sich auf die phänomenologische Zuspitzung des Wahrheitsproblems in der Frage des 6. Buchs von Husserls ›Logischen Untersuchungen‹: ob neben dem apophantisch aussagenden *Logos* der »Wissenschaft« auch das praktisch gerichtete Sagen, der Befehl, der Wunsch, die Bitte, »wahr« sein könne oder nicht. Heidegger erblickt jedoch die entscheidende Wegbahnung seines Denkens in der Einsicht, daß das vorprädikative Sich-selbst-Bekunden der Phänomene in der Phänomenologie der Bewußtseinsakte von Aristoteles und der ganzen griechischen Philosophie ursprünglicher als »Wahrheit« im Sinne der »Unverborgenheit des Anwesenden« gedacht worden sei, als dessen »Entbergung« und »Sichzeigen«.[40]

Das gilt gewiß mehr für das IX. Buch der ›Metaphysik‹ als für das VI. der ›Nikomachischen Ethik‹, dem nach Gadamers Rückblick eine grundlegende Bedeutung zukommt. Im Einklang mit Heideggers Plan und dem, was das gewandelte Aristoteles-Verständnis wirklich erprobt; und das ist unter anderem die an Natorps *Plato*-Buch und Husserls *Logos*-Aufsatz (1911), an der neukantianisch-phänomenologischen Gleichsetzung der Idee der Menschheit mit der Wissenschaftsidee aufgegangene Intuition, daß das »Erkenntnisproblem« bei den Griechen dem konkreten Erfahren des faktischen Lebens entspringt. Diese Erfahrung, die Einheit von *Logos* und *Ergon*, führt jeder der Platonischen Dialoge exemplarisch vor Augen. Ja, sie bekundet sich sogar noch dort, wo sich die Idee der theoretisch beweisbaren Wissenschaften verselbständigt, im VI. Buch der ›Nikomachischen Ethik‹, dessen Seins- und Wahrheitsverständnis Heidegger mit dem Spätwerk der Platonischen Dialektik, dem ›Sophistes‹, konfrontiert (1924/25). Nach Gadamer, dem Zeugen dieser uns noch unzugänglichen Auseinandersetzung, nahm Heidegger hier, »in der Kritik an Plato, die sich in der Differenzierung von Techne, Episteme und Phronesis kristallisierte, ... seinen ersten entschlossenen Abstand von der ›Philosophie als strenger Wissenschaft‹«.[41]

Aristoteles unterscheidet fünf Weisen des Wahrseins (ἀληθεύειν), die Heidegger im Zuge der Profilierung des hermeneutischen Programms zu einer »Phänomenologie des Daseins«[42] als intentionale Vollzugsweisen des sich verstehenden Lebens (τῆς ψυχῆς ἀρετὰς) auslegt, deren Intention auf Wahrheit sich auf verschiedenen Stufen erfüllt. Auf einer ersten Stufe (nicht dem Fundierungssinn, sondern der Aristotelischen Darstellung nach) bewegen sie sich in der theoretischen Wissensmöglichkeit der *Episteme;* sie finden Erfüllung im Entdecken der zeitlos unveränderlichen Phänomene von Figuren und Zahlen, der mathematischen »Welt«, die dem anschaulich fundierten Verstehen vollständig durchsichtig ist. Die *zweite* Stufe bilden *Techne* und *Phronesis,* die praktischen Wissensmöglichkeiten im Bereich von Phänomenen, die sich in der Zeit verändern, so daß sie nicht in voller Durchsichtigkeit verstanden werden können. Und darüber stehen bei Aristoteles *Nus* und *Sophia,* das Prinzipienwissen der theoretischen und praktischen Vernunft auf der einen Seite, das Seinswissen der Weisheit auf der anderen, ein übermenschliches, göttliches Wissen vom Seienden im Ganzen, das dem Menschen nur »zeitweilig«, in der gelingenden *Lebensform der Theoria,* zuteil wird. Wenn das Problem der Faktizität ein κίνησις-Problem ist, muß es sich auf dieser höchsten Prinzipienebene noch einmal stellen. Und auf ihr, so scheint es, muß sich dann auch die zwischen Aristoteles und Plato schwebende Streitfrage entscheiden, worauf sich die philosophische Wahrheitsintention letztlich richtet, ob sie sich im Horizont des Guten oder in dem des Seins (dem ὄν ὡς ἀληθές) erfüllt.

Das sind die Fragen der phänomenologischen Aristoteles-Interpretation im Fortgang vom II. zum VI. Buch der ›Nikomachischen Ethik‹ und zur ›Rhetorik‹, die das Denken von Gadamer in Fluß bringen. Es handelt sich um keine Interpretationsfragen, sondern um Grundfragen des Vollzugszusammenhangs menschlicher Verhaltensweisen im historisch existierenden Selbst, in diesem Falle: um das Fortleben faktischer Möglichkeiten abendländischen Menschseins, der geschichtlich gestifteten Lebensformen von *Theoria, Poiesis* und *Praxis.* Heidegger sucht sie auf den Kinesis-Charakter des *Logos* im je verschiedenen Sichverhalten zum Seienden zurückzuführen. Der *Theoria* entsprechen die Bewegungen von *Episteme* und *Sophia,* der *Poiesis* und *Praxis* die der *Techne* und *Phronesis.* Dahinter zeichnet sich die Unterscheidung des dreifachen Sinnes von *Vorhandensein, Zuhandensein* und *Dasein* ab, den Heidegger auf dem Weg zu ›Sein und Zeit‹ an jenen Lebensformen freilegt. Um den fundamentalen Seinssinn des Daseins zu erfassen, das weder bloß »vorhanden« noch »zuhanden ist«, sondern »zu sein hat«, nimmt Heidegger die Aristotelische Thematisierung des *Logos* der *Praxis* und einer eigenständigen praktischen Wahrheit im VI. Buch der ›Nikomachischen Ethik‹ zum Leitfaden.

Wie sich den Berichten von Gadamer entnehmen läßt, hat ihn Heidegger ganz aus der Richtung her aufgegriffen, die er auf dem Platonisierenden »Weg der Sorge« eine Strecke weit gegangen war. Mit Recht, da auch Plato in seinen Hauptdialogen jenen Weg als einen der Bewegung der Seele verstanden hat, die auf dem Boden universaler Seinsbesinnung (der *Phronesis*) im Durchgang aller den Phänomenen als »wahrhaft seiend« zugrundeliegenden Ideen bis hin zu der des Guten das Verstehen unterweist. Es ist dann gleichbedeutend mit *Sophia* und *Nus,* dem Vollzugs- und Gehaltssinn der Philosophie selbst. In *dieser* Weite verwendet

Aristoteles das Grundwort der Platonischen Ideendialektik nicht, obwohl es zutrifft, daß die Aristotelische *Phronesis* im Unterschied zur *Techne* durch keinen bestimmten Sachbereich eingegrenzt werden kann.[43] Aber Aristoteles beläßt ihr die ethische Tragweite, genauer: er lokalisiert sie auf dem Weg der Sorge, den er selbst als Schüler Platos und der Akademie durchlaufen hat; um dann diesen Weg, wie es Heidegger sieht, über den praktischen Sinn für das Tunliche das *Ziel* des *Wissens vom Guten hier und jetzt* zurückzugeben, das die dialektische Wissenschaft in ihrer Gleichsetzung mit »der« Philosophie ebenso aus dem Auge verloren hatte wie die neuzeitliche Wissenschaft der Dialektik und die Wertphilosophie.

Das ist jene Perspektive der Aristotelischen Plato-Kritik, die Heidegger die Erörterung der *Phronesis* gleichsam »von unten«, an ihrem praktisch-philosophischen Unterschied zur *Techne*, ansetzen läßt. Den Ansatz kann uns Gadamer verdeutlichen, der ihn aufgegriffen hat. Das technische Wissen ist kein theoretisch feststellendes, sondern praktisches Überlegen, dessen »Worüber« verschieden ist: hier das »Werk einer ›Kunst‹, dort die praktische Existenz selbst, hier also ποίησις, dort πρᾶξις. Hier ist das Worumwillen des Wissens ein Werk, dort die εὐπραξία selbst.«[44] Das ist die erste, aber nicht die einzige Differenz, zumal die Frage in der Schwebe bleibt, ob die *Phronesis* nicht vielleicht doch eine bestimmte *Techne* sein könnte, eine Kunst des Herstellens nicht eines Anderen, sondern seiner selbst, des menschlichen »Existierens«, wie es in der Neuzeit gedacht worden ist. Darauf gibt Heideggers Ansatz eine Antwort, der bei aller Zweideutigkeit das geschichtliche Verdienst zukommt, die ursprünglich praktische Tragweite dieser alten Unterscheidung zu neuem Leben erweckt zu haben. Alle *Techne,* so hat Heidegger nach Gadamer die Zuordnung zur *Phronesis* ausgelegt wissen wollen, besitzt eine innere Grenze; ihr Wissen »sei kein volles Entbergen, weil das Werk, das sie zu erstellen verstehe, in das Ungewisse eines unverfügbaren Gebrauchs entlassen werde«. Und die Hauptdifferenz, die all solches Wissen, unter Einschluß des Meinens, das es umspielt, von der *Phronesis* scheidet: λήϑη τῆς τοιαύτης ἕξεως ἔστιν, φονήσεως δὲ οὐκ ἔστιν, »von solcher Verhaltung gibt es Vergessen, von der des praktischen Wissens nicht«, diese Differenz soll Heidegger mit dem provozierenden Hinweis erklärt haben, damit sei »das Gewissen« gemeint.[45]

Das ist weder Aristoteles noch Plato und dennoch mehr und anderes als ein gewaltsames Heranreißen des Aristotelischen Textes an das eigene Fragen nach dem Verständnis des Seins in der Zeit. Heideggers Antwort: die Wendung des Verstehens auf das »Gewissenhabenwollen«, das Hören auf den Ruf der Sorge, der das Dasein über das Vorlaufen zum Tod aus der Verlorenheit ins »Man« zurückholt und sich selbst wählen läßt, erweckt den Anschein, als ob mit dieser Wahl die Richtung der Entschlossenheit auf das Mitte-Halten verlassen sei. Das scheint nur so, ist aber ein Kurzschluß, der sich durch das Fehlen des 2. Teils von ›Sein und Zeit‹ aufdrängt. In der Sache geht es noch immer um die einzige Frage, was das Dasein »gut« sein läßt; denn der Sache nach ist das Wissen vom Tod, bei aller Unverhältnismäßigkeit der Phänomene des faktischen Lebens und Sterbens, dem Wissen vom Guten analog, weil es sich niemals gegenständlich, sondern nur »vorlaufend« erlangen läßt. Und die Wahl, so hat Heidegger auf dem Weg zu ›Sein und Zeit‹ ausdrücklich anerkannt,[46] muß sich nicht einzig im Vorlaufen aktuieren. Nur sofern es darauf ankommt, sich im Verstehen der vollen Durchsichtigkeit des Ganzseinkönnens zu versichern, besteht faktisch diese *eine* Möglichkeit, um das Dasein nicht in den Tag hinein, sondern in seinem Sein selbst zu wählen. Das Vorlaufen *ist* die Wahl des Gewissenhabenwollens, womit zugleich das Möglichsein von »Verfehlung« und »Schuld« gewählt wird.
Was Heidegger in Aristoteles' ›Nikomachischer Ethik‹ suchte und bei Aristoteles jedenfalls nicht ganz so fand, wie er es suchte,[47] war sicherlich mehr die *Syneidesis* des Apostel Paulus oder Thomas von Aquin, der die *Phronesis* als Tugend des praktischen Wissens (die Römische Willensstellung der *Prudentia*) durch den Akt der *Synderisis* (der *Syn-hairesis* in Analogie zur *Pro-hairesis*), die Applikation des praktischen Wissens im »Gewissen« des Handelnden, ergänzte.[48] Es war aber auch eine Wiederentdeckung des Anspruchssinnes der praktischen Vernunft, wie er auf demselben Boden des Paulinischen Christentums Diltheys Gesprächspartner Graf Yorck an der Platonisch-Aristotelischen *Phronesis* entgegentrat. Philosophie ist Selbstbesinnung; aber nicht auf ein abstraktes »Selbst« gerichtet, als »Besonnenheit, welche alles menschliche Tun zum Bewußtsein, und zwar zu allgemeingültigem Wissen erhebt«, wie es Diltheys Grundlegung der Geisteswissenschaften wollte,[49] sondern auf die »Fülle meines

Selbst«, das immer »historisch bestimmt« ist und in der generischen Bestimmtheit des Historischen gerade kein Wissen für alle und im allgemeinen sein kann. Sie ist und bleibt ein Sich-Selbst-Verstehen des Daseins in zeithaft erfüllter Geschichtlichkeit, wofür auch Yorck – und Heidegger hat dies in ›Sein und Zeit‹ notiert – das »Gewissen« einsetzt.[50]

IV

Daß sich bei Aristoteles an dieser Wegstelle die *Synesis* findet, die hermeneutische Grundtugend des Verständnisses für den Anderen, die Heidegger mit Yorck und Dilthey unanalysiert läßt, dieser Befund mußte das Denken von Gadamer herausfordern, das hier zuerst zu sich gefunden hat. Es nimmt die Herausforderung an, daß im Zuge der fortschreitenden Reflexion auf das »Vorlaufen zum Tod« (das urplatonische Denkmotiv des *athanatízein*) bei Heidegger, ähnlich wie in Diltheys Lebensbesinnung, eine Reflexion darauf unterbleibt, was bei Plato die Bewegung der Seele zum Vorlaufen antreibt: auf die Dialektik der Bestimmungen des Seins im Verhältnis zum Guten. Die Idee des Guten, so urteilt Heidegger auf dem Weg zu ›Sein und Zeit‹, ist relativ auf die Praxis des Sichverhaltens und darum keine rein ontologische Grundbestimmung.[51] Sie erscheint vielmehr als Vorbote der »Seinsvergessenheit«. Andererseits scheinen die praktischen Verhaltensweisen auf etwas »außerhalb« ihrer Betätigung gerichtet zu sein, das stets anders, nämlich *nur in der Zeit* »da« ist. Jedes Tun aktuiert sich im καιρός, dem Augenblick des Handelns; und so bestimmt sich die spezifische Möglichkeit des Menschseins überhaupt, der βίος πολιτικός, das Leben in der Gemeinschaft. Das politische Leben »gibt« sich faktisch historisch, in zeitlicher Bestimmtheit. Es ist immer schon als ein »Seiendes« gegeben, das nach griechischem Verständnis kein wahres und eigentliches Sein darstellt, auch wenn es in der ihm eigentümlichen Wandelbarkeit dem Handeln den Vorzug der Anpassung an das Veränderliche verschafft.[52]

Ich glaube, daß damit die eine Linie von Heideggers Denken durch die ersten Konturen der mit Plato anfangenden Geschichte der »Seinsvergessenheit« überholt wird. Die Interpretation von Grundbegriffen der antiken Philosophie gerät zur distanzierenden Außenbetrachtung, die nicht mehr dem entspricht, was der junge Heidegger »zwischen« Plato und Aristoteles gefunden hatte. Im Grunde ist schon hier die Frage nach der philosophischen Wahrheitsintention und ihrer Erfüllung gegen die Platonische Seinsbesinnung im Horizont der Idee des Guten entschieden. Es ist die Entscheidung, an der Gadamer das Zukünftige seines eigenen Denkens erfährt: die Notwendigkeit eines Überschritts von der existenzialen Daseinsanalytik zu einer existenzialen Dialektik, der die Hermeneutik der Faktizität aus dem wirkungsgeschichtlichen Prinzip der auslegenden Mitteilung erwächst, der Betätigung des hermeneutischen Vermögens der *Synesis* in der Richtung auf das dialogische Grundphänomen der Verständigung, das sich »zwischen« Plato und Aristoteles an der eigentümlichen Struktur der *Phronesis*, des Wissens vom Guten, auftut. Was sich nach außen hin wie die Wiederholung einer die Aristotelische Plato-Kritik tragenden Streitfrage ausnimmt: inwieweit die Dialektik, um es mit Heidegger zu sagen,[53] durch die fortschreitende Ausarbeitung des ontologischen Leitfadens, d. h. der »Hermeneutik« des *Logos* selbst, »überflüssig« wird oder nicht, ist im Innersten des Gadamerschen Denkens der Austrag des sachlichen Anstößigen von Heideggers Plato- und Aristoteles-Interpretation, seiner Auslegung der Differenz von *Techne* und *Phronesis*, die hinter dem Geschick der Seinsvergessenheit in das unbewältigte Problem am Ursprung der praktischen Philosophie zurückreicht.

Gadamer führt fort, was der junge Heidegger im Ausziehen der einen Linie seines Denkwegs begonnen hat. Während sich Ritter und Strauss der Aristoteles-Aktualisierung unter dem Eindruck des Neuhumanismus von W. Jäger zugunsten eines immanent interpretierenden Aristotelismus versagen, und im Gegensatz zu Löwith, der auf dieser Bahn zur antikisierenden »Natürlichkeit der Natur«, einer Repristination des Aristotelischen Kosmos ohne Polis und praktische Philosophie gelangt, nimmt Gadamer den durch Heidegger empfangenen Denkanstoß in der Prospektive einer verwandelten »Zwischenbetrachtung« auf. Mit Heidegger grenzt sie sich von der neuhumanistischen Plato- und Aristoteles-Interpretation ab, die sich nicht auf eine fundamentalontologische Bestimmung der Differenz des In-der-Welt-Seins zu demjenigen einläßt, was der Mensch in ihr ausrichtet, so daß die strukturelle Differenz zwischen *Sophia*, *Phronesis* und *Techne* nicht in den Gesichtskreis des Forschens fällt; und gegen ihn blickt sie auf den besonderen Seinscharakter des Guten, womit es der Handelnde zu tun hat und wonach wir alle fragen, wenn es uns wirklich darum geht, was wir tun sollen.[54]

Es läßt sich kaum übersehen, daß auch dieser Ansatz nicht ohne Zweideutigkeit ist. So folgt Gadamer dem Hauptmotiv von Heideggers Dialektik-Kritik, wenn er festhält, daß Plato den ethischen Ideen (des ἀγαθόν, καλόν, δίκαιον) das gleiche Sein des Allgemeinen zuerkennt wie den Ideen der Weltdinge, weshalb ihm im Erfassen ihrer Gegenwart nie das Problem aufgeht, wie sich das Wissen vom Guten in der praktischen Entscheidung konkretisiert; um dann die Gegenposition zur Geltung zu bringen, daß Plato im Spätdialog ›Politikos‹ dem Aristotelischen Nachweis der »Unbrauchbarkeit« der Idee des Guten für das konkrete menschliche Handeln durch das Bild des »wahren« Politikers gerecht geworden sei, dessen Wissen sich an den καιρός und die eigentümlichen Aufgaben des stets anderen Seins in der Zeit bindet. Und im ›Philebos‹, Gadamers Schlüsseldialog für das Gespräch mit Heidegger,[55] ist das Ziel der ganzen Untersuchung, daß das Gute nicht höchstes *Mathema* nach Art einer exakten Ideenmathematik, sondern als »Gutsein des faktischen menschlichen Daseins« eine Mischung von φρόνησις mit νοῦς und ἡδονή ist – nach der Idee des Maßes (μέτρον), die das Gutsein jener Mischung ausmacht, ohne für deren Bestandteile isoliert bestimmend zu sein. Der Gedanke der Exaktheit erweist sich in der Anwendung auf das ethische Problem auch in der Platonischen Dialektik nicht als führend, so daß Plato mit Aristoteles auf eine Ebene rückt.

Gadamer deutet das Nichtvergessenkönnen der *Phronesis* in der Sprache der Existenzphilosophie als Grundzug praktischen Wissens, das im Unterschied zu dem der Wissenschaft und Technik keines »im Abstand« sein kann, ohne diesen Zug existenzphilosophisch auf die »angstvolle Wachheit des Gewissens« einzuschränken. Und es spricht für die von ihm anvisierte Deutungslinie, wie sie in der Tiefe die verborgene Spur des Denkgeschehens am Anfang der abendländischen Philosophie gewahrt. Die *Phronesis* ist kein Wissen im Abstand; sie läßt sich nicht vergessen, trotz allem, was die Dichter im tragischen Zeitalter der Griechen dazu geschrieben haben. Daß in die von ihr gewährte Helligkeit das Dunkel einbricht, die Wolke des Vergessens, und den richtigen

Weg des Handelns ganz aus dem Sinn (ἔξω φρενῶν) drängt,[56] dieser faktischen Möglichkeit menschlicher Daseinsverfehlung hält die Philosophie die *Phronesis* entgegen, die eigenste Besinnung darauf, was ist und von jedem selbst als für ihn gut und nützlich gewußt werden muß. Denn das Gute, in dieser fundamentalen Frage besteht zwischen Plato und Aristoteles Einverständnis, ist nicht *außerhalb* (ἔξω) des Wissens von ihm. Wohl liegt die »Idee« des Guten *jenseits* des Seins (ἐπέκεινα τῆς οὐσίας),[57] an einem überhimmlischen Ort. Aber der Höhenweg zur Schau dieses Ortes und der Tiefenweg der sich selbst überlassenen Sorge um das eigene Sein sind in Gadamers Sicht ein- und derselbe Weg. Die Platonische Philosophie ist »politisch«, weil der Philosoph und der Politiker in derselben Sorge leben: »In ihnen beiden muß wahres Wissen sein, und das heißt: sie müssen das Gute wissen. Das Gute aber kann man nicht aus dem Abstand und für alle wissen, sondern ursprünglich für sich selber. Nur aus dieser Bekümmerung um das eigene Selbst (die ›Seele‹) erwächst wahres Wissen, dessen Wahrheiten fruchtbar sind, und diese Bekümmerung ist Philosophie«.[58]

Worauf sich Gadamers Zwischenbetrachtung orientiert, das ist nicht die (existenzphilosophisch mißverstandene) »Transzendenz« des Guten, sondern sein immanenter Maßstab, so wie ihn Gadamer in heimlicher Abwehr jener von Heidegger ausgezogenen Linien der mit Plato anfangenden Seinsvergessenheit versteht. Der universelle Sinne des *Agathon* bedeutet nicht, daß das praktische Wissen in Ideentheorie umgedeutet, sondern daß umgekehrt das Wissen von Immerseienden selbst noch in der Sokratischen Weise des praktischen Wissens in das konkrete Wissen des Menschen um sich selbst eingesenkt wird.[59] Und wenn bei Aristoteles mit der Idee einer theoretischen Philosophie als eigenständiger Wissenschaft vom Allgemeinen das praktische Wissen in seiner Eigenständigkeit hervortritt, so tritt es auf der Sokratischen Grundlage des *Ethos* der Dialektik, der Suche nach Einverständnis, in den Begriff.

Von hier aus schlägt Gadamer die Brücke zwischen der dialektischen Seinsbesinnung und dem praktischen Sinn für das Tunliche im Umkreis des Lebens in der *Polis,* wie ihn das VI. Buch der ›Nikomachischen Ethik‹ in der Mannigfaltigkeit seiner Formen ausfaltet, vom wirtschaftlichen Sinn (οἰκονομία) über den Sinn für das politisch Ratsame (βουλευτική) und den Rechtssinn (δικαστική) bis hin zum Organisationssinn, der Gesetzgebung (νομοθεσία) und der politischen Entscheidung im Augenblick, dem Entschluß zur Tat. So verschieden die Bereiche sind, so berechtigt ist es, die Vollzugsweisen jenes Sinnes mit einem Namen zu belegen, weil er sich in einem jeden auf die gleiche Weise betätigt. Er entspricht dem, was wir *praktische Vernünftigkeit und Urteilskraft* nennen. Überall handelt es sich darum, das Allgemeine als Gutes und Rechtes im Hier und Jetzt des jeweils Einzelnen und Tunlichen zu konkretisieren. Beides ist nicht im *Logos* gegeben, der nur auf Allgemeines gehen kann, sondern im Wahrnehmen; aber nicht durch die Sinne, denn das Tunliche bietet ja keinen Anblick. Es begegnet als Letztes eines Suchens, so wie in der geometrischen Analyse einer zu vermessenden Fläche das Dreieck begegnet, das ebensowenig als Figur »gesehen«, sondern als letztmögliche Figur in der Zerlegung der Fläche, also in einem Handlungszusammenhang, »eingesehen« wird. Die praktische Einsicht ist freilich anders gerichtet. Geht es doch hier um kein Erfassen des »letzten«, sondern des *nächsten Tunlichen*, um ein anderes *Eidos* des Wissens, das die eigentliche Differenz der *Phronesis* zur *Episteme* und *Sophia* ausmacht. Gadamer gewahrt sie an dem Phänomen des Für-Sich-Wissens und dessen existenzialer Vollzugsweise im *Mit-sich-zu-Rate-Gehen*, am Zusammenspiel von »Gewissen-« und »Rat-haben-wollen« im suchenden und überlegenden Erschließen der praktischen Situation. Im Sichberaten – darin besteht der Hauptunterschied zu Heideggers Aristoteles-Interpretation – kommt die Vernunft (νοῦς) ins Spiel, und zwar in der zweifachen Weise intentionaler Gerichtetheit auf das Gute, dem schlichten Meinen des als jeweils »gut« Vermeinten, der »Ziele« des Handelns; und im schlichten Begegnenlassen des Nächsten, der Mittel zur Erreichung des Guten. Praktische Vernünftigkeit, so läßt sich Gadamers *Phronesis*-Analyse zusammenfassen, ist ein Für-sich-Wissen, das sich in eigener Sache berät; und dies über kein letztes Gegebenes, sondern ein erstes Aufgegebenes, das als Erstes zu tun ist.

Ich kann nicht finden, daß *diese* existenzial motivierte Aristoteles-Interpretation dem Brückenschlag zur Politik widerstreitet. Im Gegenteil: mir scheint sich eher die Festigkeit des Baues zu bestätigen, wenn Gadamer in kühnem Bogen die Auslegung der *Phronesis* als *Für-sich-Wissen* in den an Plato erkannten dialogischen Zug des praktischen Wissens hinübernimmt und so an Aristoteles wiedererkennt. Daß es sich beratend aktuiert, ja, sein allgemeines *Eidos* geradezu ein Sich-Beraten in eigener Sache, d. h. *für sich,* ist, dieser Vollzugscharakter schließt die faktische Möglichkeit ein, sich mit anderen zu beraten. Sonst wäre das Faktum der Vielfalt des praktischen Sinnes und der Ausdifferenzierungen im Begriff des Politischen nicht zu erklären. Und die Politik, so merkt Gadamer ausdrücklich an, ist immer schon Wissen-für-Andere.

Der Anstoß, der darin für die Interpretation liegen könnte, ist nur scheinbar. Daß *Phronesis* und *Techne* verwandt sind, läßt sich nicht bestreiten. Wenn Plato und Aristoteles selbst die Verwandtschaft unterstreichen, dann tun sie das freilich nur, um die Differenz ins richtige Licht zu setzen. Nach diesem Muster geht Gadamer bei der Klärung der *Phronesis* als einer anderen Art von Wissen vor. Auch die *Techne* weiß das *zu etwas Gute,* die rechten *Mittel*, aber zu einem Werk, das für andere oder für einen selbst als anderen zum Gebrauch erstellt wird.[60] Mit all ihrem Wissen weiß sie nicht das für den Gebrauchenden Gute und Nützliche, so daß sie immer ein Vor-wissen anderer, ja, aller ist, die sich darauf verstehen, von anderen zu lernen und sich belehren lassen. Deshalb gibt es für die *Techne* ein Mehr und Weniger der Beherrschung und die Vollendung der Meisterschaft (die ἀρετή der τέχνη), während das praktische Wissen ein solches Können und zweifelsfreies Verfügen über das Herstellen nicht kennt. Es gibt, so sagt es Gadamer noch einmal in der Sprache seines Lehrers Heidegger, »keine steigende Beherrschung der eigenen Existenz, die dazu führte, daß man nicht mehr je neu nach dem Besten für sich zu fragen hätte, weil man es im Voraus schon wüßte. Gerade als die Wachsamkeit der Sorge um sich selbst ... ist die φρόνησις eigentlich das, was sie sein kann«.[61]

Die Aristotelische *Phronesis* umschreibt für Gadamer jenes eigenartige Für-sich-Wissen (εἶδος ... γνώσεως τὸ αὑτῷ εἰδέναι),[62] das sich nicht urteilsmäßig »objektiviert«, ein Wissen in der konkreten Existenzsituation. Die *Selbstbegrenzung des Urteils* und Wissens im Abstand, der Objektivierbarkeit im Sinne der Wissenschaft, entbindet gleichwohl nicht von der *Betätigung der Urteilskraft.* Die *Phronesis* ist nicht einfach »subjektives« Wissen; sie ergänzt sich durch die *Synesis,* die hermeneutische Grundtugend des auf Einverständnis hinzielenden Verstehens.

Das hat Gadamer in der Auseinandersetzung mit Heideggers Aristoteles-Interpretation erkannt und am Aristotelischen Text auf die Probe gestellt. Wenn das Faktum der Beratung mit anderen einschließt, sie um ihr Urteil anzugehen, können diese offensichtlich für einen anderen und sein Bestes raten. Damit erhebt sich die Frage, ob ihr Wissen von gleicher Art sein könnte wie der praktische Sinn, mit der möglichen Folge, daß das Für-sich-Wissen gar keine wesentliche Bestimmung dieses Sinnes wäre. Gerade diese Modifikation macht aber zuletzt die unvergleichliche Eigenart seiner Vernünftigkeit sichtbar.

Gadamer verzichtet auf den modernen Aufputz von »Intersubjektivität« und »Miteinandersein«. *Synesis* meint das Verständnis, womit wir im Beraten einem anderen folgen, der von sich und dem für ihn Besten erzählt; sie ist kein theoretisches Wissen, das sich beliebig auf andere übertragen oder gar in der Weise eines »Wissens für alle« haben läßt. Ihr Sachgehalt wie die Wissensweise entsprechen der *Phronesis* ganz, mit dem Unterschied, daß die *Synesis* nicht zur Tat anweist, sondern verstehend rät und urteilt. Dieses Verstehen ist es, das den Abstand des Für-sich-Wissens zum Wissen-für-Andere überbrückt. Aber das Verstehen im Abstand, die unvermeidliche Distanz des Urteilens, bedeutet nicht, daß das Urteil ohne den für das praktische Wissen wesentlichen Grundzug des »Für-sich« wäre. Ist doch Verstehen niemals bloßes Haben von Wissen noch sein Erwerb, sondern die Anwendung des eigenen Wissens zum Urteil über den praktischen Fall des anderen. Der Verstehende »hat« immer schon *Phronesis*, indem er mit sich und der Situation des anderen zu Rate geht; aber er muß sie der Tat voraus zum praktischen Urteil gebrauchen. Er muß, so lautet Gadamers Folgerung, »den Fall des anderen als *praktisches* Problem mit praktischem Sinn (nicht mit bloßer Verständigkeit) auffassen ... Nur wenn man sich in des anderen Lage versetzt und nun seinen eigenen praktischen Sinn befragt, hat man das Verständnis und Urteil für den anderen, das er braucht. Auch das Wissen des Verständnisvollen ist also kein Wissen im Abstand, sondern trotz dem faktischen Abstand von Urteilendem und Handelndem ist die Intention des Urteils gerade die, für den anderen so zu denken, als ob man selbst seine Tat zu tun hätte«.[63]

Das weist ganz in die Richtung des Weges zur Wiedergewinnung des hermeneutischen Grundproblems in ›Wahrheit und Methode‹, die Gadamer von hier aus eingeschlagen hat. Die *Phrone-*

sis besitzt in der Tat einen einzigartigen Bezug auf sich selbst. Das eben lehrt die Modifikation des Sinnes für das Tunliche durch die *Synesis,* bei der es sich im Für-sich-Wissen gleichursprünglich um ein Wissen-für-Andere handelt. Die Urteilskraft, die sich im verständigen Auffassen des Falles des Anderen betätigt, schöpft ihre Kraft aus keiner *Techne* oder Wissenschaft, sondern aus dem praktischen Sinn, der das Verstehen in den wechselnden Situationen des Handelns trägt. Der uns begegnende Einzelfall ist nie ein bloßer Fall, die Besonderung eines Gesetzes oder einer Regel. Er ist vielmehr stets selbst besondert, ein »individueller Fall«, weil er von keinem Regelkanon und keiner Methode erfaßt wird.

Für Gadamer – und darin besteht der Schritt der philosophischen Hermeneutik über die topische und dialektische Methode hinaus – besagt das nichts Geringeres, als daß die Beurteilung des Falles den Maßstab des Allgemeinen, nach dem sie geschieht, nicht einfach anwendet, sondern selbst mitbestimmt, ergänzt und berichtigt. Immer handelt es sich um hermeneutische Urteilskraft, um die komplementäre Betätigung von *Synesis* und *Phronesis,* des praktischen Wissens, das Heidegger als »das Gewissen« in die existenziale Daseinsanalytik eingeholt, aber dort auf sich isoliert hatte.

Für uns Heutige erhebt sich auf diesem Hintergrund die Frage nach der Eigenart des *Logos* der praktischen Philosophie. Wir befragen, was Aristoteles und der von ihm geprägten Tradition selbstverständlich erschienen ist: das »Faktum«, daß der *Logos* im Bereich der Praxis *nicht einfach* erscheint, in der bloß »theoretischen« Beziehung auf die Sache, so wie es sich mit ihr verhält, in der Sachlichkeit des Wissens im Abstand, sondern daß er *zweifach* (δίττον) gefaltet ist. Er entfaltet sich in bezug auf den ausgesagten Sachverhalt als solchen und auf das *Hören des Gesagten,* jenes eigentümlich verdeckte Sprachphänomen, das in »Aussagen« wie der Bitte, dem Befehl, dem Wunsch immer schon mitgeht und so alles Sagen begleiten können muß. Das ist ein Thema für sich, das hier nur am Rande angezeigt sei. Bei Aristoteles gehört das Mit-gehen auf dem Weg der Sorge jedenfalls zur »Mitte« der praktischen Philosophie, dem Mitte-Halten zwischen der das rechte Wort aussprechenden dianoetischen Vollzugsweise des sich besinnenden Lebens und dem ethischen Vollzug in der hörenden Besinnung.[64]

Auf diese Mitte, die unbewältigte Problematik am Grunde einer jeden praktischen Philosophie, die den Namen verdient, weist uns Gadamers Zwischenbetrachtung im Weiterziehen der einen Linie von Heideggers Denkweg hin. Was hinter dem einzigartigen Selbstbezug der *Phronesis* aufscheint, ist das *akroamatische Phänomen* des *Logos*, des Hörenkönnens auf das rechte Wort als ein Vermögen der ethischen Tugend, worauf die *Phronesis* angewiesen bleibt. So ist es bloßer Schein, wenn *Ethos* und *Phronesis* in ein zeitliches Nacheinander auseinandertreten. Beide sind ungetrennt (ἀχώριστα).[65] Ja, das der *Phronesis* aufgegebene Werk erfüllt sich gerade darin, im Bewegtwerden durch das wahre, auf die Mitte gerichtete Wort das Streben »richtig« zu machen und mit der Wahl der Mittel in die Entscheidungssituation mit-zunehmen,[66] eine Aufgabe, die das beständige Am-Werke-Sein des Handelnden voraussetzt und über den Sinn für das Tunliche das Sichverstehen auf das Gute gegenwärtig sein läßt.

Anhang

Zwischen Tun und Lassen

In Italien sind Sie seit langem durch Ihre Hegel-Arbeiten (Hegel fra Tradizione e Revoluzione, 1975) bekannt. Im Laufe der Jahre haben Sie sich immer mehr den Problemen des interpersonalen Handelns und den Voraussetzungen der Kommunikation zugewandt. Wie sind diese beiden Phasen Ihres Denkens miteinander verbunden?

Ich sehe da nicht eigentlich zwei Phasen meines Denkens, sondern einen Weg, der sich in der Zeit verzweigt. Am Anfang standen Untersuchungen zum Verhältnis von Theorie und Praxis bei Hegel, die ich unter Ernst Bloch in Leipzig begann. Nachdem Bloch 1957 Lehrverbot bekam, schloß ich sie bei Karl Löwith und Hans-Georg Gadamer in Heidelberg ab. Schon in Leipzig war ich stärker von Martin Heideggers ›Sein und Zeit‹ als vom ›Prinzip Hoffnung‹ beeindruckt, und ich wollte zunächst in Heidelberg über Heidegger promovieren. Durch ihn erhielt ich Einblick in den »poietischen« Grundzug des Praxisbegriffs, den die Neuzeit mit dem *Tun* eines Zwecke »setzenden« Subjekts identifiziert, mit »Aktion« und »Produktion«. Daß Handeln auch als *Lassen* möglich, ja vielleicht sogar heute, im atomaren Zeitalter, notwendig sein könnte, ist mir dann später an Heideggers Hermeneutik des »Seinsgeschehens« aufgegangen, das uns mit dem Nihilismus, der schlechtsinnigen Abwesenheit des Sinnes von Sein durch technische Weltvernichtung, konfrontiert. Hier vermißte ich freilich die philosophisch-praktische Dimension, das seit den Griechen parallel zur Seinsfrage gestellte Problem des Politischen, der »richtigen« Ordnung der Gesellschaft. Wenn ich mich jetzt mit den Fragen des Lassenkönnens beschäftige, so bin ich, hoffentlich, nur einen Schritt weiter auf demselben Weg gegangen. Das Ziel ist auf die *eine* Frage gerichtet: *Was heißt Handeln,* in der Zweiheit von Tun und Lassen, »Sein-Lassen«?

In Ihrer kürzlich erschienenen Ethik (Lineamenti di Etica Comunicativa, 1982) zitieren Sie aus Brechts ›Me Ti‹, um daran zu erinnern, daß der Einzelne heutzutage nur ein Teil und die heutige Situation besonders instabil ist. Es gibt keine einfachen Handlungen mehr, sagt Brecht. Und er verweist darauf, wieviel Klugheit in unseren Tagen eine Frau aufwenden muß, um Mutter zu werden oder es nicht zu werden. Warum diese Berufung auf Brecht?

Das Brecht-Zitat mag Ausdruck meiner jugendlichen Leidenschaft für diesen großen Dichter sein. Als Student war ich mehrere Tage zum Zuschauen im Berliner Theater am Schiffbauerdamm. Dort bin ich ihm auch begegnet, mit der neugierigen Frage, ob das epische Theater nur ein Theater des Übergangs sei, zum Verschwinden bestimmt, oder bleibendes Welttheater ist. Seine Antwort war ironisch, natürlich, wie auch dieses Zitat belegt. Denn Brechts Stücke ahmen *unsere* Welt im Abstand der Ironie nach, die komplexe Welt des Handelns. Sie sind, mit Aristoteles gesagt, *Mimesis* von *Praxis.* Aber *Praxis,* was ist das? Tun und Lassen, ja, aber auch *Leiden,* wie selbst dieser moderne Dichter mit seinen Stücken zeigt. Und er hat ja nicht nur seine eigenen inszeniert, sondern die *Antigone* des Sophokles, den *Coriolan* von Shakespeare.

Daß ich mich auf Brecht berufe, drückt vielleicht auch meine Distanz zur heutigen Handlungstheorie aus. Sie setzt den neuzeitlichen Subjektivismus fort, der die Grundlinien der Welt des Handelns darauf reduziert, daß der Handelnde entweder Bedürfnisse hat, die er befriedigen, oder Zwecke setzt, die er verwirklichen will. An Brecht habe ich gelernt, daß Bedürfnisse wie Zwecke nicht einfach Konstanten, sondern Variable sind. Sie werden interpretiert, und zwar immer anders, weil alle Interpretationen situationsabhängig und durch die richtige (oder verfehlte) Ordnung des Zusammenlebens bedingt sind. »Meine« Situation wird ja immer schon von anderen interpretiert, gleichgültig ob dies nun eine Überlieferung, Institution, Partei oder auch der uns jeweils Nächste, ein personales »Du« oder »Wir«, tut.

Wenn der Moraldiskurs auch ein Diskurs über die richtige Ordnung des Zusammenlebens ist, der die Fragen der Gerechtigkeit, der Ökonomie und Politik thematisiert, erscheint es dann nicht unmöglich, ihn auf die sogenannte Privatsphäre des Einzelnen zu beschränken?

In der Welt des Handelns überschneiden sich die Ebenen des Privaten und Öffentlichen, und der Schnittpunkt beider Ebenen liegt in der Frage nach der kommunikativen Ordnung unter Menschen. Sie kreist seit alters um die Aufgabe der Gerechtigkeit. Sie stellt sich für jeden Einzelnen; aber zugleich ist sie eine Sache der Gesellschaft, wie sich Gerechtigkeit immer schon auf den anderen bezieht, der potentiell jedermann ist, innerhalb und dann auch außerhalb der uns geschichtlich zugehörigen Welt. In diesem Punkt begegnet sich heute wieder, was eine Zeitlang, unter dem Einfluß des Existenzialismus der Nachkriegszeit, getrennt war: Moral und Politik. Und hier hat sich bekanntlich auch in der angelsächsischen Philosophie eine Wende vollzogen, die mit John Rawls' *Theory of Justice* (1971) beginnende Absage an die metaethische Neutralitätsthese, wonach die Ethik nur die *Sprache der Moral* und nicht ihre Inhalte zu untersuchen hat.

Rawls' Rechtstheorie, die mir nach einem Gleichgewicht zwischen Konflikt und Kooperation zu suchen scheint, stellt ins Zentrum der Rechtstheorie zwei Moralbegriffe: Menschenwürde und Fairneß. Und unter dem Einfluß von Rawls berufen sich auch andere auf moralisch interpretierte Begriffe wie »Solidarität« und »Brüderlichkeit«.

Was die soziale Grundnorm der Gerechtigkeit, der höchste Anspruch an eine Gesellschaftsordnung, meint, läßt sich nicht selber in sozialen Begriffen wie Konflikt oder Kooperation interpretieren. Das gilt auch für das Wort »Solidarität«. Deshalb greift Rawls ganz folgerichtig auf die Begriffe »Menschenwürde« und »Fairneß« zurück, die beide moralischen Ursprungs sind und die soziale Grundnorm bedingen. Ich finde diesen Versuch interessant, aber nicht überzeugend, weil »Fairneß« allenfalls eine Folge von Gerechtigkeit, aber nicht ihr Grund sein kann. Der liegt in der Menschenwürde, dem höchsten Anspruch an die Person, und er findet seine letzte Fundierung in der Freiheit. Rawls rechnet sie, zusammen mit Chancen und Macht, Einkommen und Wohlstand, Selbstachtung und Recht, zu den sozialen Primärgütern, die nach dem Gerechtigkeitsprinzip zu verteilen sind. Das erscheint mir fraglich, weil diese Güter zu heterogen und weder für jeden Menschen gleichermaßen noch für jede Zeit gültig sind. Man denke nur daran, daß Einkommen und Wohlstand in christlichen Armutsbewegungen des Mittelalters oder bei heutigen Anhängern des alternativen Lebens das Gegenteil von Gütern darstellen. Und dementsprechend relativiert sich dann auch die Geltung des Rawlsschen Prinzips der Differenz. Daß soziale Ungleichheiten gerechtfertigt sind, wenn sie den am wenigsten Begünstigten den größtmöglichen Vorteil bringen, mag innerhalb eines kapitalistisch fortgeschrittenen Wirtschaftssystems gültig sein. Das System selbst wird und kann es nicht verändern.

Sie halten einen anderen Moralbegriff für fundamentaler, den der Verantwortung. Worin würden Sie seine Grundstellung sehen?
»Verantwortung« ist ein Komplementärphänomen zur Freiheit. Sie umfaßt ein Entsprechungsverhältnis von Personen und ihre Beanspruchung durch das Verhalten zu Mitteln und Zwecken in der Welt des Handelns. Erst darin konkretisiert sich die sonst abstrakte Grundnorm der Gerechtigkeit. Im Unterschied zum klassischen Tugendbegriff, der ein personales »Ich kann« meint, und zum klassischen Pflichtbegriff, der ein ebenso personales »Ich soll« impliziert, erfaßt der Grundbegriff »Verantwortung« den Einzugsbereich kommunikativer Beziehungen, die uns als moralische Primärphänomene in den Institutionen von Familie, Gesellschaft, Staat vertraut sind. Verantwortlich ist jemand für etwas, was ihn ganz in Anspruch nimmt (wie Erziehung und Berufsarbeit, die Tätigkeit in einer Gewerkschaft oder Partei, kommunale Interessen oder die Anteilnahme am politischen Geschehen). Und zuletzt sind wir für das Sein des Guten verantwortlich, worunter ich die richtige Ordnung des Zusammenlebens verstehe, die interpersonale Kommunikation ermöglicht. Verantwortung ist die Freiheit, die sich in der Verfolgung gerechter Zwecke an die jeweils historisch gegebene Situation und die ihr angemessenen Mittel bindet. In dieser Bindung besteht geradezu die Rationalität des Handelns, ja die praktische Vernunft selbst, wobei ich keinen prinzipiellen Gegensatz zwischen Moral und Politik sehe.
Sie gehen davon aus, daß moralische Überzeugungen der Begründung zugänglich sind. In welcher Weise lassen sie sich begründen? Und wie steht es eigentlich um Wittgensteins Bemerkung, daß unser wissenschaftliches Denken in Begründungen an der Ethik scheitert?
Rationales Handeln heißt, einen klar bewußten Zweck durch seine adäquaten Mittel verfolgen. Der Zweck wird subjektiv als wertvoll (»gerecht«, »gut«, usf.) gewußt, was immer nur die Sache moralischer Überzeugung oder, um mit Kant zu sprechen, einer *Gesinnung* sein kann. Das ist aber nicht genug. Wir möchten ja auch andere von der Richtigkeit unserer Gesinnung überzeugen, was dadurch geschieht, daß wir das subjektive Wertgefühl als objektiven Wert zu begründen suchen. Nun sind freilich Werte nicht in demselben Sinne begründungsfähig wie Sätze der Mathematik oder einer empirischen Wissenschaft, die über Beob-

achtungen, Experimente und metrische Beschreibungen verfügt. In diesem Punkt ist Wittgenstein völlig im Recht. Ja, mehr noch: Werte sind überhaupt keine Sätze, die sich auf rational einsichtige Grundsätze zurückführen und dann apodiktisch gewiß begründen lassen. Sie sind menschliche Grundhaltungen, die sich nach außen hin in dem jeweils geschichtlich bestimmten Ethos interpersonaler Kommunikation darstellen; und das Ethos will nicht allein erkannt, sondern gelebt sein; es ist, was Wittgenstein eine »Lebensform« nennt. Diese Besonderheit erklärt sich u. a. aus dem hohen Abstraktionsgrad von Wertbegriffen. Nehmen Sie etwa das Gute, den Inbegriff des Wertvollen! Was ihn von Begriffen wie »Punkt«, »Zahl«, »Bewegung« unterscheidet, ist seine vollständige Unanschaulichkeit. Er ist so allgemein, daß er nach Anwendung auf eine Situation und die adäquaten Mittel dazu, kurz: nach Handeln verlangt. Das hat die Ethik zu verdeutlichen, von Wittgenstein belehrt, der uns auf unüberschreitbare Begründungsgrenzen aufmerksam gemacht hat.

Sie verweisen immer wieder darauf, daß die ethischen Fragen von Philosophen nicht erfunden, sondern im Leben selbst vorgefunden werden, in der Geschichte des Alltags wie der großen Politik. Sie konfrontiert uns mit der Frage, ob wir uns überhaupt noch als moralische »Subjekte« verstehen dürfen und können. Wofür sind wir heute wirklich verantwortlich, wenn wir daran denken, daß ganze Handlungsfelder in die Kompetenz der Technik, der Strategien der Abschreckung und der Konfliktverhütung im nationalen wie im internationalen Maßstab fallen?

Darauf kann ich nur eine Antwort geben, die mit der spezifischen Herausforderung unserer historischen Situation zusammenhängt: Wir sind dafür verantwortlich, daß die Zwecke nicht zu Mitteln verkehrt und die Mittel nicht zu Zwecken erhoben werden. In unserer heutigen Handlungswelt hat sich dieses Verhältnis derart verschoben, daß rationales Handeln kaum noch eine Chance findet. Rationalität, so behaupte ich noch einmal, besteht in der Freiheit des Handelnden, einen durch die Inanspruchnahme des Guten als »gerecht« oder »wertvoll« vorgezeichneten Zweck in freier Erwägung der dazu geeigneten Mittel zu verfolgen. Gegenwärtig sind wir Zeugen des beispiellosen Vorgangs, daß einerseits die technisch verselbständigten Mittel (der Ökonomie, Verwaltung, Kriegsführung) die Interpretation der Zwecke bestimmen und andererseits die Moral selbst, die Berufung auf gerechte und wertvolle Zwecke, zum strategischen Kampfmittel wird. Ich erinnere Sie nur an die verborgene Heuchelei in der ostwestlichen Abrüstungsdebatte oder an die bekannten Argumentationen der Terroristenszene, die sich bedenkenlos über die ethische Spannung zwischen Zweck und Mitteln hinwegsetzen. Sie läßt sich nicht dadurch aufheben, daß man den Zweck der guten Gesinnung anheimgibt und sich nicht um die Folgen des Handelns kümmert. Wer so argumentiert, denkt verantwortungslos und verhält sich darüber hinaus irrational. Indem er die Aktion um jeden Preis will, gibt er sich nicht mehr Rechenschaft über den Sinn seines eigenen Tuns. Er entscheidet sich damit zugleich gegen die praktische Vernunft.

Eine letzte Frage, die sich, wie ich glaube, nach Ihrem hermeneutischen Ansatz unvermeidlich stellt: Wenn die moralische Verantwortung die Zugehörigkeit zu Institutionen und den Wertüberzeugungen der Tradition voraussetzt, welcher Raum bleibt dann in der Ethik für das Neue?

Die Grundbegriffe der Moral sind so wenig neu wie die mathematischen Begriffe. Aber im Unterschied zu »Punkt«, »Linie«, »Gerade« müssen das »Gute«, die »Gerechtigkeit«, das »Glück« immer anders interpretiert werden. Was heute nottut, wäre ein neues Verständnis von Freiheit und Verantwortung, die Ausarbeitung des Typus der »Verantwortungsethik«, wie er M. Weber am Beginn unseres Jahrhunderts für den handelnden Politiker vorgeschwebt hat. Denn die zuerst von Weber diagnostizierte Spannung zwischen Zweck und Mitteln (daß die Erreichung guter Zwecke gebunden sein kann an den Gebrauch bedenklicher Mittel) macht die Rationalität der Verantwortung selber zu einem geschichtlich bestimmten Ethos. Das Ethos der Verantwortung hätte nicht nur das Tun, sondern das Lassen in sich einzubeziehen, das »Sein-Lassen« von Natur und der »richtigen« Ordnung des Miteinanderlebens, die der Naturerhaltung bedarf. Das scheint mir der Raum des Neuen im heutigen Ethik-Diskurs zu sein. Dieses Ethos könnte uns neue Horizonte in der Welt des Handelns öffnen. Daß es gelebt werde und nicht ins Dunkel der Zeit absinkt, bleibt unsere einzige Hoffnung.

Für eine zweite Philosophie

In Frankreich konstatiert man seit dem Auftreten der »neuen Philosophen« Anfang der 70er Jahre eine »Krise des modernen Denkens«, der intellektuellen Szene, die nach dem 2. Weltkrieg von Hegel und Marx beherrscht war. Ähnliches tut sich jetzt in Italien, wo gar die Antike gegen die Moderne ausgespielt wird. Sie haben sich an dem dort ausgetragenen Streit beteiligt. Ist das, was sich in Salerno und danach in Neapel mit einer überraschenden Resonanz in der italienischen Öffentlichkeit ereignet hat, postmodern?

Vielleicht ante-modern, ich weiß es nicht. Das Echo der Postmoderne ist groß, aber ebenso beeindruckend ist die neue Bewegung der Rückkehr zur klassischen Philosophie der *Polis.* Das Stichwort »Rehabilitierung der praktischen Philosophie« ist inzwischen in Italien zu einer Losung geworden.

Verlangt der Zeitgeist wieder einmal nach dem »Klassischen«?

Nein. Das Verlangen richtet sich wohl eher auf die vorklassische Philosophie der *Polis,* auf die Urstiftung des philosophischen Dialogs an der Peripherie der griechischen Kultur. Was uns in dieser Endzeit des Geistes der Moderne interessiert, ist die Spannung zwischen Wissenschaft und Leben, die im Zentrum des Griechentums aufbricht. Darauf geht unser modernes Weltverhältnis zurück, die heutigen Engpässe eingeschlossen.

Probleme im Rationalitätsverständnis moderner Wissenschaftsphilosophie?

Das wäre zu eng. Ich meine Engpässe, die mit der Stiftung der abendländischen Logik auf dem »ersten Weg« des Parmenides entstanden sind. Er führt zum Gedanken des immergleichen *Seins* als einem zeitlosen, unveränderlichen Wissensgegenstand und damit ab vom Weg der sterblichen Menschen, dem Gang eines jeden von uns zwischen Geburt und Tod, dem Bereich des *Werdens* in der Zeit, worin sich unser Leben im Wechselgeschehen von Tun und Leiden abspielt. An dieses Verständnis vom gleichbleibenden Sein bindet sich das Denken in Begründungen, die abendländische Wissenschaft; und mit ihr das logisch und technisch verge-

genständlichende Denken, eine rationale Denkweise, die mit der Atomphysik unseres Jahrhunderts ihr Ende erreicht.
Es geht also nicht um eine Rückkehr zur klassischen Philosophie der *Polis,* es geht darum, sich auf die Grundlagen der »Klassik« zu besinnen. Sie sind älter als Athen. Diese Besinnung kehrt zurück zu Parmenides, aber in anderer Richtung, weil die Wissensmöglichkeiten des ersten Weges in der Geschichte unserer Kultur erschöpft sind.

Gilt diese Erschöpfung auch für die Ethik und die rationalen Begründungsversuche von Normen?
Das ist dasselbe. Es gibt keine »wissenschaftliche« Ethik. Aber man muß hier natürlich genauer hinsehen; dann stellt sich heraus, daß schon bei Aristoteles, dem Inaugurator des Konzepts der apodiktisch strengen Wissenschaft, die Ethik eine Sonderstellung hat. Sie unterliegt keinem Beweiszwang, sondern dem Zwang zur Selbstverständigung und Orientierung über die Voraussetzungen, die in Anspruch genommen werden müssen, wenn man sich ethisch und politisch richtig, das heißt maßgerecht, verhalten will.

Die Grundlage des ethisch oder praktisch Maßgerechten kann also nicht die Wissenschaft sein?
Der Grund der praktischen Philosophie ist bei Aristoteles die *Phronesis,* was wir schlecht genug mit »Klugheit« übersetzen. Besser ist eine provokative Übersetzung, wie sie nach Gadamers Zeugnis der junge Heidegger gewagt hat. Er sagte »Gewissen«. Die Phronesis ist dasjenige Wissen, was jeder nur für sich haben kann, was aber kein subjektives Wissen bedeutet, weil dieses Für-sich-Wissen eines Jeden das Wissen vom Guten ist. Und das Wissen vom Guten läßt sich nicht wissenschaftlich vergegenständlichen wie das Wissen vom innerweltlich Seienden, von Dingen und Ereignissen in der Welt. Das Wissen vom Guten kann niemals Gegenstand werden. Es hat seine Wahrheit nur in der Bewährung, der Anwendung im Augenblick des Handelns.

In Ihren Arbeiten fällt neuerdings auf, daß Sie Fragen nach der Zeit des Handelns und Fragen der philosophischen Tradition verknüpfen. Gleichzeitig nehmen Sie zu Zeitfragen kaum Stellung. Ist das ein Programm oder entspricht es Ihrer Auffassung von Philosophie?

Das hängt mit der Sache der Philosophie zusammen, mit der Art von Fragen, die in ihr gefragt werden. Die Fragen der Philosophie sind auf einer elementaren Ebene gewiß Zeitfragen; wer philosophiert, ist in der Zeit. Aber die Philosophie fragt gleichzeitig nach dem, was ist, und so verstanden sind die philosophischen Fragen Seinsfragen. Sie halten in dieser Hinsicht eine Distanz zum politischen oder wissenschaftlichen Alltagsgespräch. Aber sie betreffen es natürlich.

Würden Sie sich aus der Position Ihres Abstandes etwa auch auf das Programm einer postmodernen Rationalitätskritik festlegen lassen?
Nein, ich blende die Postmoderne bewußt aus, weil ich nicht glaube, daß die Philosophie im Kontext eines Epochebegriffs wie dem der Moderne ihre eigene Sache erfragen kann. Ich stimme jedoch mit den Postmodernen in Frankreich und Italien darin überein, daß die Philosophie im »starken« Sinne des wissenschaftlichen Begründungsdenkens heute zu Ende gegangen ist. Aber ich glaube, hier muß doch eine Unterscheidung gemacht werden. Zuendegegangen ist heute, im Zeitalter der Wissenschaft, die *erste Philosophie,* die nach dem Grund und nach der Begründung von Wissenschaft fragt, jener Denktypus, den wir von Aristoteles bis hin zu Hegel und Husserl kennen. Aber mit Nietzsche und der Wendung von Nietzsche zu Heidegger ist ein Durchbruch zu einer anderen Art von Philosophie erfolgt, indem nun die Zeitfragen mit der Seinsfrage und beide mit der Frage nach dem Sinn für das Tunliche zusammengenommen werden. Das ist der Weg zu einer *zweiten Philosophie*, und es bedürfte eines langen Atems, um zu klären, was denn ihr Thema im Hier und Heute ist und sein könnte. Vorweg nur so viel: Es fällt nicht mit der Thematik der praktischen Philosophie zusammen; auch nicht mit Hermeneutik, sondern bewegt sich »dazwischen«.

Welcher Aspekt der von Ihnen so genannten zweiten Philosophie ist neben Ihren Verweisen auf Nietzsche und Heidegger besonders wichtig? Ist die zweite Philosophie die Philosophie einer Krise oder ist sie eine Philosophie aus anderer Perspektive?
Ich möchte sagen: Sie ist die Gestalt der Philosophie in der Krisis der Moderne, aus der Perspektive von Grenzlagen, in die wir durch die Atomphysik und die aus ihr entbundene Technik gera-

ten sind. Und hier müssen wir uns wohl auf den Ursprung der abendländischen Atomtheorie besinnen. *Atomon* ist ein Wort, das in der Antike das Unteilbare meint und so von der modernen Atomphysik falsifiziert worden ist. Denn das Atom ist ja teilbar, ein Teilchenverband, dessen atomare Feinstruktur die Physik empirisch beglaubigt. Sie hat die Sache der Theorie, das Zusammengesetztsein des Ganzen aus Atomen und deren Wechselbeziehungen, auf unvorsehbare Weise verifiziert.

Die Begründung der Atomtheorie erfolgt über den ersten Weg des Parmenides durch Demokrit. Nach Parmenides setzt das begründende Wissen vom Seienden im Ganzen auf dem Weg des *Logos* die Überwindung des *Epos* voraus, des gesprochenen Worts der Dichtung. Sie sagt das Viele: Wie *alles geworden* ist, während der *Logos* aussagt, daß *Alles Eins* sei: »Nur das Sein ist«, das heißt: »liegt allem zugrunde«, und das Nichts ist gar nicht. Dieser Weg des Wissens und der Begründung des logischen Grundsatzes der Identität, des obersten Axioms der abendländischen Wissenschaft, trennt sich vom Weg des widersprüchlichen Meinens, nicht nur vom dichterisch gesprochenen Wort, sondern überhaupt vom alltäglichen Miteinandersprechen und Handeln in der *Polis,* dem Wohnort des sterblichen Menschen.

Es würde nun sehr interessant sein, den Weg des Parmenides und der Atomistik auf die Moderne zu beziehen. Scheint es nicht, daß wir durch eine schrittweise Weiterführung des Parmenides über die Atomistik in die Krise des modernen, technischen Sprechens von der Welt geraten sind? Wäre es nicht besser, wir hätten den nicht-alltäglichen Weg des Parmenides nie betreten – oder gibt es eine technische Fehlinterpretation dieses Weges etwa in der modernen Auffassung der Atomistik?

Eine Wahl, wie Sie sie andeuten, hat natürlich nach Parmenides' Entscheidung für den ersten Weg zu keiner Zeit bestanden. Wir können hier nicht historisch differenzieren und müssen uns auf die Verdeutlichung der geschichtlich eingeschlagenen Wege beschränken.

Die Atomistik sagt, daß das, was allem zugrunde liegt, nicht das Parmenideische »Eine« sei. Für Demokrit ist es das Viele, aber als eins, als unveränderlich und unteilbar (= *a-tomon*) gefaßt. Es ist die Grundannahme einer höchsten Symmetrie am Anfang der Theorie, denn die Atome sind ja wie unsichtbare Punkte in einem leeren Raum gleichberechtigt. Und es sind symmetrische Eigenschaften, wie Gleichheit der Gestalt, der Lage und Anordnung, die sie zu kosmisch sichtbaren Gebilden zusammenfügt. Dahinter steht der Gedanke der Gleichförmigkeit des Kosmos, die Denkform des *Einen, das sich als das Gleiche wiederholt.* Durch deren Variation in der Neuzeit und bestimmte Zusätze über die Anfangsbedingungen der Atome in Bewegung führt diese Auffassung schließlich in die moderne Physik, die sie dann mit der Einsteinschen Formel über die Äquivalenz von Masse und Energie transformiert. Die Annahme kleinster Bausteine des Ganzen ist ja ein Gedanke, der alles den Menschen Umgebende gleichsam handlich und handgreiflich macht. Es besteht die Möglichkeit, das Entfernteste mit dem Nächsten über denselben Gedanken zu verbinden. Es entsteht die Überzeugung, daß alles Zusammensetzung ist. Damit haben wir bereits Analyse und Synthese als wissenschaftliche Methoden vorgedacht, *ja sogar vorgeschrieben.* Bei Parmenides war das logische Sprechen »poetisch« in einem nichttechnischen (»epischen«) Sinn. Mit der Atomistik schränkt sich das Sprechen auf eine neue Grundbedeutung von *Poiesis* ein, auf »Techne«, auch dies noch in einem umfassenderen Sinne, als es das heutige Wort »Technik« nahelegt. Die Atome werden diesem logischen Sprechen »handlich«, so daß man mit ihnen das Wissen vom Ganzen neu aufbauen kann, vom *Kosmos* bis hin zur *Polis*, die als Zusammenhang vieler einzelner, gleichartiger Teile verstanden wird. Ein Schritt zur ersten, zur griechischen Aufklärung ...

Der zur Trennung von poetischem und technischem Sprechen führt ...
Ja.

Und womöglich nun eine Blindstelle im logischen Sprechen erzeugt, das sich zusehends wissenschaftlich und technisch versteht, ja in der Neuzeit sogar stolz Aufklärung und Wissenschaft gleichsetzt bzw. technisch reformuliert, bis es schließlich zur Aufklärung über die neuzeitliche Aufklärung kommt?
Also, das geht zu schnell. Es gibt natürlich viele Blindstellen seit dieser neuen Auffassung, die schon Plato gesehen hat, von Kant und Heidegger nicht zu reden. Ich möchte sie aber etwas anders als Heidegger beschreiben. Vielleicht sollte man die Opposition

von Technik und Poesie nicht zu weit treiben, wozu Heidegger tendiert. Es gilt lediglich zu erkennen, was sie uns zu denken aufgibt.
Und hier dürfen wir als erstes festhalten: Das Verhältnis des Menschen zu sich selbst und zum Kosmos bestimmt sich in der Frühzeit des Abendlands durch den Primat des *Hörens.* Schon am Grund des poetischen Sprechens begegnet eine solche Sprachstruktur. Der Rhapsode, der das Epos vorträgt, und das heißt in seiner Zeit: *das Wissen von allem,* hat zuvor etwas vernommen. Er hat es gehört von den Musen und *er trägt vor, was er gehört hat.*
Mit der Ablösung des epischen durch das logische Sprechen kommt diese verborgene Struktur für eine Weile *an die Oberfläche.* Am Anfang der abendländischen Kultur ist der *Logos* etwas, auf das zu hören ist, wenn man sich unterredet. Man gibt in der Unterredung seine Sache hörend zu verstehen.
Um also auf ihre Bemerkung von der Blindstelle zurückzukommen: Ich sehe sie darin, daß sich die logische Stiftung des menschlichen Welt- und Selbstverhältnisses über den ursprünglich dialogischen Sprachbezug (d. h. über das »Zugleich« von Sprechen und Hören) hinwegsetzt, daß wir darauf neuzeitlich kaum noch Rücksicht nehmen. Wir tun so, als könnten wir jenen Bezug logisch rekonstruieren, *was immer eine Reduzierung unserer Verklammerung mit der Welt bedeutet.* Und wir tun so, als könnten wir ihn technisch verformen, ja ersetzen. Wir haben der Welt gegenüber das Grundverhältnis des *Machens* und *Berührens* entwickelt. Auch die Atome, die neuzeitlich im mechanischen Kontext von Körpern in Bewegung konzipiert sind, »berühren« sich ja, *sie werden dazu gebracht, sich gegenseitig auf sehr gewaltsame Weise zu berühren; oder sie werden gezwungen zu verschmelzen usf.* Die Berührung ist ein haptischer Vorgang. Die Welt wird dadurch scheinbar handlich, dem Zugriff offen. Diesem haptischen Grundverhältnis, der Auffassung von der Welt als einer des Habens, Machens, aufgrund eines technischen Wissens von ihr, entspricht dann der *optische* Weltzugang. Die Begrifflichkeit erscheint paradox. Trotz der Unsichtbarkeit nimmt das Atom Gestalt an.
So baut sich die Welt aus Atomen über die Spätantike bis hin zur Neuzeit auf. In der Neuzeit wird der optische und haptische Weltzugang radikalisiert, was bei *Demokrit selbst noch nicht so angelegt* ist.

Sie sprechen im Blick auf die antike Atomistik von einem »Ethos der Scheu«, *das Sie auf das allgemeine Weltverhältnis der antiken Wissenschaft beziehen und der neuzeitlichen Einstellung des Machens gegenüberstellen. Wie steht es in Verbindung mit dem* Logos, *auf den zu hören ist? Anders ausgedrückt: Ist das »Ethos der Scheu« einfach eine Form der Disziplinierung, oder ist es noch etwas darüber hinaus?*
Auch das logische Sprechen zu Anfang des griechischen Denkens hat seine Grundlage in einem hörenden Weltverständnis, wie ich es eben zu erläutern versuchte. Denken Sie an die pythagoreische Vorstellung der Sphärenmusik: Es ist eine Musik, die wir nicht hören, weil wir daran gewöhnt sind. Und doch enthalten deren Töne, die von Pythagoras erkannte Abhängigkeit der Tonschwingungen von der Länge der angeschlagenen Saiten, die Urformen der Symmetrie. Ihre Maßverhältnisse sind akroamatisch und mathematisch beschreibbar, sie setzen sich fort in Harmonieverhältnissen der Menschen untereinander. Das ist es, worauf »gehört« werden kann, auch wenn man daran gewöhnt ist! Von Pythagoras kennen wir den Gedanken der *Philia,* der universalen Verbundenheit alles Lebendigen im Kosmos; nach ihr ordnen sich alle Verhältnisse. Auch dies sind Vorstellungen von etwas Hörbarem, von etwas, das es zu vernehmen gilt, während wir Arithmetik und Geometrie, Astronomie und Physik treiben, ohne die Grunddisziplin der Harmonik zu kennen, die noch nach Plato zur Dialektik vorbereitet.

Die dramatischen Konsequenzen wissenschaftlicher oder technischer Welthabe sind durch ein prinzipielles Unvermögen zu kennzeichnen, auf umfassende Zusammenhänge, ja auf die Beziehung zum Ganzen überhaupt zu achten?
Nicht nur auf Zusammenhänge, sondern darauf, was aus dem Zusammenhang des Ganzen als zu Hörendes hervorgeht: Auf die Verbundenheit von allem mit allem. Sie kennen vielleicht die Geschichte von Phytagoras, der im Vorübergehen sieht, daß jemand einen Hund schlägt und Einhalt gebietet, mit der Begründung, es klage die Seele eines Freundes und er hätte sie an der Stimme erkannt. Das mag schon spätere Kritik sein, aber es verdeutlicht auch die Vorstellung, daß unter der Oberfläche der Dinge etwas ist, auf das es zu hören gilt. Das meine ich mit dem Ethos der Scheu. Die Verbundenheit der Dinge untereinander ist nicht nur

ein abstrakter Zusammenhang, den man wissenschaftlich herstellen kann. Es ist vielmehr *Philia,* ein Zusammenhang, der sich akroamatisch, über den Weg des Hörens auf den *Logos,* erschließt, den zweiten Weg der Philosophie, der in der Neuzeit ganz überdeckt worden ist.

Die Überzeugung des technischen Zugriffs auf die Welt, die Überzeugung der Machbarkeit auch des Menschlichen, ja vielleicht auch bestimmter humaner Ideale, denen man methodisch nahezukommen sucht, dies alles wäre dann Überdeckung jenes Zusammenhanges? Was bleibt aber nun, wenn man dem zweiten Weg folgt? Ist dieses zu Hörende nicht einfach ein akademisch geschaffener Ort, von dem aus sich die Geschichte der antiken Philosophie betreiben läßt?

Ein Ort, der eine andere Sicht auf die *Krisis* der abendländischen Wissenschaft und ihres *Ethos* in der Neuzeit freigibt. Halten wir fest: Demokrit formuliert eine Ethik des Maßes, indem er die Atomtheorie formuliert. Unsere spezialisierten Wissenschaftler würden *nur* die Theorie formulieren und sich für den Rest als inkompetent erklären, was dann zwar sehr bescheiden aussieht, aber in Wirklichkeit sehr gefährlich ist. Für Demokrit behält die Atomtheorie trotz des haptischen Zugangs zur Welt ästhetische und poetische Konnotationen. Der große, scheinbar materialistische Entwurf soll ja mit dem Satz begonnen haben »Mensch ist das, was wir alle sehen«: Die Gestalt, das Aussehen, die Farbe, der Körper. Stellen Sie sich vor: ein Satz über den *Menschen* am Anfang der Atomtheorie!

Als Grund für den Zusammenhang von Atomen verweist Demokrit auf die Symmetrie, eine uns ästhetisch anmutende Vorstellung des Zusammenhangs im Kleinsten. Sie wird auch für das Leben des Menschen in der Polis vorausgesetzt, für das Menschenleben im Ganzen. Es kann nur dann sein Ziel erreichen, nämlich geglückt oder gelungen zu sein, wenn das Handeln »mit Maß« geschieht, nach der Grundbedeutung von »Symmetrie«. Die abendländische Atomtheorie ist anfänglich eine Theorie der Maßverhältnisse, die sich gleichursprünglich auf den *Kosmos* und den Menschen bezieht. Sie ist keineswegs materialistisch oder technisch in unserem heutigen Verständnis. Sie ist nicht einmal begründend im Sinne moderner Wissenschaftsauffassungen. Sie setzt Grundlosigkeit geradezu voraus, weil ihr Grund, um dies noch einmal zu unterstreichen, nicht logisch, sondern poetisch ist. Die Atome fallen wie ein unendlicher Regen aus dem Leeren und verhalten sich zueinander nach bestimmten Symmetrieanforderungen.

Daß die Moderne diesen Gedanken fallen läßt, hängt mit dem Wandel der *Poiesis* zur *Productio* und *Fabricatio mundi* zusammen, mit dem Aufstieg des technischen Weltzugangs am Beginn der neuzeitlichen Wissenschaft. Sie fängt mit dem Gedanken der Weltvernichtung an; dem Chaos von Elementen, aus denen sich dann die Natur durch die methodische Handhabung des Wissens aufbaut. Und das entscheidende Bauelement sind die *Gesetze*, die sie erhalten, die *Naturgesetze* der Bewegung von Körpern in Raum und Zeit, auf deren mathematische Beschreibung sich die neuzeitliche Wissenschaft richtet. Mit dem uns bekannten Erfolg; aber wir haben uns davon Rechenschaft abzulegen, was er voraussetzt: daß Gesetze *gegeben* werden müssen. Diese Voraussetzung kennt weder die Atomtheorie noch die Platonische und Aristotelische Physik der gleichbleibenden Maßverhältnisse des *Kosmos*. So müssen wir auch die Folgen bedenken, die heutige Möglichkeit, daß die gedankliche Voraussetzung der neuzeitlichen Naturwissenschaft, die Hypothese der Weltvernichtung, durch die Technik verwirklicht werden kann. Damit geht die Epoche der Gesetzeswissenschaft von der Natur, der Gesellschaft und der Geschichte des Menschen zu Ende. Wir stehen am Anfang des Zeitalters einer neuen Auffassung vom Kosmos, die man im Unterschied zur *Poietik des Gesetzes* vielleicht als die Zeit der *Pathetik des Maßes* bezeichnen könnte. Wir erkennen, daß die Naturgesetze in Symmetrien eingebunden sind, die sie sogar voraussetzen; und daß diese Symmetrien, ihre Brechungen und Verschiebungen, der eigentliche Gegenstand der Naturwissenschaft sind.

Die Zeichen der Zeit sind allbekannt. Es kommt darauf an, daß wir uns über die hermeneutischen Voraussetzungen der Gesetzessprache der Wissenschaft, ihres »poietischen« Naturbegriffs und der daraus geborenen Technik neu verständigen. Darin besteht die primäre Aufgabe der Philosophie und nicht etwa in einer Theorie des Zeitgeistes, des »modernen« oder »postmodernen«.

Sie schreiben in einem Aufsatz, daß seit Wittgenstein und Thomas Kuhn der Glaube an die wissenschaftliche Methodik zum Einsturz gebracht ist. Dies scheint mir, wenn ich richtig verstanden habe, jenes Ende des poietischen Gesetzesbegriffs anzuzeigen. Sie setzen dem nun die »Pathetik des Maßes« bzw. das Ethos der Scheu gegenüber. Wirkt die Frage nach dem Ethos der Scheu und damit auch die Frage nach dem Maßverhältnis aus einer zweiten Philosophie heraus nicht eher retardierend, während Welt und Geschichte bereits zum technischen Wartungsfall geworden sind? Es gibt viele Autoren, die meinen, zur Selbstverständigung sei es zu spät. Kann es denn noch um die Neufundierung eines Ethos der Scheu gehen oder müssen die Philosophen bekennen, daß das Denken sich längst automatisiert woanders abspielt, womöglich in der Technik selbst, die sich verselbständigt.

Es ist wahrhaftig spät, aber die Eule der Minerva ist bekanntlich ein Nachtvogel. Wir müssen die Zeichen der Dämmerung nur richtig lesen, und sie deuten inzwischen selbst bei den handelnden Politikern auf ganz Anderes. Was die Atomtheorie als Technik aus sich entlassen hat, macht die Welt gerade nicht zum technischen Wartungsfall. Das wäre nur dann möglich, wenn sich alle Naturereignisse nach Gesetzen vorherberechnen ließen; in einer Welt aber, wo Ereignisse nur mit Wahrscheinlichkeit und relativ auf die Situation der Experimentiergemeinschaft vorhergesagt werden können, ist das eben nicht mehr der Fall. Ihre Befürchtungen wären berechtigt, wenn die Technik reibungslos und ohne apokalyptische Drohung funktionieren würde. Dann gäbe es tatsächlich Geschichte als technischen Wartungsfall. Doch die Verhältnisse sind nicht so. Die experimentellen Entwicklungen wachsen sich selbst zu einer Herausforderung aus. Die Politiker wissen, daß die Atombombenarsenale in Ost und West ein »Teufelszeug« bergen. So spricht Erich Honecker, der als Marxist und Hüter einer »wissenschaftlichen« Geschichtsauffassung dieses merkwürdige Wort nicht in den Mund nehmen dürfte, und unser SPD-Vorsitzender hat es vor einigen Tagen nach seinem Besuch in Ost-Berlin wiederholt. Die moderne Wissenschaft erzeugt ihre ethischen Konnotationen im eigenen Entwicklungsgang. Dies meine ich, wenn ich sage, daß wir am Anfang des Zeitalters der Pathetik des Maßes stehen.

Wir wissen heute, daß wir das technische Wachstum in unser Denken einzuholen haben. Zu diesem Zweck muß man, wie ich glaube, auf dem Weg der zweiten Philosophie zurück zu den Wurzeln unserer abendländischen Kultur gehen. Und eine ihrer Wurzeln ist jene andere Art des Denkens an ihrem Anfang, die

Einheit von *Ethos* und *Physis*, die wir von Demokrit bis hin zu Plato und Aristoteles kennen. So kommt alles darauf an, auf dem Weg der Rückbesinnung die zweite Philosophie stark zu machen. Es ist, verglichen mit dem wissenschaftlichen oder mit dem technischen Denken, ein »schwaches« Denken, aber es ist das Denken, worauf es eigentlich ankommt, weil in seinem Zentrum steht, was Heidegger »Gewissen« genannt hat (was wir nicht moralistisch verengt auslegen dürfen). Es ist neben dem technischen und epistemischen Wissen die Eigenart des praktischen Wissens, das philosophisch zum Thema gemacht werden muß.

Philosophie als Weisheit im Sinne eines neuen Ethos des Maßes gegenüber technisch ungebremstem und ungerichtetem Wachstum, nachdem sie sich lange Zeit als Fortschrittshelfer gebärdet hat, das ist die Frage.
In einem weiteren Sinne; und vor allem auch nicht eingeschränkt auf das Technik-Problem! Philosophie läßt sich auch nicht auf ethische Kontexte einschränken. Die Vorstellungen darüber, was menschengemäßes Leben ist, was maßvolles Leben ist, erwachsen dem *Pathos* des Maßes, das uns an der Grenze zum Maßlosen widerfährt.

Also etwa: Man muß Tote beerdigen, Achill darf den erschlagenen Hektor nicht durch den Staub schleifen, und Antigone, die ihren Bruder begräbt, erhält Recht vor Kreon, der das verbieten will ...?
Aber jetzt sind Sie akademisch geworden. Sagen wir lieber: Es soll nicht gefoltert werden – Verwundete müssen gepflegt werden – Atombomben sind keine neutralen technischen Dinge, die man zum Nutzen und zum Schaden einsetzen kann, sie sind verwerflich. In all diesen Sätzen sind Maßvorstellungen, die Sie nicht mit technischen Nützlichkeitserwägungen oder mit einer rationalen Ethik begründen können. Hinter ihnen steckt das Widerfahrnis des *Logos* in uns, von Maßverhältnissen, die das Verhalten zu uns selbst, zu unseresgleichen und zur Natur betreffen.

Mit dem angedeuteten Widerfahrnischarakter des Logos *habe ich natürlich Probleme. Denn es besteht ja doch wohl kein Zusammenhang zwischen der Vorgabe von Symmetrieverhältnissen in der Welt und dem Verhältnis zu uns selbst?*

Nach den Grundannahmen der klassischen Physik besteht er nicht; aber die moderne Physik legt ihn durch die Wiedereinführung des Subjekts der Experimentiergemeinschaft in die Weltbeschreibung nahe. Es ist interessant zu sehen, wie noch Wittgenstein, der in der Spätphase der ›Philosophischen Untersuchungen‹ den Absprung von der ersten Philosophie gefunden hat, die »klassische« Ausgangslage der Physik charakterisiert:
»›Ich‹ benennt keine Person, ›Hier‹ benennt keinen Ort, ›Dieses‹ ist kein Name, aber sie stehen mit Namen in Zusammenhang. Namen werden mittels ihrer erklärt. Es ist auch wahr, daß die Physik dadurch charakterisiert ist, daß sie diese Wörter nicht verwendet«.
Das ist die Charakterisierung der mechanischen, der klassisch-physikalischen Redeweise. Aber mit der Ausschließung des »Ich« ist es nach moderner Wissenschaftsauffassung vorbei. Es kommt gerade darauf an, daß »Hier« und »Jetzt«, die Situation des Handelns in der Zeit, wieder einzubringen in die wissenschaftliche Auffassung der Welt, damit sie verantwortet werden kann.

Ich möchte ein Stichwort zu solch einer möglichen Verantwortung geben. Wir sprechen heute von der Abrüstung, und es scheint tatsächlich, das habe damit zu tun, daß Atombomben als »Teufelszeug« betrachtet würden. Dennoch gibt es doch vor allem in der BRD im Moment eine große Unentschlossenheit gegenüber dem »Teufelszeug«. Von welcher »Klugheits«-position aus wird solch eine strategische Diskussion geführt? – Und ist diese nicht die politische, von der wir die ganze Zeit sprechen?
Ich denke, daß hier strategische Überlegungen immer schon mit politischen zusammengehen. Das deckt sich aber keineswegs! Wenn ein Politiker erklärt, daß die Raketen Teufelszeug seien, deuten sich andere Prämissen an, und sie sind auch ins »neue Denken« von Gorbatschow eingekehrt! Spät genug, wenn ich mich an Forderungen zum Umdenken Mitte der 50er Jahre im Leipziger Theologenkreis um Emil Fuchs erinnere, dem Vater von Klaus Fuchs, der nach dem Krieg englische Geheimpapiere über die Wasserstoffbombe zur Wahrung des strategischen Gleichgewichts an die Sowjetunion weitergegeben hatte. Emil Fuchs widersprach nicht, aber hielt als weltkluger Theologe an diesem Punkt an. Man muß nun endlich weitergehen und die ideologischen Prämissen revidieren. Man muß sehen, daß es eine

Ebene des politischen Handelns gibt, wo das Pokerspielen stattfindet; und es muß ja stattfinden, solange die Prämissen der Politik noch diejenigen sind, die im Entwicklungsgang der neuzeitlichen Philosophie definiert wurden. Der Marxismus versteht sich nach wie vor als wissenschaftliche Weltanschauung, die glaubt, einen geschichtlichen Endzweck zu haben, auf den hin politisch geplant und gehandelt wird. Dieser Zweck ist aber mit den Mitteln unvereinbar geworden. Der marxistischen Geschichtsauffassung widerspricht der Satz, daß die Atombomben Teufelszeug seien. Also sind die ideologischen Prämissen in Frage zu stellen. Und wir dürfen dabei hiesige Weltsichten nicht ausnehmen. Auch im Westen gibt es solche Deklarationen von Geschichtszielen, Bestimmungen des Guten unter dem Gesichtspunkt höchster Güter wie dem der Freiheit, die doch niemals für sich allein den Sinngehalt des Guten im Horizont der Zeit erschöpfen können.

Wie aber lassen sich solche Prämissen revidieren?
Sicher nicht von heute auf morgen und auch nicht damit, daß man sie frontal angeht. Wir müssen den Weg in die Tiefe gehen, und das heißt: die »poietische« Einstellung der Neuzeit auf dem Feld der Politik und Geschichte als Gefahr durchschauen und preisgeben. Und dazu müssen wir uns auf die Grundlagen unseres Denkens und Handelns einlassen.

Es geht also nicht um eine neue Ethik oder gar eine neue Moralität des Lassens, sondern es geht um eine neue Philosophie, die technisches und rationales Handeln ... zurückbindet an jene Maßvorgaben, die Sie mit dem »akroamatischen Phänomen des Hörens« umschreiben. Impliziert Ihr neues Verständnis vom »Hören« nicht auch einen erweiterten Sprachbegriff?
Wenn Sie so wollen; aber man muß die Erweiterung auf dem Tiefenweg der zweiten Philosophie erst entdecken; und der führt zurück zur Zweiheit der Sprache. An ihr zeigt sich das ganze Ausmaß der Verdeckung unseres Weltverhältnisses durch die poietische Einstellung der neuzeitlichen Wissenschaft. Bedenken Sie, wie die Sprache heute nach Prämissen der Sprachakt- und Kommunikationstheorie beschrieben wird! Zugrunde liegt der neuzeitliche Begriff von *Praxis* als *Poiesis;* Sprache ist Interaktion, ein Hervorbringen von Redehandlungen im wechselseitigen Austausch von Informationen. Damit entzieht sich schon im Ansatz,

was *Praxis* ist: eine Zweiheit von Tun und Leiden. Und wie von selbst verdeckt sich dann die Konstante des Hörens, die andere, verborgene Seite der Sprache, die doch das Sprechen begleiten können muß. Und mit dem »akroamatischen« Phänomen des Hörenkönnens meine ich nicht den akustischen Akt, sondern das, worauf man hört, während man spricht. Solch ein hörendes Sprechen, ein Sprechen, das zögernd nachformuliert, was man zugleich hört, ist heute nicht mehr bewußt. Es ist untergegangen im Sprechen als Information, vielleicht noch als das Sprechen und Hören von Informationen, mit denen wir überall überschwemmt werden. Jenes Hören, auf das es ankommt, wird davon völlig zugedeckt. Und damit wird zugedeckt, was uns das Nächste ist. Noch ist das Menschentum so verfaßt, noch wird jeder so geboren, daß er von Natur sprechen und hören kann. Aber unsere Kultur? Die größte Bedrohung liegt darin, daß sie über das Bild und den Computer die Seite des Hörens reduziert. Der Computer ist stumm, auch wenn er alle möglichen Informationen speichern und wieder abgeben kann. Er versammelt die Welt über das bloße Getast in eine Welt von Bildern, die nicht mehr gedeutet sind, die bloße Information sind, und das heißt: sie können nicht mehr eingelassen werden in jenes Wissen, das jeder *für sich* hat, und jeder auf sich anwenden muß, wenn er sich selber in ein Gespräch mit anderen soll einlassen können. Dieses Für-sich-wissen ist nichts anderes als die Aristotelische *Phronesis. Der Computer ist sozusagen gewissenlos.* Was ihm fehlt, fehlt auf einer anderen Ebene uns allen, wenn wir uns dem Glauben an die technische Machbarkeit und Allmacht des Wissens anvertrauen. Es ist das praktische Gewissen, es ist die Selbstbesinnung: Was Plato den Dialog der Seele mit ihr selbst genannt hat, der gegen das Verstummen wachgehalten werden muß.

Diese Position ähnelt der Postmoderne und sie unterscheidet sich zugleich sehr davon. Und ein starker Gegensatz zur Kommunikationstheorie ist ebenso zu spüren. Am Symbolsystem der Sprache, so scheint es, wird sich zuletzt unsere Zukunft entscheiden. Der Franzose Baudrillard, einer der Urheber der postmodernen Bewegung in Frankreich, spricht davon, daß in hochtechnisierten Gesellschaften der symbolische Tausch nicht mehr funktioniere, daß also die Zeichen, mit denen wir umgehen, ihren Sinn verlieren. Sollte man angesichts dieser weitreichenden Formulierungen nicht doch am Bemühen der Philosophie verzweifeln, das ja ein sprachliches Bemühen ist?

Nein, man sollte lieber schlichter formulieren und von einem fehlenden Gespräch reden statt von nicht funktionierendem Symboltausch. Ich finde es interessant, daß Sie Baudrillard erwähnen, den Denker der Simulation, nach dem mit uns eigentlich längst alles zu Ende ist und wir nichts als ein überentwickelter Rest sind. Sein Denken geht nicht den Weg der zweiten Philosophie, sondern starrt katastrophisch auf das Ende der ersten. Baudrillard ist Soziologe von Beruf ...

Sie sagten, er sei der Denker der Simulation. Was sollte das bedeuten?

Auf der einen Seite meint »Simulation« *Verstellung*, den Schein. Es heißt aber auch *nachmachen, so tun als ob.* Nach Baudrillard ist das die Situation unserer Zeit. Ich stimme damit nicht überein, denn Simulation kann als Signatur einer Zeit nur dann zugeschrieben werden, wenn es eine Instanz gibt, die eine Feststellung des Scheins erlaubt. Diese Instanz ist die Sprache. Sie ist ein Vorgang von Simulation in ganz anderem Sinne, sie ist ein »Zugleich« und »Zusammen« (= Simul) des Sprechen-Hörens. Die Sprache ist die Bedingung der Möglichkeit, von Simulation zu sprechen; und diese Möglichkeit liegt deshalb in ihr, weil sie symmetrisch ist, es sei denn, man reduziert sie auf lineare Information. Baudrillard benutzt die Hauptinstanz der zweiten Philosophie, um davon zu reden, daß die erste, d.h. die neuzeitliche Wissenschaftsphilosophie, zuende ist. Er kann nur darüber reden, weil er tatsächlich Philosoph bleibt. Er simuliert also; ähnlich wie er die Apokalypse simuliert. Er zehrt von der Hermeneutik, ohne es zuzugeben; und hat Teil an der Hermeneutik, der in ihr entschlüsselten Botschaft von Hermes, der mit den Dichtern im Bunde hörend zu verstehen gibt, was an der Zeit ist.

Für Sie liegt also in der Symmetrie der Sprache, der Zweiheit des Sprechen-Hörens, die Grundgestalt der zweiten Philosophie, wie Sie das nennen; und damit ist ein jeder, der von der Unmöglichkeit spricht, Symbole zu tauschen, auch schon einer, der sich verstellen muß. Aber kann es nicht sein, daß Philosophen sich verstellen müssen angesichts der modernen Auffassung von Sprache in unserer Zeit? Verstellen sich nicht auch die Dichter? Sie haben eben die Formel vom Bund mit der Dichtung benützt.

Die Sprache, die wir sprechen, deren Struktur durch die moderne Semiotik verkürzt wird, ermöglicht es immer wieder, Fragen an uns selber zu stellen, Fragen an die Zeit, Fragen in der Zeit. Das Fragenkönnen ist in der Sprache angelegt und fordert die Verbindung des Hörens mit dem Sprechen. Baudrillards Feststellungen sind wie die Äußerungen eines Menschen, der sich zu sprechen bemüht und immer wieder beteuert, wie schwer ihm das fällt. Es geht aber darum, das Gleichmaß von Sprechen und Hören wiederzuerlangen, *damit* die Symbole nicht zum Verstummen kommen. Wir müssen lernen, was die Sprache ist. Sie ist nicht nur das uns Nächste, sondern der Zugang zur Welt. Und was die Dichtung und alle Kunst betrifft, so läßt sich vielleicht sagen, die Bilder selbst sprechen, richtig verstanden, eine Sprache, die es zu hören gilt. Die Bilder selbst werden aus dem Geist der Sprache geboren. Wenn es keine Sprache mehr gibt, wird es künftig auch keine Bilder mehr geben. Leben selber wird sich auf einer anderen Ebene abspielen als der uns bekannten. Vielleicht ist es die gesteuerte Welt stummer Computer, von der Sie gesprochen haben. Ihre »Wörter« wären dann keine Wörter mehr, sondern technische Instrumente des Verkehrs mit Objekten. Menschen werden mit Menschen umgehen wie mit Objekten. Und das ist ja schon Wirklichkeit.

Was ist für Sie der Unterschied zwischen Sprache und Text? Vielleicht klärt sich in dieser Unterscheidung die Verbindung von Sprache und dem, was sie die zweite Philosophie nennen. Es gibt da eine geistreiche Äußerung, nach der die Gadamersche Hermeneutik ein »Sein zum Text« sei. Ist das Sein zum Tode, von dem Heidegger spricht, nicht viel »lebendiger« als ein Sein zum Text, der ja stumm ist?

Das ist eine Frage, die mich seit längerem bewegt. An dem Aperçu von Odo Marquard vermag ich die Pointe nicht zu finden, denn das Sein zum Text ist dem Tod verwandt. Wo Texte gemacht werden, ist er nicht fern. Kant spricht vom »großen Beinhaus«: Bibliothek. »Text« ist immer ein Stück lebendiges Sprechen-Hören, das mit der Schrift ins Verstummen gerät. Es kommt aber darauf an, den hermetischen Text durch Hermeneutik anzueignen. Hermes ist Seelenführer im Leben und zum Tode. Die Buchstaben sind tot; aber das Geschriebene, Überlieferte, tötet den Tod, die Erstarrung durchs Vergessen. Und sagt nicht Plato irgendwo, daß wir lernen müssen, mit dem Tod umzugehen? Auch wenn Plato keinen Umgang mit Texten meint, so handeln Texte, die seinigen eingeschlossen, doch immer schon davon, daß wir im Leben vom Tod wissen.

Was bedeutet es für Sie, daß philosophische Texte vom Wissen um den Tod handeln?
Das Wissen vom Tod gleicht dem vom Guten, es ist ihm auf abgründige Weise analog. Er ist niemals ein Gegenstand für unser Wissen, so wie das Gute kein Wissensgegenstand sein kann. Wir laufen immer schon vor zum Tod, denkend und schreibend, lesend und das Gelesene hörend. Wir laufen immer schon vor zum Guten, solange wir hörend unseren Tod entgegennehmen. Das Vorlaufen zum Tod und das Vorlaufen zum Guten, das sind die Lektionen der zweiten Philosophie, die heute zu lernen sind, auf daß wir leben können. Den Tod gegenständlich zu machen, ist technisch möglich; die Wirklichkeit liefe auf das Ende aller menschlichen Dinge hinaus. Es kommt auch nicht darauf an, das Gute gegenständlich zu machen; das wäre das geträumte soziale Schlaraffenland des Kommunismus und die geträumte Insularutopie des westlichen Liberalismus. Es kommt alles darauf an, zu wissen, daß das Gute nie Gegenstand ist. Daß das Gute allein dazu da ist, den Tod, dem wir entgegenleben, einzuholen in unser Denken und Tun, damit die menschliche Gattung überlebe und zum Frieden mit sich und der Natur finde.

Anmerkungen

Philosophieren nach dem »Ende der Philosophie«

1 Vgl. G. Ryle (Ed.), The Revolution in Philosophy, London 1960, S. 3 f.
2 Menschliches, Allzumenschliches (1886), Bd. 2, in: Werke, hrsg. von K. Schlechta, Bd. 1, München 1954, S. 981 f.
3 Vgl. M. Scheler, Probleme einer Soziologie des Wissens, in: Gesammelte Werke, Bd. 8, Bern 1960, S. 175 f.
4 Wissenschaft als Beruf (1918), in: Gesammelte Aufsätze zur Wissenschaftslehre, 2. Auflage, Tübingen 1951, S. 566 ff.
5 Das ist die Annahme von J. Habermas, Wozu Philosophie?, in: Philosophisch-politische Profile, Frankfurt/M. 1971, S. 23.
6 Vgl. bereits M. Scheler, Weltanschauungslehre, Soziologie und Weltanschauungssetzung, in: Schriften zur Soziologie und Weltanschauungslehre, Bd. 1, Leipzig 1923, S. 9.
7 Vgl. J. Ritter (Hrsg.), Historisches Wörterbuch der Philosophie, Bd. 2 (D-F), Basel/Stuttgart 1972.
8 Werke, hrsg. von W. Flitner/K. Giel, Bd. 1, Darmstadt 1960, S. 137 f. Vgl. den Begriffskontext von »Forschen« bei J. A. Eberhard, Versuch einer allgemeinen deutschen Synonymik in einem kritisch-philosophischen Wörterbuch, 1975, 2. Auflage, Leipzig 1826, Bd. 1, S. 312-415; Bd. 2, S. 470.
9 Vgl. Platon, Lysis, 218 a-b; Symposion 204 a.
10 Das Ende der Philosophie und die Aufgabe des Denkens, in: Zur Sache des Denkens, Tübingen 1969, S. 61 f.
11 Vgl. K. R. Popper, Logik der Forschung, 3. Aufl., Tübingen 1969, p. XVIII-XIX.
12 Apologie 20 c.
13 Philosophie als strenge Wissenschaft, in: Logos 1 (1910/11), S. 340.
14 Vgl. die gleichlautende Abhandlung von N. Hinske, Das Thema der Philosophie: Zur Lage der Philosophie in der Gegenwart, Trier 1975, die zwischen »Gegenstand« und »Thema« jedoch nicht explizit unterscheidet.

Die Universalität der europäischen Wissenschaft als begriffs- und wissenschaftsgeschichtliches Problem

1 Die Protestantische Ethik und der Geist des Kapitalismus, in: Gesammelte Aufsätze zur Religionssoziologie, Bd. I, 1. Aufl., Tübingen 1920, S. 1.
2 Wissenschaft als Beruf, in: Gesammelte Aufs. z. Wissenschaftslehre, hrsg. von J. Winckelmann, 3. Auflage, Tübingen 1968, S. 584.
3 Vgl. Thomas S. Kuhn, Die Entstehung des Neuen. Studien zur Struktur der Wissenschaftsgeschichte, Frankfurt/M. 1977.
4 Theätet, 210 a-b.
5 G. Frege, Die Grundlagen der Arithmetik, Breslau 1884, Einleitung, p. VII; E. Husserl, Logische Untersuchungen, Bd. I, Halle 1900, S. 246.
6 Philosophische Untersuchungen, Oxford 1951, S. 344.
7 Discours sur l'Esprit Positive, frz.-dt. Ausgabe von I. Fetscher, Hamburg 1966, S. 33.
8 Grundrisse der Kritik der politischen Ökonomie, Heft VI (1857-1858), Berlin 1953, S. 577 f.
9 So bereits Aristoteles, Analytica Posteriora, 71 b 16.
10 Vgl. J. L. Austin, Other Minds (1946), in: A. Flew (ed.), Logic and Language 2, Oxford 1953, S. 123-158.
11 Vgl. L. Wittgenstein, Zettel, hrsg. von G. E. M. Anscombe/G. H. von Wright, Oxford 1967, S. 72 f.
12 Vinzenz von Beauvais, Speculum doctrinale, zit. Bibliotheca Mundi II (1624), Neudruck 1965, I 13, Sp. 14. Vgl. dazu M. Grabmann, Mittelalterliches Geistesleben, Bd. II, S. 184.
13 Vgl. B. Faber, Thesaurus Eruditionis Scholasticae, T. II (1571), p. 725: Scientia, cognitio alicuius rei, Wissenschaft, Kunst, Erfahrung.
14 Ich beziehe mich auf J. Trier, Die Worte des Wissens (1931), in: Aufsätze und Vorträge zur Wortfeldtheorie, The Hague, Paris 1973.
15 Logische Untersuchungen, Bd. I, Kap. 11, § 65 (Die Frage nach den idealen Bedingungen der Möglichkeit von Theorie überhaupt), 5. Aufl., Tübingen 1968, S. 236 f.
16 Aristoteles, Eth. Nic. VI 3, 1139 b 31-32; Thomas von Aquin, S. th. I/II, 43, 1 c.
17 Eth. Nic. VI 7, 1141 a 16-20; Thomas von Aquin, I anal. 44; S. th. I/II, 57, 2 c.
18 Analyt. Post. I 1, 71 a 11; 2, 72 a 14-27; 3, 72 b 18.
19 Met. I 1-2. 981 a 15 – 982 b 10.
20 Eth. Eud. VIII 1, 1246 b 36; Eth. Nic. VI 9, 1141 b 33 f.
21 Anal. Post. 72 b 18.
22 Eth. Nic. VI 4, 1140 a 34.

23 Eth. Nic. 13, 1095 a 32 ff.
24 Anal. post. 71 a 1 ff.
25 Anal. post. 71 a 1 ff.
26 De doctrina christiana, L. 1, n. 9-19; Enarr. in Ps. 31, 18.
27 S. th. 1, q. 2, art. 1.
28 S. th. 1, q. 1, art. 2, ad 1-2.
29 S. th. 1, q. 1, art. 2.
30 Vgl. H.-G. Gadamer, Vernunft im Zeitalter der Wissenschaft, Frankfurt/M. 1976, S. 12 f.
31 Georgias 504 a.
32 Stoic. Veter. Fragm. II, 93-97.
33 Vgl. Simplikios, De caelo. 488.
34 De revolutionibus orbium coelestium (1543), Praef.
35 A.a.O., L. 1.
36 Antwort auf D. Helisaei Roeslini Discours von heutiger Zeit, Beschaffenheit und wie es uns künftig ergehen werde (1609), in: J. Kepler, Gesammelte Werke, Bd. IV, München 1941, S. 101 ff.
37 Il Saggiatore (1623), Frage 6, in: Opere, ed. E. Alberi, Florenz 1842-1856, Bd. IV, S. 171.
38 Philosophiae naturalis principia mathematica, Lib. III, Reg. IV.
39 Vgl. R. Boyle, Some Considerations touching the Usefulness of Experimental Natural Philosophy (1663); C. von Linné, Philosophia botanica (1751); J. Dalton, Chemical Philosophy (1808); J. Lamarck, Philosophie zoologique (1809); E. Geoffroy St.-Hilaire, Philosophie anatomique (1818). Weitere Belege bei J. E. Heyde, Das Bedeutungsverhältnis von φιλοσοφία und »Philosophie«. In: Studia naturalis VII (1961), S. 144-155.
40 Handschriftliche Zusätze zum Dialogo sopra due massimi sistemi del mondo (1632), zit. nach H. Blumenberg (Hrsg.), Sidereus Nuncius etc., Frankfurt/M. 1965, S. 216.
41 Vgl. M. Ornstein, The Role of Scientific Societies in the Seventeenth Century, 1938[3], Nachdruck London 1963, S. 108 Anm. 63; Projet de la Compagnie des Sciences et des Arts, in: Huygens, Œuvres IV (1888), 328.
42 Discours de la Méthode (1637), VI, 2.
43 Metaphysische Anfangsgründe der Naturwissenschaft, Vorrede, in: Ges. Schriften, Akad. Ausg. Bd. IV, S. 467.
44 Kritik der reinen Vernunft (1787), B 873.
45 Vgl. A. Diemer, Die Begründung des Wissenschaftscharakters der Wissenschaft im 19. Jahrhundert, in: ders. (Hrsg.), Beiträge zur Entwicklung der Wissenschaftstheorie im 19. Jahrhundert, Meisenheim/Glan 1968, S. 33.
46 Rede über den Geist des Positivismus, hrsg. von I. Fetscher, Hamburg 1956, S. 51.

47 Ökonomisch-philosophische Manuskripte (1844), Marx/Engels, Werke, Ergänzungsband, 1. Teil, Berlin 1968, S. 543.
48 Ebd., S. 544.
49 Grundrisse der Kritik der Politischen Ökonomie, Berlin 1953, S. 374.
50 A.a.O., S. 594.
51 Vgl. Das Kapital, Vorwort zur 1. Auflage (1867), Berlin 1947, Bd. 1, S. 61.

Vom Seins- zum Grenzbegriff

1 Kritik der Urteilskraft, Einleitung, Akademie Textausgabe (= Akad.), Bd. v, Berlin 1968, S. 172 ff.
2 Vgl. K. Löwith, Natur und Humanität des Menschen, in: Gesammelte Abhandlungen. Zur Kritik der geschichtlichen Existenz, Stuttgart 1960, S. 183 f. – Inzwischen wird deutlich, daß der Ansatz von Löwiths Beiträgen zum Thema: ›Welt und Menschenwelt‹ (a.a.O., S. 228 ff.) entscheidend von Fragestellungen des frühen Heidegger geprägt wird, die wir hier aufnehmen. Vgl. etwa: Phänomenologische Interpretationen zu Aristoteles, hrsg. von W. Bröcker/K. Oltmanns-Bröcker, Gesamtausgabe Bd. 61, Frankfurt/M. 1983, S. 85.
3 Vgl. H. Diller, Der griechische Naturbegriff, in: Kleine Schriften zur antiken Literatur, München 1971, S. 146 f.
4 Vgl. J. Mittelstraß, Das Wirken der Natur. Materialien zur Geschichte des Naturbegriffs, in: F. Rapp (Hrsg.), Naturverständnis und Naturbeherrschung, München 1981, S. 39.
5 Metaphysische Anfangsgründe der Naturwissenschaft (1786), Vorrede, Akad. Bd. iv, S. 467.
6 Metaphysische Anfangsgründe der Naturwissenschaft, a.a.O., S. 467 Anm. – Dem widerspricht nicht die scheinbar gegenteilige Aussage in den ›Prolegomena zu einer jeden Metaphysik etc.‹, § 38, die von Eigenschaften des Zirkels im Kontext der Raumanschauung und ihrer Bestimmung gemäß der »Natur des Verstandes« spricht (Akad. Bd. iv, S. 320).
7 Prolegomena zu einer jeden künftigen Metaphysik etc., § 48, Akad. Bd. iv, S. 335.
8 Prolegomena zu einer jeden künftigen Metaphysik etc., § 57, Akad. Bd. iv, S. 352 f.
9 Kritik der reinen Vernunft, B 310-311.
10 Vgl. H. Cohen, Kants Begründung der Ethik, Berlin 1877, S. 38.
11 Prolegomena zu einer jeden künftigen Metaphysik etc., §§ 14-16, Akad. Bd. iv, S. 294 ff.
12 Vgl. Kritik der reinen Vernunft, B 523; B 825 ff.
13 Kritik der reinen Vernunft, § 26, B 165. – Die Parallelen vermerkt

F. A. Lange, Geschichte des Materialismus Bd. II, Leipzig 1876, Reclam-Ausg. S. 35 f.; H. Cohen, Kants Theorie der Erfahrung, Berlin 1885², S. 523. Vgl. auch Kants Begründung der Ethik, a.a.O., S. 63 f.

14 System der deduktiven und induktiven Logik, übersetzt von J. Schiel, S. 365. H. Cohen, Kants Begründung der Ethik, a.a.O., S. 64.

15 Gesammelte Schriften Bd. V, Stuttgart/Göttingen 1964⁴, S. 31.

16 Frühe Pläne und Entwürfe (ab 1865/66), in: Ges. Schr., Bd. XVIII, S. 15.

17 Vgl. Erkenntnistheoretische Fragmente (1874/79), in: Ges. Schr., Bd. XVIII, S. 197 und 199.

18 Ebd., S. 197.

19 Ebd., S. 197-200.

20 Darstellung des philosophischen Empirismus, Werke, hrsg. von M. Schröter, Bd. 5, München 1928, S. 275.

21 Die dichterische und philosophische Bewegung in Deutschland 1770-1780, in: Ges. Schr., Bd. V, S. 12.

22 A.a.O., S. 12 f.

23 Vgl. H. Cohen, Kants Theorie der Erfahrung, 1871¹, 1885², S. 500.

24 Kritik der reinen Vernunft, B 25.

25 Kritik der Urteilskraft, §§ 83-84.

26 Vgl. Geschichte und Naturwissenschaft (1894), in: Präludien Bd. 2, Tübingen 1911, S. 144 f.

27 Der Gegenstand der Erkenntnis (1892), Tübingen 1928⁶, S. 419.

28 Kulturwissenschaft und Naturwissenschaft (1898), Tübingen 1926⁷, S. 32 f.

29 H. Rickert, Der Gegenstand der Erkenntnis, a.a.O., S. 419 f.

30 Vgl. W. Windelband, Einleitung in die Philosophie, Heidelberg 1914, S. 254.

31 H. Rickert, Kant als Philosoph der modernen Kultur, Tübingen 1924, S. 37.

32 Kulturwissenschaft und Naturwissenschaft (1898), Tübingen 1926⁷, S. 20.

33 Vgl. Frühe Entwürfe zur Erkenntnistheorie und Logik, in: Ges. Schr., Bd. XIX, Göttingen 1982, S. 43; Fortsetzung der Abhandlung von 1875, in: Ges. Schr., Bd. XVIII, Göttingen 1977, S. 79 f., S. 228 (Anm. 108).

34 Vgl. Fortsetzung der Abwandlung von 1875, in: Ges. Schr. Bd. XVIII, S. 79 f. – Den Eindruck einer in sich geschlossenen Kant-Interpretation vermittelt D. Bischoff, Diltheys geschichtliche Lebensphilosophie, Leipzig 1936, Anhang (Kant-Vorlesung 1903, S. 46-63).

35 Vgl. Leben Schleiermachers, Berlin 1870, S. 104 f. und 107.

36 Vgl. Ausarbeitungen zum 2. Band der Einleitung, Ges. Schr., Bd. XIX, S. 153 ff.; Die Kategorien des Lebens, Ges. Schr., Bd. VII, S. 230.

37 Der Aufbau der geschichtlichen Welt in den Geisteswissenschaften, Ges. Schr., Bd. VII, S. 90.

38 Vgl. Einleitung in die Geisteswissenschaften, a.a.O., S. 9 ff. mit Leben Schleiermachers, a.a.O., S. 104 ff.

39 Vgl. das natürliche System der Geisteswissenschaften im 17. Jahrhundert, in: Ges. Schr., Bd. II, Stuttgart/Göttingen 1960^6, S. 244 f. mit: Leben Schleiermachers Bd. II, Ges. Schr., Bd. XIV/1, Göttingen 1966, S. 34.

40 Plan der Fortsetzung zum Aufbau der geschichtlichen Welt, Ges. Schr., Bd. VII, S. 278.

41 Vgl. meine Studie: Hermeneutik und Erkenntniskritik, in: Verstehen oder Erklären? Zur Theorie und Geschichte der hermeneutischen Wissenschaften, Stuttgart 1978, S. 65 ff.; ferner H. Ineichen, Erkenntnistheorie und gesellschaftlich-geschichtliche Welt. Diltheys Logik der Geisteswissenschaften, Frankfurt/M. 1975, S. 87 ff.; H.-U. Lessing, Die Idee einer Kritik der historischen Vernunft. Wilhelm Diltheys erkenntnistheoretisch-logisch-methodologische Grundlegung der Geisteswissenschaften, Freiburg/München 1984, S. 103 ff.

42 Vgl. Einleitung in die Geisteswissenschaften, Ges. Schr., Bd. I, S. 31 und 39.

43 Einleitung in die Geisteswissenschaften, a.a.O., S. 19 f.

44 Plan der Fortsetzung zum Aufbau der geschichtlichen Welt etc., Ges. Schr., Bd. VII, S. 276 f.

45 Das betont mit Recht H. Boeder, Heideggers Trennung von Dilthey in seiner Frage nach dem Wesen der Wahrheit, in: Dilthey e il Pensiero del Novecento, Milano 1985, S. 228-234.

46 Versuch einer Analyse des moralischen Bewußtseins (1864), in: Ges. Schr., Bd. VI, S. 1 (»Leben« als Übersetzung des Aristotelischen Praxisbegriffs). Vgl. meine Studie: Hermeneutik und Erkenntniskritik, in: Verstehen oder Erklären? Zur Theorie und Geschichte der hermeneutischen Wissenschaften, Stuttgart 1978, S. 65 f.

47 Grundgedanke meiner Philosophie (um 1880), Ges. Schr., Bd. VIII, S. 171 f.; Voraussetzungen oder Bedingungen des Bewußtseins etc., Ges. Schr., Bd. XIX, S. 44 f.; Einleitung in die Geisteswissenschaften, Vorrede, p. XVIII.

48 Einleitung in die Geisteswissenschaften, a.a.O., S. 18. – Das Mittel ist hier ein überlieferter Text: »die wenigen Blätter, welche, als ein materieller Rückstand tiefster Gedankenarbeit der Alten in der Richtung der Annahme einer Bewegung der Erde«, in der Hand des Kopernikus zum Ausgangspunkt des »geistigen« Vorgangs der Revolution unserer Weltansicht wurden.

49 Fortsetzung der Abhandlung von 1875, in: Ges. Schr., Bd. XVIII, S. 103 f.

50 Vgl. auch Frühe Entwürfe zur Erkenntnistheorie und Logik (von 1880), in: Ges. Schr., Bd. XIX, S. 3 f.

51 Leben Schleiermachers, Bd. 2, Ges. Schr. Bd. XIV, 1, S. 464.

52 Einleitung in die Geisteswissenschaften, Ges. Schr., Bd. I, S. 148.
53 Vgl. Einleitung in die Geisteswissenschaften, Ges. Schr., Bd. I, Vorrede, p. XVIII, S. 26 f., 46 ff. mit: Fortsetzung der Abhandlung von 1875, Ges. Schr., Bd. XVIII, S. 88.
54 Einleitung in die Geisteswissenschaften, Ges. Schr., Bd. I, S. 408.
55 Über das Naturrecht der Sophisten, Einleitung, Ges. Schr., Bd. XVIII, S. 221.
56 Einleitung in die Geisteswissenschaften, Ges. Schr., Bd. I, S. 38.
57 Einleitung zu Untersuchungen über die Geschichte des Naturrechts (um 1874), Ges. Schr., Bd. XVIII, S. 38 f.
58 Einleitung in die Geisteswissenschaften, Ges. Schr., Bd. I, S. 159 f. und 172. Das Thema hat Dilthey anhaltend beschäftigt. Vgl. zuletzt: Die Typen der Weltanschauung und ihre Ausbildung in den philosophischen Systemen, Ges. Schr., Bd. VIII, S. 102 ff.; Zur Philosophie der Philosophie, Beilage, a.a.O., S. 269 f.
59 Daß dies noch nicht für Demokrit, sondern erst für Epikur und Lukrez zutrifft, vermerkt mit Recht F. Nietzsche, Democritea (ca. 1866-68), Werke Bd. XIX, hrsg. von O. Curtius/W. Nestle, Leipzig 1913, S. 327 ff.
60 Einleitung in die Geisteswissenschaften, Ges. Schr., Bd. I, S. 152.
61 Einleitung in die Geisteswissenschaften, Ges. Schr., Bd. I, S. 208 f.
62 Aristoteles, Politik I 4, 1254 a 7.
63 Leben und Erkennen. Ein Entwurf zur erkenntnistheoretischen Logik und Kategorienlehre, Ges. Schr., Bd. XIX, S. 383 f.
64 Vgl. Das Wesen der Philosophie, Ges. Schr., Bd. V, S. 353.
65 Einleitung in die Geisteswissenschaften, a.a.O., S. 359 ff.; Die Autonomie des Denkens, der konstruktive Rationalismus und der pantheistische Monismus nach ihrem Zusammenhang im 17. Jahrhundert, in: Ges. Schr., Bd. II, a.a.O., S. 255 ff. – Vgl. die Arbeiten von J. Mittelstraß, Neuzeit und Aufklärung. Studien zur Entstehung der neuzeitlichen Wissenschaft und Philosophie, Berlin/New York 1970, S. 167 ff.; ders., Aneignung und Verlust der Natur, in: Wissenschaft als Lebensform, Frankfurt/M. 1982, S. 65 ff.; Das Wirken der Natur. Materialien zur Geschichte des Naturbegriffs, in: F. Rapp (Hrsg.), Naturverständnis und Naturbeherrschung, München 1981, S. 36 ff.
66 Einleitung in die Geisteswissenschaften, a.a.O., S. 362 ff.
67 E. Husserl, Die Krisis der europäischen Wissenschaften und die transzendentale Phänomenologie, Husserliana Bd. VI, hrsg. von W. Biemel, Haag 1954, S. 20 ff. – Die Parallelen arbeitet heraus Rudolf A. Makkreel, Lebenswelt und Lebenszusammenhang. Das Verhältnis von vorwissenschaftlichem und wissenschaftlichem Bewußtsein bei Husserl und Dilthey, in: E. W. Orth (Hrsg.), Dilthey und die Philosophie der Gegenwart, Freiburg/München 1985, S. 381 ff. Vgl. auch den erhellenden Beitrag von Thomas M. Seebohm, Die Begründung

der Hermeneutik Diltheys in Husserls transzendentaler Phänomenologie, a.a.O., S. 97 ff.

68 Einleitung in die Geisteswissenschaften, a.a.O., S. 369.

69 Dilthey spricht bekanntlich auch vom »natürlichen System der Geisteswissenschaften« (Einleitung, a.a.O., S. 370), womit die als Naturrecht, natürliche Theologie, Religion usf. bekannten Theorien der Neuzeit gemeint sind, »deren gemeinsames Merkmal die Ableitung der gesellschaftlichen Erscheinungen aus dem Kausalzusammenhang im Menschen« ist (370 Anm.). Vgl. dazu die Studien in: Ges. Schr., Bd. II, a.a.O., S. 90 ff. und 246 ff.

70 Ausarbeitungen zum 2. Band der ›Einleitung‹, 6. Buch, in: Ges. Schr., Bd. XIX, S. 275.

71 Einleitung in die Geisteswissenschaften, a.a.O., S. 372.

72 Einleitung in die Geisteswissenschaften, a.a.O., S. 372.

73 Vgl. Leben Schleiermachers, a.a.O., S. 318 ff. mit: Der entwicklungsgeschichtliche Pantheismus nach seinem geschichtlichen Zusammenhang mit den älteren pantheistischen Systemen, in: Ges. Schr., Bd. II, a.a.O., S. 312 ff.; Aus der Zeit der Spinoza-Studien Goethes, a.a.O., S. 391 ff.

74 Einleitung in die Geisteswissenschaften, a.a.O., S. 373.

75 Das Zitat spielt an auf Goethes *Naturhymnus*. Vgl. Grundlegung der Wissenschaften vom Menschen, der Gesellschaft und der Geschichte, Ges. Schr., Bd. XIX, Göttingen 1982, S. 331.

76 Frühe Entwürfe zur Erkenntnistheorie und Logik, in: Ges. Schr., Bd. XIX, S. 54 und 65.(= Ausarbeitung zum 2. Band der ›Einleitung‹); Beiträge zum Studium der Individualität, in: Ges. Schr., Bd. V, S. 244.

77 Vgl. Frühe Entwürfe zur Erkenntnistheorie und Logik, Ges. Schr., Bd. XIX, S. 52; Ausarbeitungen zum 2. Band der Einleitung, a.a.O., S. 65 und 178.

78 Die Einbildungskraft des Dichters. Bausteine zu einer Poetik, in: Ges. Schr., Bd. VI, S. 117.

79 Plan der Fortsetzung zum Aufbau der geschichtlichen Welt in den Geisteswissenschaften (1910), Ges. Schr., Bd. VII, S. 278.

80 Der Fortgang über Kant, Ges. Schr., Bd. VIII, S. 179.

81 Ausarbeitungen zum 2. Band der Einleitung, Ges. Schr., Bd. XIX, S. 80.

82 Frühe Entwürfe zur Erkenntnistheorie und Logik, Ges. Schr., Bd. XIX, S. 52. Man vergleiche damit die Fortentwicklung der Analyse in den Ausarbeitungen zum 2. Band der Einleitung, a.a.O., S. 65 und 178.

83 So lautet die methodische Formel für die Selbstbesinnung noch in den ›Beiträgen zur Lösung der Frage über den Ursprung unseres Glaubens an die Realität der Außenwelt und seinem Recht‹ (1890), in: Ges. Schr., Bd. V, S. 90.

84 Ausarbeitung zum 2. Band der Einleitung, Ges. Schr., Bd. XIX, S. 223 f., 225.

85 Ausarbeitung der deskriptiven Psychologie (ca. 1880), Ges. Schr., Bd. XVIII, S. 177. Die Mannigfaltigkeit des psychischen Lebens und ihre Einteilung (ca. 1880), in: Ges. Schr., Bd. XIX, S. 175 ff.

86 Vgl. Leben und Erkennen, Ges. Schr., Bd. XIX, S. 353, wo dieser Trias unter dem Gesichtspunkt der unmittelbaren Gegebenheit des ganzen *Lebenszusammenhangs* entfaltet wird.

87 Beiträge zur Lösung der Frage etc., a.a.O., S. 98, 104 und 134.

88 Darunter versteht Dilthey die »im Bewußtsein stattfindende Trennung eines Anderen vom Selbst« (a.a.O., S. 112).

89 Vgl. H. Johach/F. Rodi, Vorbericht zur Edition der Ges. Schr., Bd. XIX, p. L I.

90 Beiträge zur Lösung der Frage etc., Ges. Schr., Bd. V, S. 107.

91 Vgl. Ausarbeitungen zum 2. Band der Einleitung, Ges. Schr., Bd. XIX, S. 182.

92 Beiträge zur Lösung der Frage etc., Ges. Schr., Bd. V, S. 95 und 131.

93 Beiträge zur Lösung der Frage etc., Ges. Schr., Bd. V, S. 110 ff.

94 Ebd., S. 111.

95 Leben und Erkennen, Ges. Schr., Bd. XIX, S. 377. Vgl. auch a.a.O., S. 353.

96 Leben und Erkennen, Ges. Schr., Bd. XIX, S. 374 ff.

97 Vgl. meine Einleitung zur Neuausgabe dieses Textes, 1981², S. 63 ff.

98 Beiträge zum Studium der Individualität (1895/96), Ges. Schr., Bd. V, S. 248 ff. Auf die Verwandtschaft mit Husserl verweist F. Fellmann, Natur als Grenzbegriff der Geschichte, in: O. Schwemmer (Hrsg.), Über Natur, Frankfurt/M. 1987, S. 86 f. – Es verdient hervorgehoben zu werden, daß Dilthey den Zugang zur Außenwelt über die Klasse der transzendentalen Erfahrung unter dem Eindruck von Yorcks Bedenken gegen den Kantianismus fallen gelassen hat. Vgl. Briefwechsel zwischen W. Dilthey und dem Grafen Yorck von Wartenburg 1877-1897, hrsg. von S. von der Schulenburg, Halle 1923, S. 194.

99 Leben und Erkennen (1892/93), Ges. Schr., Bd. XIX, S. 356, Vgl. auch Frühe Entwürfe zur Erkenntnistheorie und Logik, a.a.O., S. 21 und Bd. V, S. 243.

100 Leben und Erkennen (1892/93), Ges. Schr., Bd. XIX, S. 356. Vgl. auch Bd. V, S. 243.

101 Leben und Erkennen, a.a.O., S. 356.

102 Ausarbeitungen zum 2. Band der Einleitung, Ges. Schr., Bd. XIX, S. 91. Vgl. a.a.O., S. 81.

103 Leben und Erkennen, Ges. Schr., Bd. XIX, S. 377 f. – Das Beispiel des St. Gotthard steht für die technische Vernetzung der Alpenregion durch den Ausbau des Straßen- und Eisenbahnsystems in der 2. Hälfte des 19. Jahrhunderts, einem »Triumpf der Technik«, woge-

gen Dilthey an die Unvertilgbarkeit des menschlichen Gefühls der Abhängigkeit von der Natur appelliert.

104 Leben und Erkennen, Ges. Schr., Bd. XIX, S. 378.

105 Z. B. Einleitung in die Geisteswissenschaften, I, S. 138.

106 Vgl. J. König, Sein und Denken, Halle 1936, S. 215.

107 Vgl. Pädagogik. Geschichte und Grundlinien des Systems, Ges. Schr., Bd. IX, S. 182.

108 Ausarbeitungen zum 2. Band der Einleitung, Ges. Schr., Bd. XIX, S. 288. – Es verdient in diesem Kontext angemerkt zu werden, daß Dilthey die 2. Auflage von Marx' ›Kapital‹ (Westermanns Monatshefte, Bd. H. 4, Nr. 260, 1878) rezensiert hat.

109 Leben und Erkennen, Ges. Schr., Bd. XIX, S. 376 ff.

110 Vgl. Anm. zu den ›Typen der Weltanschauung und ihre Ausbildung in den metaphysischen Systemen‹, Ges. Schr., Bd. VIII, S. 245 f.

111 Ausarbeitungen zum 2. Band der Einleitung, Ges. Schr., Bd. XIX, S. 289; Leben und Erkennen, a.a.O., S. 363.

112 Ausarbeitungen zum 2. Band der Einleitung, Ges. Schr., Bd. XIX, S. 75.

113 Ausarbeitungen zum 2. Band der Einleitung, Ges. Schr., Bd. XIX, S. 75. Die Vorlage scheint F. Brentano, Psychologie vom empirischen Standpunkt (1874), Bd. 2, Leipzig 1925, S. 50 ff., zu sein, nach dem alle Sätze, die ein Urteil ausdrücken, auf Existentialsätze zurückführbar sind.

114 Sein und Zeit, § 24, Tübingen 1956[7], S. 65.

115 Die deutsche Philosophie in der Epoche Hegels, Ges. Schr., Bd. IV, S. 277; Leben und Erkennen, Ges. Schr., Bd. XIX, S. 360.

116 Die Deutsche Philosophie in der Epoche Hegels, a.a.O., S. 273 f.

117 Nachlaß C 40: 170, mitgeteilt bei H. Johach/F. Rodi, Vorbericht zu Bd. XIX, p. LIV.

118 Die Typen der Weltanschauung und ihre Ausbildung in den metaphysischen Systemen, Ges. Schr., Bd. VIII, S. 80 f.

Naturphilosophie und Anthropologie

1 Logik, Buch III, 3. Abschn., Kap. 3, zit. Hegel, Sämtl. Werke, ed. H. Glockner. Bd. V, S. 352. – Wir zitieren fortan unter der Abkürzung: WG I ff. nach der Glocknerschen Jubiläumsausgabe.

2 Ebenda, S. 236: »Die Idee ist der adäquate Begriff, das objektive Wahre oder das Wahre als solches. Wenn irgend etwas Wahrheit hat, hat es sie durch seine Idee, oder etwas hat nur Wahrheit, insofern es Idee ist.« Vgl. S. 239: »Sein hat die Bedeutung der Wahrheit erreicht, indem die Idee die Einheit des Begriffs und der Realität ist; es ist also nunmehr nur das, was Idee ist.«

3 WG VIII, S. 64.
4 WG VIII, S. 452.
5 WG IX, S. 719-722.
6 Diese Wendung ebenda, S. 58.
7 WG X, S. 49.
8 Ebenda, S. 63-70.
9 Ebenda, S. 63.
10 Ebenda, S. 241.
11 WG IX, S. 31 f. und 37 (Berliner Einleitung in die Naturphilosophie). Vgl. WG XVIII, S. 337 ff. Vorgebildet sieht Hegel die Trennung schon in der zwischen *Physica generalis* und *partialis* bei Wolff, der Kosmologie – als Lehre von der allgemeinen Verfassung der körperlichen Natur (scientia mundi in genere) – und spezielle Physik (Meterologie, Hydraulik, Physiologie, Botanik, Zoologie, Anthropologie, Pathologie) unterscheidet. Vgl. Phil. rat. (1728), Disc. praelim. Cap. III, §§ 75-85.
12 MEGA 1. Abt. Bd. III, S. 122.
13 WG IX, S. 32. Am Schluß der Naturphilosophie bezeichnet Hegel die »Befreiung von der Natur und der Wirklichkeit« geradezu als den »Begriff der Naturphilosophie« (S. 721).
14 Vgl. dazu die Hinweise von K. Löwith: Marxismus und Geschichte, in: Neue Deutsche Hefte, Jg. 1958, S. 876 ff. sowie Ges. Abhandlungen, Stuttgart 1960, S. 171/72. Das in der bisherigen Marx-Literatur nur kursorisch behandelte Thema hat jetzt bei A. Schmidt: Der Begriff der Natur in der Lehre von Marx, in: Frankfurter Beiträge zur Soziologie Bd. 11 (1962) eine eingehende Darstellung gefunden.
15 MEGA 1. Abt. Bd. III, S. 124 und 160.
16 Daß Marx selber das theoretisch Unumgängliche dieses Problems gesehen hat, zeigen einige Reflexionen aus den Vorbereitungsheften zur Kritik der politischen Ökonomie über Luxus, Industrie und Naturnotwendigkeit, die mit dem Satze schließen: »Notwendige Bedürfnisse sind die des Individuums, reduziert selbst auf ein Natursubjekt ... Diese Fragen über das *System der Bedürfnisse* und *System der Arbeiten*, an welcher Stelle ist es zu behandeln? Wird sich im Verlauf ergeben« (Grundrisse der Kritik d. polit. Ökonomie, Berlin 1953, S. 426/27). Mit Ausnahme der »allgemeinen Einleitung«, die Marx auf Grund ihrer Allgemeinheit dem 1859 erschienenen ›Ersten Heft‹ der Kritik nicht voranstellte (vgl. Vorwort zur ›Kritik der polit. Ökonomie‹, zit. Berlin 1951, S. 11), ist er darauf nicht wieder zurückgekommen.
17 Vgl. MEGA 1. Abt. Bd. III, S. 122.
18 Ebenda, S. 116 – Auf die Anthropologie des jungen Marx hat E. Thier nachdrücklich hingewiesen und damit die Marx-Diskussion der 50er Jahre in Deutschland maßgeblich beeinflußt. Vgl. seine Einleitung zur

Ausgabe der Pariser Manuskripte, Köln 1950, in erweiterter Form erschienen unter dem Titel: Das Menschenbild des jungen Marx, Göttingen 1957. Aus der reichhaltigen Literatur seien genannt H. Popitz: Der entfremdete Mensch. Zeitkritik und Geschichtsphilosophie des jungen Marx, Basel 1953; R. Dahrendorf: Marx in Perspektive, Hannover 1952; J. Hommes: Der technische Eros, Freiburg i. Br. 1955; E. Metzke: Mensch und Geschichte im ursprünglichen Ansatz des Marxschen Denkens, in: Marxismus-Studien, 2. Folge, Tübingen 1957; G. Dicke: Der Identitätsgedanke bei Feuerbach und Marx, Köln/Opladen 1960.

19 Hier liegt der Unterschied des Marxschen Naturbegriffs zum Materialismus des 17. und 18. Jahrhunderts, der die Lehre vom Menschen aus den universellen Regeln deduziert, die das Gesetz der Natur allem Seienden vorschreibt. Vgl. d'Holbach: Système de la Nature (1770), I, Chap. VI, S. 71 ff.; Helvetius. De l'esprit (1758), Vol. I, S. 97. Natur und Mensch, Naturgeschichte und Geschichte, Natur und Gesellschaft bilden bei Marx eine Einheit. »... die Natur, abstrakt genommen, für sich, in der Trennung vom Menschen fixiert, ist für den Menschen *nichts*« (MEGA I. Abt. Bd. III, S. 170). Der Mensch ist »unmittelbar Naturwesen« (160), aber »nicht nur Naturwesen, sondern er ist *menschliches* Naturwesen« (162); er ist der »unmittelbare Gegenstand der Naturwissenschaft« (123), aber die Natur zugleich der »unmittelbare Gegenstand der Wissenschaft vom Menschen« (123). Ebenso gilt die Geschichte für Marx einerseits als wirklicher Teil der Naturgeschichte, des »Werdens der Natur zum Menschen« (123), und andererseits als die »wahre Naturgeschichte des Menschen« (162). Man kann sagen, daß Marx schon in den ›Ökonomisch-Philosophischen Manuskripten‹ die Grundkategorien seines Historischen Materialismus, Arbeit, bzw. Industrie, Gesellschaft und Geschichte, entwickelt hat, und zwar gerade auf Grund der anthropologischen Reduktion der Natur. Die Industrie erscheint als »wahre anthropologische Natur« (122), die Gesellschaft als Dasein der Natur in Gestalt des Mitmenschen (123, 125) und die Geschichte als »Werden der Natur für den Menschen« (125). Die prägnante Zusammenfassung dieser Reduktion findet sich in dem Satze: »Die *gesellschaftliche* Wirklichkeit der Natur und die *menschliche* Naturwissenschaft oder die *natürliche Wissenschaft vom Menschen* sind identische Ausdrücke« (123, Hervorh. von Marx). Während jedoch Feuerbach bei der Anthropologie als »Universalwissenschaft« der neuen Philosophie stehenbleibt (Grundsätze der Philosophie der Zukunft, 1843, § 54), löst Marx die von ihm postulierte »eine Wissenschaft«, die Mensch und Natur umfaßt (123), in universellen Historismus, in die Geschichte als »einziger Wissenschaft« auf (vgl. Deutsche Ideologie (1845), Einleitung).

20 Dies gilt, mit gewissen Einschränkungen, auch für die oben genannte

Arbeit von A. Schmidt und für M. Friedrich: Philosophie und Ökonomie beim jungen Marx, Berlin 1960, die beide in einem kritischen Verhältnis zur bisherigen Marx-Literatur stehen, vor allem was die »philosophische« Interpretation des jungen Marx und die mangelnde Berücksichtigung seiner späteren Schriften zur politischen Ökonomie betrifft. Die gegenwärtige Situation der Marx-Forschung behandelt die lehrreiche Studie von J. Habermas: Zur philosophischen Diskussion um Marx und den Marxismus, in: Philosoph. Rundschau 5. Jg. (1957), jetzt auch in dem Aufsatz-Band: Theorie und Praxis, Neuwied 1963, S. 261 ff.

21 Hegel hat die Philosophie des Lebendigen mehrfach behandelt: in den Jenenser Vorlesungen von 1803/04 und 1805/06 (Realphilosophie Bd. I, ed. J. Hoffmeister, Leipzig 1932, S. 145 bis 191 und Realphilosophie Bd. II, Leipzig 1931, S. 140-176), in der Phänomenologie des Geistes, Abschn.: Beobachtung der Natur (WG II, S. 192-233, vor allem S. 200 ff.), in der Logik (WG V, S. 244-259) und Naturphilosophie (WG IX, S. 449-722) sowie in besonders eindringlicher Weise innerhalb der Vorlesungen zur Ästhetik (WG XII, S. 176-187, 192 f. und 200-213). Es versteht sich, daß seine Darstellungen hier nur soweit berücksichtigt sind, als sie das Thema angehen und erhellen. Obwohl sie zu den zweifellos bis heute unveraltet und groß gebliebenen Teilen der Naturphilosophie gehören, haben sie in der philosophischen Literatur nicht die ihnen zukommende Beachtung gefunden. Systematisch gesehen, handelt es sich um den Abschnitt III, Organik, 3. Kap.: *Der tierische Organismus* (WG IX, S. 575-722). Unter dem Titel »Organik« erörtert Hegel zwar auch den Erdorganismus (1. Kap.) und den vegetabilischen Organismus (2. Kap.), aber mit dem ausdrücklichen Zusatz, daß »erst im Dritten (d. h. in der tierischen Lebendigkeit) das Leben als solches vorhanden, da dessen Hauptbestimmung die Subjektivität ist; die früheren Stufen sind nur unvollkommene Wege dahin« (S. 453). In meiner Arbeit: Theorie und Praxis im Denken Hegels, Stuttgart 1965, habe ich den Versuch unternommen, dieses Problem, soweit es sich auf die Hegelsche Ontologie der Subjektivität bezieht, aus der Naturphilosophie heraus zu interpretieren. Der vorliegende Aufsatz nimmt z. T. darauf Bezug.

22 WG IX, S. 453.

23 WG V, S. 245 f.

24 Ebenda, S. 245.

25 Realphilosophie Bd. I, S. 132.

26 WG IX, S. 456. Vgl. WWG VI, S. 207.

27 WG VIII, S. 431 f.; IX, S. 492 f.

28 WG IX, S. 492 ff.; VIII, S. 432 f.

29 WG V, S. 248.

30 Vgl. WG IX, S. 583: »Indem der animalische Organismus der Prozeß

der Subjectivität ist, in der Äußerlichkeit sich auf sich selbst zu beziehen, so ist erst hier die übrige Natur als eine äußere vorhanden, weil das Animalische sich in diesem Verhältniß zum Aeußeren erhält.«

31 WG IX, S. 621: »Das Selbstgefühl der Einzelheit (d. h. des Lebendigen, M. R.) ist ... unmittelbar ausschließend und gegen eine unorganische Natur als gegen seine äußerliche Bedingung und Material sich spannend.«

32 WG VIII, S. 432 und IX, S. 622: »Das Aeußerliche hat nur die Bestimmung, für das Organische zu sein; und dieses ist das sich dagegen Erhaltende.«

33 WG IX, S. 622. Vgl. auch WG V, S. 248, wo die Zweiheit des Verhältnisses des Lebendigen zur Außenwelt ebenfalls als Theorie-Praxis-Moment erscheint, mit der formalen Bestimmung des praktischen Prozesses als »reelle Reflexion«. Sowohl diese Unterscheidungen als auch einzelne Momente der Darstellung beider Prozesse innerhalb der Naturphilosophie sind aristotelischen Ursprungs, – freilich mit dem wesentlichen Unterschied, daß für Aristoteles das Ernährungsvermögen (τὸ θρεπτικόν) der »Seele« weder »praktisch« und das Wahrnehmungsvermögen (τὸ αἰσθητικόν) nicht schon »theoretisch« ist. Vgl. vor allem, De an. II 2. 413 b 1 ff.; 3. 414 a 29 ff.; 4. 415 a 23 ff.

34 In dieser Nicht-Transzendierbarkeit der Natur durch das Lebendige sieht Hegel seine Endlichkeit: »Aber für das Individuum wird die unorganische Natur eine vorausgesetzte, vorgefundene; und darin besteht die Endlichkeit des Lebendigen. Das Individuum ist für sich dagegen, aber so, daß dieser Zusammenhang beider schlechthin ein absoluter, untrennbarer, innerlicher, wesentlicher ist; denn das Organische hat diese Negativität in sich selbst« (WG IX, S. 622). Im Unterschied dazu ist die positive Voraussetzung des Übergangs von der Philosophie des Lebendigen zur Anthropologie die Transzendenz des Lebens durch den Geist. Vgl. die auf die Phänomene von Krankheit und Tod des lebendigen Individuums bezüglichen §§ 371-375 der Naturphilosophie, WG IX, 696 ff. und 717 ff.

35 WG IX, S. 622/23: »Indem die thierische Organisation in dieser äußerlichen Beziehung unmittelbar in sich reflectiert ist, so ist dieß ideelle Verhalten der theoretische Prozeß, die Sensibilität als äußerer Prozeß, und zwar als bestimmtes Gefühl, welches sich in die Vielsinnigkeit der unorganischen Natur unterscheidet.« Vgl. WG VI, S. 208 f.

36 WG IX, S. 623. Vgl. dazu Anthropologie, X, S. 129, wo Hegel die Erörterung der Sinnesstruktur wiederholt: »Die allgemeinen Weisen des Empfindens beziehen sich auf die ... verschiedenen physikalischen und chemischen Bestimmtheiten des Natürlichen und sind durch die verschiedenen Sinnesorgane vermittelt.«

37 Vgl. WG X, S. 127. Hier nennt Hegel das System der Sinne das

»einfache System der spezifizierten Körperlichkeit«, wobei »Körperlichkeit« als Begriff sowohl die Leiblichkeit der anthropologischen Subjektivität wie die Gegenständlichkeit der äußeren Natur bezeichnet.

38 WG IX, S. 625.

39 Ebenda, S. 626.

40 Ebenda.

41 Ebenda.

42 Ebenda, S. 624.

43 Realphil. II, S. 162.

44 WG IX, S. 628. Vgl. WG VI, S. 209 f.

45 WG IX, S. 635: »Der Trieb im besonderen Thier ist ein ganz bestimmter Trieb; jedes Thier hat nur einen beschränkten Kreis zu seiner eignen unorganischen Natur, die allein für es ist, und die es sich aus vielem und zwar vermöge des Instincts, heraussuchen muß.« Es ist interessant zu sehen, daß Hegel an dieser Stelle u. a. die praktische Lebenstätigkeit des Menschen von der des Lebendigen ausdrücklich unterscheidet und an dieser Unterscheidung das Spezifische des praktischen Prozesses für das Sein des Lebendigen artikuliert. Mit dem Thiere verglichen, habe der Mensch einen »viel ausgedehnteren Kreis« seiner assimilierenden Lebenstätigkeit. Während klimatische Unterschiede der Erde das Tier bestimmen, lebe er »überall« und unabhängig von den geographischen »Lokalitäten«, von Wald, Ebene, Gebirge usf., weil er nicht, wie das Tier, ein »unmittelbares Dasein« inmitten der Natur lebt, sondern sich, indem er aus ihrer Mitte heraustritt, mit ihr »vermitteln« kann. Denn auch der Mensch steht für Hegel im praktischen Prozeß gegen die Äußerlichkeit und muß sich für sein Lebenkönnen das Seiende assimilieren. Von hier aus nennt Hegel den Menschen das »allgemeine, denkende Tier«, das in seiner praktischen Lebenstätigkeit alles Seiende zu seinem Gegen-stand und »alle Gegenstände zu seiner unorganischen Natur« mache, und zwar »auch für sein Wissen«. Auf diesem Standpunkt wird also sein Denkvermögen in den praktischen Prozeß gegen die Äußerlichkeit eingespannt und er selber, sofern er sich praktisch zur Natur verhält, zu einem »denkenden Tier«, bestimmt. Während aber die menschliche Lebenspraxis in ihren erweiterten Seinsmöglichkeiten die Erweiterung des theoretischen Prozesses zum Denken voraussetzt, entspringt die Praxis des Lebendigen unmittelbar, d. i. ohne die erweiternde Vermittlung des Denkens aus seiner Trieb- und Instinktdetermination.

46 WG IX, S. 635. Diese Bestimmungen kehren u. a. wieder im § 190 der Philosophie des Rechts, wo Hegel auf die unterschiedlichen »Kreise« von Tier und Mensch hinsichtlich der Art des Bedürfnisses und der Befriedigung hinweist.

47 WG IX, S. 645 und 657.

48 WG IX, S. 660 ff. Beide Begriffe werden schon bei Schelling (Erster Entwurf eines Systems der Naturphilosophie (1799), Werke II, ed. M. Schröter, München 1927, S. 171 ff.) verwendet, wie Hegel sich überhaupt an die Schematisierung der Schellingschen Organismuslehre (u. a. an die Unterscheidung von Sensibilität, Irritabilität und Bildungstrieb) anlehnt, sie inhaltlich aber entscheidend verändert. Der Begriff des »Kunsttriebes«, im 18. Jahrhundert durch H. S. Reimarus in das popularphilosophische Bewußtsein eingegangen (Allgemeine Betrachtungen über die Triebe der Tiere, hauptsächlich über ihre Kunst-Triebe. Hamburg 1760), geht auf die antike Naturforschung und Philosophie zurück. Vgl. Aristoteles: Hist. anim. VIII, Cap. 1; 10; Galen: De us. part. I, 2 3; Seneca: Ep. CXXI. Während dieser dem Umkreis der antiken Auslegung des Lebendigen entstammt, scheint der Ausdruck »Bildungstrieb« mit den Ansätzen des 18. Jahrhunderts, das »Organische« als »Werdeprozeß« zu begreifen, im Zusammenhang zu stehen (Blumenbach). Es wäre eine eigene Aufgabe zu zeigen, wie Hegel auch in der Naturphilosophie die verschiedenen Traditionselemente einer philosophischen Theorie des Lebens (Aristoteles, Kant, Schelling, die romantische Naturphilosophie) mit den neuen Lehren der großen Naturforscher der Epoche (Buffon, Bichat, Lamarck, Spallanzani, Treviranus und andere) verbindet.

49 WG IX, S. 661. »Der Gegenstand«, heißt es dort, »wird auf eine Weise formiert, in der er das subjective Bedürfnis des Thiers befriedigen kann; es findet hier aber nicht bloßes feindliches Verhalten der Begierde zur Außenwelt, sondern eine Ruhe gegen die äußere Existenz statt«.

50 Ebenda, S. 662. Durch die Veränderung des Gegenstandes zur zweckmäßigen Form der Lebendigkeit befriedigt sich der »Trieb«, ohne daß der Gegenstand »aufgehoben« wird und »praktisch« verschwindet. Die »theoretische Seite« im Kunsttrieb liegt eben darin, daß das Ding in seinem Bezug auf das Bedürfnis nicht verzehrt, sondern erhalten, d. h. »bloß formiert« wird.

51 WG IX, S. 661.

52 Ebenda, S. 662. Die Beziehung zur menschlichen Tätigkeit nach Zwecken und zum kunst-vollen Vermögen, Seiendes zum Werke bemeistern zu können, hat Hegel an dieser Stelle ausdrücklich vermerkt. Der Kunsttrieb des Lebendigen, so heißt es da, sei nur sein »inneres Ansich«, der »bewußtlose Werkmeister«, welcher erst beim »menschlichen Künstler« zu vollendeter Entfaltung komme und im Denken »Begriff für sich selbst« werde. Aber dennoch durchwalte das zweckmäßige Können und die formierende Tätigkeit in der Außenwelt schon das Sein des Lebendigen: »Im Lebendigen liegt dieses Höhere, die Tätigkeit zu sein, welche die äußerlichen Dinge formiert und sie zugleich in ihrer Äußerlichkeit läßt, weil sie schlechthin, als zweckmäßige Mittel, eine Beziehung auf den Begriff haben.«

53 WG IX, S. 664 f.
54 Ebenda, S. 665.
55 Wenn die Strukturen der Hegelschen Theorie des Lebendigen im Ansatz der Marxschen Anthropologie wiederkehren, so versteht sich, daß es sich dabei nicht um eine direkte »Abhängigkeit« von der Naturphilosophie handeln kann. Es ist immerhin bemerkenswert, daß Marx diese eingehend studiert hat (vgl. dazu die aus der Berliner Zeitung stammenden Exzerpte, die vor allem den Abschn. *Organik* betreffen, in: MEGA 1. Abt. Bd. 1, 2, S. 99) und im Zusammenhang seiner Hegel-Kritik in den Ökonomisch-Philosophischen Manuskripten dem Naturbegriff besondere Aufmerksamkeit widmet (MEGA 1. Abt. Bd. III, S. 170 ff. – Marx besaß u. a. auch im Londoner Exil ein Exemplar der Hegelschen Naturphilosophie (vgl. Marx-Engels: Briefwechsel Bd. II, Berlin 1949, S. 404; Engels an Marx, 14. Juli 1858)). – Die Vorarbeiten zur Kritik der politischen Ökonomie sind zuerst 1939 und 1941 in Moskau (zweibändig) und 1953 in Berlin veröffentlicht worden. Sie nehmen, auf neuer Reflexionsstufe, die Theorie der Industrie, der entfremdeten Arbeit und der Geschichte, wie sie uns in den Pariser Manuskripten entgegentreten, wieder auf und zeigen, daß die Differenz zwischen dem »jungen« und »späten« Marx keine prinzipielle ist. Vgl. auch die Bemerkungen bei A. Schmidt, Der Begriff der Natur in der Lehre von Marx, a.a.O., S. 10.
56 MEGA 1. Abt. Bd. III, S. 160.
57 Ebenda, S. 119.
58 MEGA 1. Abt. Bd. III, S. 87.
59 MEGA 1. Abt. Bd. III, S. 87: »Die Natur ist der unorganische Leib des Menschen, nämlich die Natur, soweit sie nicht selbst menschlicher Körper ist.«
60 Grundrisse, S. 231, 137, 389, 393, 391, 229 u. ö.
61 Vgl. Grundrisse, S. 265 f.
62 Ebenda.
63 Ebenda, S. 389.
64 Vgl. Grundrisse, S. 388: »... wie das arbeitende Subjekt natürliches Individuum, natürliches Dasein erscheint die erste objektive Bedingung seiner Arbeit als Natur, Erde, als sein unorganischer Leib.«
65 Ebenda, S. 384, 376 f., 396.
66 Kapital, S. 185. Vgl. S. 47 und 531. – Auf das Problem des »Stoffwechsels« und seine Bedeutung für Marx geht A. Schmidt ausführlich ein (vgl. Der Begriff der Natur ..., S. 63 ff.). Der Zusammenhang mit dem in der Hegelschen Naturphilosophie entwickelten Assimilationsprozeß des Lebendigen ist Sch. entgangen, obwohl erst dadurch seine zutreffenden Beobachtungen über die »spekulativen Aspekte« des Marxschen Begriffs und auch die Bezeichnung der Natur als »unorganischer« ihre Erklärung finden dürften.

67 MEGA 1. Abt., Bd. III, S. 87.
68 Grundrisse, S. 393.
69 Archiv f. Sozialwiss. Jg. 69, 1933, S. 268. Vgl. auch Reason and Revolution, dt. Übers. Neuwied 1962, S. 243 f.
70 MEGA 1. Abt. Bd. III, S. 88.
71 MEGA 1. Abt. Bd. III, S. 89.
72 Ebenda, S. 118.
73 Vgl. ebenda, S. 88.

Hegel, Heraklit und die moderne Physik

1 Vorlesungen über die Geschichte der Philosophie, Bd. 1, in: Hegel, Sämtl. Werke, hrsg. von H. Glockner (= WG), Bd. 17, Stuttgart 1959^3, S. 344.
2 Über den Wert der Wissenschaft, übers. von E. und H. Weber, Leipzig 1910^2, S. 208.
3 Vgl. A. Einstein – M. Besso, Correspondance 1903-1955, Paris 1972, S. 499 f. und 538.
4 Vgl. W. Heisenberg, Physik und Philosophie (1959), Frankfurt/Berlin/Wien 1984, S. 44.
5 Wholeness and the implicate Order, London 1981, dt. unter dem Titel: Die implizite Ordnung. Grundlagen eines dynamischen Holismus, München 1987.
6 System der Philosophie, 1, WG Bd. 8, S. 355.
7 Die implizite Ordnung, a.a.O., S. 43 f. und 157 ff.
8 Vgl. Bohms Beispiel in: Die implizite Ordnung, a.a.O., S. 162 mit Hegel, Wissenschaft der Logik, 1. Buch, 3. Abschnitt, 1. Kap., Anm., WG Bd. 4, S. 420 f. und 460.
9 Wissenschaft der Logik, 1. Buch, 3. Abschnitt, 2. Kap., WG Bd. 4, S. 460. Vgl. L. E. Fleischhacker, Quantität, Mathematik und Naturphilosophie, in: M. J. Petry (Hrsg.), Hegel und die Naturwissenschaften, Stuttgart 1987, S. 192.
10 Wissenschaft der Logik, a.a.O., WG Bd. 4, S. 459.
11 Naturphilosophie, § 276, WG Bd. 9, S. 167. Vgl. zuletzt D. Wandschneider, Die Kategorien ›Materie‹ und ›Licht‹ in der Naturphilosophie Hegels, in: Hegel und die Naturwissenschaften, a.a.O., S. 293 ff.
12 Die implizite Ordnung, a.a.O., S. 17 und 225 ff.
13 Naturphilosophie, § 275, Zusatz, WG Bd. 9, S. 157.
14 Jenenser Logik, Metaphysik und Naturphilosophie, hrsg. von G. Lasson (1923), Hamburg 1972^2, S. 261 ff., 329, 363; Jenaer Realphilosophie, Hamburg 1969^2, S. 41 ff., hrsg. von J. Hoffmeister (1931). Vgl. Th. Haering, Hegel. Sein Wollen und sein Werk, Bd. 1, Leipzig/Berlin

1929, S. 679; ders.: Hegel und die moderne Naturwissenschaft, in: Philosophische Hefte 3 (1931), S. 71 ff.

15 Naturphilosophie, § 275 Zus.; § 300 Anm., WG Bd. 9, S. 156 f. und 232 f.

16 Vgl. K. Wilber (Hrsg.), Das holographische Weltbild, Bern/München/Wien 1986², S. 72.

17 Fr. B 8, 24.

18 Vgl. Process and Reality, New York 1969, S. 240 f.

19 I. Prigogine/I. Stenger, Dialog mit der Natur. Neue Wege des naturwissenschaftlichen Denkens (1980), München/Zürich 1986⁵, S. 96 f.; I. Prigogine, Vom Sein zum Werden (1979), München 1985⁴, S. 91 f.

20 Vgl. Die implizite Ordnung, a.a.O., S. 248 f.; Das holographische Weltbild, a.a.O., S. 104 f.

21 Jenaer Realphilosophie, a.a.O., S. 3.

22 Vgl. Phänomenologie des Geistes, WG Bd. 2, S. 43 mit Nürnberger Propädeutik (1809/11), WG Bd. 3, S. 192.

23 Jenenser Logik, Metaphysik und Naturphilosophie, a.a.O., S. 203. Zur Problematik im ganzen (einschließlich der Textedition) vgl. die bahnbrechende Arbeit von H. Kimmerle, Das Problem der Abgeschlossenheit des Denkens, Bonn 1970 (= Hegel-Studien-Beiheft 8), S. 135 ff.

24 Vgl. die treffenden Bemerkungen von L. E. Fleischhacker, Quantität, Mathematik und Naturphilosophie, in: Hegel und die Naturwissenschaften, a.a.O., S. 184.

25 Darauf hat Schelling mit guten Gründen hingewiesen, die Trendelenburgs Hegel-Kritik (Logische Untersuchungen, Bd. 1 (1840), Leipzig 1970³, S. 36 ff.) aufnimmt. Nach Schelling hat Hegel die Logik über die Naturphilosophie aufbauen wollen, um sie dann für diesen Aufbau (in der Anschauung von »Bewegung«) immer wieder vorauszusetzen. Vgl. Zur Geschichte der neueren Philosophie (1827), Werke Bd. 5, München 1928, S. 208.

26 Jenenser Logik, Metaphysik und Naturphilosophie, a.a.O., S. 197.

27 Jenaer Realphilosophie, a.a.O., S. 3.

28 Jenenser Logik, Metaphysik und Naturphilosophie, a.a.O., S. 201.

29 Vgl. Dokumente zu Hegels Entwicklung, hrsg. von J. Hoffmeister, Leipzig 1938, S. 349.

30 Jenaer Realphilosophie, a.a.O., S. 114.

31 Hegel: Naturphilosophie Bd. 1: Die Vorlesung von 1819/20, hrsg. von M. Gies/K.-H. Ilting, Neapel 1982, S. 5.

32 Met. XI 3, 1061 b 5 ff. Vgl. dazu Schellings Einleitung in die Philosophie der Mythologie, in: Werke Bd. 5, S. 526 f.

33 Wissenschaft der Logik. Faksimiledruck nach der Erstausgabe von 1812, hrsg. von W. Wieland, Göttingen 1966, S. 33 f.

34 System der Philosophie, 1. Teil, § 86, WG Bd. 8, S. 206.

35 Vgl. Enzyklopädie der philosophischen Wissenschaften (1816), § 37, WG Bd. 6, S. 50 mit Hegels Diktaten aus einer *Enzyklopädie*-Vorlesung, hrsg. von F. Nicolin, in: Hegel-Studien, Bd. 5 (1969), S. 21.

36 Naturphilosophie, § 254 Anm., WG Bd. 9, S. 71.

37 Dissertatio Philosophica de Orbitis Planetarum (1801), hrsg. von W. Neuser, Weinheim 1986, S. 115 und 129; Jenaer Logik, Metaphysik und Naturphilosophie, a.a.O., S. 203-206. Spuren dieses Verhältnisses finden sich noch in der Jenaer Realphilosophie, die mit der ›Mechanik‹ einsetzt (a.a.O., S. 10 f.).

38 Naturphilosophie, § 258, WG Bd. 9, S. 79. In der Naturphilosophie der Heidelberger ›Enzyklopädie der philosophischen Wissenschaften‹ (1816), die nicht mit dem Titel: ›Mechanik‹, sondern mit ›Die Mathematik‹ (der Natur als Logik des Maßes) beginnen, hat sich Hegel noch gescheut, die Kategorie des Werdens mit dem Anschauen zu verbinden und in den Text aufzunehmen (§ 201, WG Bd. 6, S. 154). Vgl. V. Hösle, Raum, Zeit, Bewegung, in: Hegel und die Naturwissenschaften, a.a.O., S. 260.

39 Naturphilosophie, WG Bd. 9, S. 200, 448, 698 f.

40 Vgl. J. N. Findlay, Hegel und die Physik, in: H.-G. Gadamer (Hrsg.), Stuttgarter Hegel-Tage 1970, Bonn 1974, S. 114.

41 Naturphilosophie, § 338, WG Bd. 9, S. 456.

42 Naturphilosophie, § 336, WG Bd. 9, S. 448.

43 Über die wissenschaftlichen Behandlungsarten des Naturrechts, WG Bd. 2, S. 506.

44 Vorlesungen über die Geschichte der Philosophie, Bd. 1, WG Bd. 17, S. 214, 236, 315.

45 Vorlesungen über die Geschichte der Philosophie, WG Bd. 9, S. 354.

46 Vgl. Hegel und das Problem des Anfangs der griechischen Philosophie, in: Antike und Abendland Bd. 33, Heft 2, (1988).

47 Vorlesungen über die Geschichte der Philosophie, WG Bd. 9, S. 355.

48 Vorlesungen über die Geschichte der Philosophie, WG Bd. 9, S. 354. Vgl. W. Bröcker, Die Geschichte der Philosophie vor Sokrates, Frankfurt/M. 1965, S. 43.

49 Vorlesungen über die Geschichte der Philosophie, WG Bd. 9, S. 363.

50 Vorlesungen über die Geschichte der Philosophie, WG Bd. 9, S. 354. Vgl. N. Psimmenos, Hegels Heraklit-Verständnis, Phil. Diss. Basel/Paris 1978, S. 61 f.

51 Naturphilosophie, § 258, Anm., WG Bd. 9, S. 79 f.

52 Naturphilosophie, § 258, Zus., WG Bd. 9, S. 80 f.

53 Naturphilosophie, § 261, WG Bd. 9, S. 90.

54 Prigogine/Stenger, Dialog mit der Natur, a.a.O, S. 97.

55 Naturphilosophie, § 266, WG Bd. 9, S. 110.

56 Vgl. System der Philosophie, 2. Teil, hrsg. von K. L. Michelet, Vorwort, WG Bd. 9, S. 14.

57 Vgl. J. Kerschensteiner, Der Bericht des Theophrast über Heraklit, in: Hermes, Bd. 83 (1955), S. 390 ff.
58 Wissenschaft der Logik, 1. Buch, 3. Abschnitt, WG Bd. 4, S. 408.
59 Vorlesungen über die Geschichte der Philosophie, WG Bd. 9, S. 366. Hegels Vorlage ist Fr. A 16 (= Sextus Empiricus, adv. Math. VII, § 130).
60 Vgl. E. Kurtz, Interpretationen zu den Logos-Fragmenten des Heraklit, Hildesheim/New York 1971, S. 112 ff.
61 Nach Sextus Empiricus, adv. Math. VII, § 133, auf den sich Hegel überhaupt stützt. Merkwürdigerweise findet das Logos-Fragment B 1 nur am Rande Beachtung (Vorlesungen über die Geschichte der Philosophie, WG Bd. 9, S. 367).
62 Vorlesungen über die Geschichte der Philosophie, WG Bd. 17, S. 358. Vgl. K. Held, Heraklit, Parmenides und der Anfang von Philosophie und Wissenschaft, Berlin/New York 1980, S. 394 ff.
63 Wissenschaft der Logik, 1. Buch, 3. Abschnitt, WG Bd. 4, S. 408.

Zweck- und bedürfnisgebundenes Handeln

1 G. Klaus, M. Buhr (Hrsg.): Philosophisches Wörterbuch, Bd. 1, Leipzig ^{6}1969, 177.
2 Vgl. K. Marx, F. Engels: Die deutsche Ideologie, Einleitung, Werke, Bd. III, Berlin 1958, 28.
3 Ich beziehe mich zum Teil auf A. Kenny: Will, Freedom and Power, Oxford 1975.
4 O. Schwemmer: Philosophie der Praxis. Versuch zur Grundlegung einer Lehre vom moralischen Argumentieren, Frankfurt a. M. 1971, 68 f.; vgl. 47 ff. Den Reduktionismus des ursprünglichen Ansatzes hat der Autor inzwischen korrigiert. Vgl. das Nachwort zur Taschenbuchausgabe der Philosophie der Praxis, Frankfurt a. M. 1981.
5 Grundlinien der Philosophie des Rechts, § 122, Werke, hrsg. von H. Glockner, Bd. 7, 180.
6 Vgl. G. E. M. Anscombe: Intention, Oxford 1957.
7 Vgl. G. H. v. Wright: Das menschliche Handeln im Lichte seiner Ursachen und Gründe, in: H. Lenk (Hrsg.): Handlungstheorien interdisziplinär II 2, München 1979, 418.
8 Ebd. 423 f.
9 Über ein vermeintes Recht aus Menschenliebe zu lügen (1797). Vgl. zuletzt G. Geismann, Versuch über Kants rechtliches Verbot der Lüge, in: H. Oberer/G. Seel (Hrsg.), Kant. Analysen-Probleme-Kritik, Würzburg 1988, 293 ff.
10 Vom Wesen der Willensfreiheit (1936), in: Vorträge und Erinnerungen, Stuttgart 1949, 304 f.

Freiheit und Verantwortung

1 Vgl. H.-G. Gadamer: Die Begriffsgeschichte und die Sprache der Philosophie: Kleine Schriften IV, Variationen, Tübingen 1977, 2.
2 Vgl. Boëthius: Consolationis philosophiae, Lib. V 4, 115-118.
3 Duns Scotus: Additio magna, in: C. Balič: Les Commentaires de Jean Duns Scot, Louvain 1929, 299; Wilhelm von Ockham: Quodlibetum, I, qu. 16 (1491), Neudruck Louvain 1962.
4 M. Luther: Sermon von der Freiheit eines Christenmenschen (1520), zit. nach: M. Luthers Deutsche Schriften, Gotha 1816, Bd. I, 243-260.
5 I. Kant: Kritik der reinen Vernunft (1781), B 582.
6 Boëthius, De Consolatione philosophiae, VI, 6, 122-126.
7 Vgl. Th. W. Adorno: Negative Dialektik, Frankfurt a. M. 1966, III 1, 209 ff.
8 Ebd., 260.
9 Vgl. H. Krings, Reale Freiheit. Praktische Freiheit. Transzendentale Freiheit, in: System und Freiheit, Freiburg/München 1980, 40-68.
10 Vgl. I. Kant: Metaphysische Anfangsgründe der Rechtslehre, Einleitung, § D, in: Gesammelte Schriften, Akad.-Ausg. Bd. VI, 231.
11 Er wird von H. Krings mit Recht noch dem Begriff der realen Freiheit zugeordnet. Vgl. Staat und Freiheit, a.a.O., S. 285 ff. Die normativlogischen und axiologischen Strukturen interpersonaler Kommunikation habe ich in dem Entwurf einer kommunikativen Ethik näher zu explizieren versucht. Vgl. Lineamenti di etica communicativa. Elementi e principi di una theoria del discorso morale, Padova 1982, P III, §§ 2-3.
12 Kritik der reinen Vernunft, Akad.-Ausg. Bd. III, 310.
13 Kritik der praktischen Vernunft, I, I, I, § 6, Akad.-Ausg. Bd. V, 29.
14 Grundlegung zur Metaphysik der Sitten, 2. Abschnitt, Akad.-Ausg. Bd. IV, 455.
15 Vgl. Kritik der reinen Vernunft, Akad-Ausg. Bd. III, 363 mit Kritik der praktischen Vernunft, Akad.-Ausg. Bd. V, 94, wo die praktische Freiheit als »Unabhängigkeit des Willens von jedem anderen außer allein dem moralischen Gesetze« definiert wird.
16 Kritik der reinen Vernunft, a.a.O., 363.
17 Kritik der praktischen Vernunft, a.a.O., 29 f. und 94.
18 A.a.O., 30.
19 Kritik der reinen Vernunft, a.a.O., 254.
20 Vgl. bereits Kritik der reinen Vernunft, a.a.O., 310.
21 Grundlegung zur Metaphysik der Sitten, Akad.-Ausg. Bd. IV, 429.
22 H. Krings, System und Freiheit, a.a.O., 57 ff.
23 Zur Klärung dieses hier nicht näher analysierten Begriffs vgl. Lineamenti di etica, a.a.O., P. III, § 2; Norm und Werturteil. Grundprobleme der Ethik, Stuttgart 1979, 67 ff.

24 So tritt der Begriff gelegentlich in Kants ›Metaphysik der Sitten‹ (II, § 13) auf. Zur Begriffsgeschichte vgl. G. Picht: Der Begriff der Verantwortung, in: Wahrheit, Vernunft, Verantwortung, Stuttgart 1969, 318 ff.
25 Vgl. meine Studie: Imputation der Handlung und Applikation des Sittengesetzes, in: Gedenkschrift für K.-H. Ilting, Stuttgart 1988.
26 Vgl. B. F. Skinner: Beyond Freedom und Dignity, New York 1971, 4, dt. Ausgabe, 77 ff.
27 In dieser Richtung bewegt sich der Aufsatz von H. Lipps: Verantwortung, Zurechnung, Strafe, in: Archiv für Rechts- und Sozialphilosophie XXXI (1937), 171 f.
28 Vgl. H. Lipps: a.a.O., 172 sowie H. Pitcher: Hart on Action and Responsibility, in: The Philosophical Review 69 (1960), 227 f.
29 Gesammelte politische Schriften, 2. Aufl. Tübingen 1958, 540.
30 Gesammelte Aufsätze zur Wissenschaftslehre, 2. Aufl., Tübingen 1951, 491 und 500. Daß der Kantische Standpunkt sich nicht in einer Gesinnungsethik erschöpft, hebt mit Recht F. Kaulbach hervor. Vgl. Das Prinzip Handlung in der Philosophie Kants, Berlin 1978, 309.
31 Grundlinien der Philosophie des Rechts, § 118, Anm.

Heidegger und der hermeneutische Weg zur praktischen Philosophie

1 Das bemerkt F. Volpi, Heidegger e Aristotele, Padova 1984, S. 23 ff. und S. 65 ff., der die Genesis der Grundbegriffe der existenzialen Daseinsanalytik aus der praktischen Philosophie des Aristoteles nachzuweisen versucht hat. Vgl. auch O. Pöggeler, Zeit und Sein bei Heidegger, in: E. W. Orth (Hrsg.), Zeit und Zeitlichkeit bei Husserl und Heidegger, Freiburg/Br. 1983, S. 167 f.
2 Vgl. H. Kuhn, Aristoteles und die Methode der Politischen Wissenschaft, in: Zeitschrift für Politik, Jg. 17 NF (1965), S. 101-120; L. Landgrebe, Über einige Grundfragen der Philosophie der Politik, Köln/Opladen 1969 (= Arbeitsgemeinschaft für Forschung des Landes Nordrhein-Westfalen, Heft 158).
3 Der okkasionelle Dezisionismus von C. Schmitt (1935), in: Gesammelte Abhandlungen. Zur Kritik der geschichtlichen Existenz, Stuttgart 1960, S. 93 ff.
4 Politik und praktische Philosophie (1963), Stuttgart 1977², S. 33.
5 Hermeneutik und Historismus, Anhang zu: Wahrheit und Methode, Tübingen 1975⁴, S. 511.
6 Das betont jetzt zu Recht Chr. Jamme, Heideggers frühe Begründung der Hermeneutik, in: Dilthey-Jahrbuch, Bd. 4 (1986/87), S. 75.
7 Politik und praktische Philosophie, 2. Aufl. Vorwort.

8 Mit dem Werk von R. Rorty, Philosophy and the Mirror of Nature (1979), dt. Frankfurt/M. 1981.

9 Phänomenologische Interpretationen zu Aristoteles. Einführung in die phänomenologische Forschung (1921/22), hrsg. von W. Bröcker/K. Bröcker-Oltmann, Gesamtausgabe (= GAG) Bd. 61, Frankfurt/M. 1985. Vgl. K. Lehmann, Christliche Geschichtserfahrung und ontologische Frage beim jungen Heidegger, in: O. Pöggeler (Hrsg.), Heidegger, Köln/Berlin 1969, S. 140ff – L.s Verzeichnis der Vorlesungen und Übungen zu Aristoteles nach dem Freiburger Vorlesungsverzeichnis (und Familienpapieren) nennt für das WS 1921/22 den abweichenden Titel: Phänomenologische Interpretationen (Aristoteles, Physik). Der Titel ist mir unerklärlich, da von »Physik« nirgends geredet wird.

10 Manuskript-Beitrag zur (ungedruckten) Festschrift für Paul Friedländer zum 60. Geburtstag, in: H.-G. Gadamer, Gesammelte Werke, Bd. 5, Tübingen 1985, S. 230ff.

11 Vgl. den abrupten Wechsel der Stellungnahme zur »Marburger« Plato-Interpretation in der Vorlesung über ›Phänomenologie der Anschauung und des Ausdrucks‹ (1920), S. 48 ff. (nach der Untersuchung von F. Hogemann, Heideggers Konzeption der Phänomenologie in den Vorlesungen aus dem WS 1919/20 und dem SS 1920, in: Dilthey-Jahrbuch, Bd. 4 (1986/87), S. 68).

12 Vgl. dazu schon die Vorlesung über ›Grundprobleme der Phänomenologie‹ (1918/19), Bl. 50f. (nach F. Hogemann, Heideggers Konzeption der Phänomenologie, a.a.O., S. 61). Den Hintergrund des hermeneutischen Programms erhellt Th. Kisiel, Das Entstehen des Begriffsfeldes ›Faktizität‹ im Frühwerk Heideggers, in: Dilthey-Jahrbuch Bd. 4 (1986/87), S. 91 ff.

13 Versuch einer Analyse des moralischen Bewußtseins (1864), in: Gesammelte Schriften, Bd. VI, Stuttgart/Göttingen 1958[3], S. 1.

14 Vgl. zum folgenden den Vorlesungsbericht bei Chr. Jamme, Heideggers frühe Begründung der Hermeneutik, in: Dilthey-Jahrbuch Bd. 4 (1986/87), S. 81 ff.

15 Der eine Weg Martin Heideggers, Jahresgabe der Martin-Heidegger-Gesellschaft 1986, S. 13.

16 Anmerkungen zu Karl Jaspers' ›Psychologie der Weltanschauungen‹, in: Wegmarken, Frankfurt/M. 1978, S. 24 ff.

17 Vgl. dazu die näheren Ausführungen bei F. Hogemann, Heideggers Konzeption der Phänomenologie in den Vorlesungen im WS 1919/20 und im SS 1920, a.a.O., S. 63 ff.

18 Vgl. Grundprobleme der Phänomenologie (1919/20), Bl. 1, mit ›Phänomenologie der Anschauung und des Ausdrucks‹ (1920), Bl. 55 f., nach F. Hogemann, Heideggers Konzeption der Phänomenologie, a.a.O., S. 57.

19 Vgl. Anmerkungen zu Karl Jaspers' ›Psychologie der Weltanschauungen‹, a.a.O., S. 24 ff.
20 So ausdrücklich in: Prolegomena zur Geschichte des Zeitbegriffs (1925), hrsg. von P. Jaeger, GAG Bd. 20, Frankfurt/M. 1979, S. 380. Vgl. die Grundprobleme der Phänomenologie (1927), hrsg. von F.-W. von Herrmann, GAG Bd. 24, Frankfurt/M. 1975, S. 193.
21 Phänomenologische Interpretation zu Aristoteles, a.a.O., S. 49 (Übersetzung von Plato, Politeia 521c).
22 Ebd., S. 51.
23 Ebd., S. 50 (Bezug auf Plato; Phaidon 61a; Sophistes 216c).
24 Ebd., S. 50 (Bezug auf Plato; Apologie 28 e-d). – Die Genese der Sorgestruktur hat Heidegger selbst anders erinnert und auf die Auseinandersetzung mit Augustin (WS 1918/19) zurückgeführt. Vgl. Prolegomena zur Geschichte des Zeitbegriffs, a.a.O., S. 417 f., mit dem Vermerk, daß Augustin das Phänomen nicht ausdrücklich (auch nicht als Terminus!) kennt. War die Vorlage neben der Platonischen ἐπιμέλεια etwa gar die φρόνησις (worauf der Hinweis auf φροντίς, a.a.O., S. 419, deutet)?
25 Vgl. meinen Beitrag: Zwischen Plato und Aristoteles. Heideggers doppelte Exposition der Seinsfrage und der Ansatz von Gadamers hermeneutischer Gesprächsdialektik, in: Allgemeine Zeitschrift für Philosophie, Jg. 11 (1986), S. 1-28.
26 Ebd., S. 89.
27 Ebd., S. 137.
28 So der Programmtitel in den Phänomenologischen Interpretationen zu Aristoteles, a.a.O., S. 168 und 187 (»Auslegung der Faktizität«).
29 Vgl. a.a.O., S. 98 und 185.
30 Vgl. die Skizzierung der Interpretationsaufgaben im III. Teil, Kap. I (Rückblick und Vorblick), a.a.O., S. 112 und 117.
31 Ebd., S. 108, als Kennzeichnung des »Leichten« nach Eth. Nic. II 5, 1106 b 28-34.
32 Ebd., S. 103, unter Berufung auf Politikos, 248 a-c (nicht: Politeia 205 b) und Protagoras, 356 a.
33 Vgl. Eth. Nic. II 4, 1106 a 3-6.
34 Phänomenologische Interpretation zu Aristoteles, S. 109.
35 Das bestätigt die Andeutung von Th. Kisiel, Das Entstehen des Begriffsfeldes ›Faktizität‹ im Frühwerk Heideggers, a.a.O., S. 115 f.
36 Eth. Nic. II 2, 1103 b 32 und 4, 1106 a 1-4.
37 Eth. Nic. VI 5, 1140 a 24 ff.; 9, 1141 b 33 f.; Eth. Eud. VIII 1, 1246 b 36.
38 Heidegger und die Griechen (1979), in: Heideggers Wege, a.a.O., S. 118.
39 Die religiöse Dimension (1981), a.a.O., S. 144.
40 Mein Weg in die Phänomenologie, in: Zur Sache des Denkens, Tübingen 1969, S. 87.
41 Heidegger und die Griechen, a.a.O., S. 118 f.

42 Die Profilierungslinien sind gut zu erkennen in der Marburger Vorlesung: Prolegomena zur Geschichte des Zeitbegriffs (1925), a.a.O., S. 183 ff.

43 Das betont K.-H. Volkmann-Schluck, Ethos und Wissen in der Nikomachischen Ethik des Aristoteles, in: Paulus Engelhardt OP (Hrsg.), Sein und Ethos. Untersuchungen zur Grundlegung der Ethik, Mainz 1963, S. 64.

44 Praktisches Wissen, a.a.O., S. 241.

45 Heideggers Wege, a.a.O., S. 32.

46 Prolegomena zur Geschichte des Zeitbegriffs (1925), GAG Bd. 20, S. 440 f. Vgl. dagegen Sein und Zeit, §§ 60-65.

47 So zuletzt H.-G. Gadamer, Erinnerung an Heideggers Anfänge, in: Dilthey Jahrbuch Bd. 4 (1986/87), S. 23.

48 S. th. I 79, 12-130.

49 Vgl. G. Misch (Hrsg.), Vorbericht zu W. Dilthey, Gesammelte Schriften Bd. V (1923), Stuttgart/Göttingen 1964[4], p. XXVII.

50 Briefwechsel zwischen Dilthey und dem Grafen Paul Yorck von Wartenburg 1877-1897, Halle 1923, S. 249. Vgl. Sein und Zeit, a.a.O., S. 403. Es verdient hervorgehoben zu werden, daß Heideggers Lektüre des Briefwechsels mit der Interpretation der *Phronesis*-Analyse des VI. Buchs der ›Nikomachischen Ethik‹ zusammenfällt.

51 Vgl. die Vorlesung: Grundbegriffe der antiken Philosophie (1926), nach dem Bericht von F. Volpi, Heidegger e la storia del pensiero greco, in: Itinerari n. 1-2 (1986), S. 246 f.

52 Grundbegriffe der antiken Philosophie, a.a.O., S. 267.

53 Sein und Zeit, § 6, S. 25.

54 Das ist schon das Thema der Studie: Der aristotelische Protreptikos und die Entwicklungsgeschichte der aristotelischen Ethik (1927), in: Gesammelte Werke Bd. 5, a.a.O., S. 171 ff. Vgl. auch die *Logos*-Rezension (1928) des Buches von W. Jäger, Aristoteles – Grundlegung einer Geschichte seiner Entwicklung (1923), a.a.O., S. 286 ff.

55 Vgl. Platos dialektische Ethik, Phänomenologische Interpretationen zum Philebos (1928), Leipzig 1931.

56 Pindar, Ol. 7, 45-47.

57 Politeia, VI, 509 b.

58 Praktisches Wissen, a.a.O., S. 239.

59 Ebd., S. 240.

60 Plato, Politeia X, 595 c ff.

61 Praktisches Wissen, a.a.O., S. 241 f.

62 Eth. Nic. VI 8, 1141 b 33. Vgl. Heideggers Wege, a.a.O., S. 32.

63 Praktisches Wissen, a.a.O., S. 245 ff.

64 Vgl. Eth. Nic. I 13, 1102 b 18-1103 a 7.

65 Eth. Nic. I 13, 1102 a 30. Vgl. Praktisches Wissen, a.a.O., S. 246.

66 Vgl. Eth. Nic. VI 1, 1138 b 16-24 mit 2, 1139 a 20-25; 8, 1141 b 10.

Nachweise

Philosophieren nach dem »Ende der Philosophie«
In: Neue Deutsche Hefte, Jg. 25 (1978), S. 451-470.

Die Universalität der europäischen Wissenschaft als begriffs- und wissenschaftsgeschichtliches Problem
Eröffnungsvortrag zum 32. Deutschen Historiker-Tag über: Wissenschaft als universalhistorisches Problem, Hamburg 1978. In: Zeitschrift für allgemeine Wissenschaftstheorie, Bd. x, Heft 1, 1979, S. 267-287.

Vom Seins- zum Grenzbegriff. Die Natur in der Theorie der Geisteswissenschaften
Einleitungsvortrag zum Ersten Blaubeurener Kongreß der Faber-Stiftung über »Natur in den Geisteswissenschaften«, 1987. Ungedruckt. Eine Kurzfassung erscheint in den Kongreß-Akten, hrsg. von R. Brinkmann.

Naturphilosophie und Anthropologie. Grundzüge einer Theorie des Lebendigen bei Hegel und Marx
In: Zeitschrift für Philosophische Forschung, Bd. xix (1965), S. 577-600.

Hegel, Heraklit und die moderne Physik
Eröffnungsvortrag auf dem xvii. Internationalen Hegel-Kongreß: Natur und Geist, Berlin 1988. Ungedruckt.

Zweck- und bedürfnisgebundenes Handeln. Zur Tragweite des teleologischen Begründungsansatzes in der Handlungstheorie
In: H. Poser (Hrsg.), Philosophische Probleme der Handlungstheorie, Freiburg/München 1982, S. 129-146.

Freiheit und Verantwortung. Zwei Grundbegriffe der kommunikativen Ethik
In: H.-M. Baumgartner/O. Höffe/A. Pieper (Hrsg.), Prinzip Freiheit. Festschrift für H. Krings zum 65. Geburtstag, Freiburg 1979, S. 201-228.

Heidegger und der hermeneutische Weg zur praktischen Philosophie
In: Festschrift für W. Hennis z. 65. Geburtstag, Stuttg. 1988, S. 280-302.

Zwischen Tun und Lassen. Ein Interview in ›Rinascita‹
Das Gespräch mit Luciano De Fiore (Nr. 25, Jg. 39 (1982)) bezieht sich auf mein Buch: Lineamenti di Etica Communicativa, Padua 1982. Eine deutsche Ausgabe ist in Vorbereitung.

Für eine zweite Philosophie
Erstdruck in: Nürnberger Blätter für Philosophie, Nr. 6, Jg. 3 (1987). Das mit Reinhard Knodt geführte Gespräch bezieht sich auf den Kongreß: La Filosofia della Polis, Neapel 1987. Vgl. den Bericht in *L'Espresso*. Settimanale di Politica, Cultura, Economia, Nr. 18 (1987).

suhrkamp taschenbücher wissenschaft
Philosophie

Adorno: Ästhetische Theorie. stw 2
– Drei Studien zu Hegel. stw 110
– Einleitung in die Musiksoziologie. stw 142
– Kierkegaard. stw 74
– Die musikalischen Monographien. stw 640
– Negative Dialektik. stw 113
– Noten zur Literatur. stw 355
– Philosophie der neuen Musik. stw 239
– Philosophische Terminologie. Bd. 1/2. stw 23/50
– Prismen. stw 178
– Soziologische Schriften I. stw 306
Materialien zur ästhetischen Theorie Th. W. Adornos. Hg. von Lindner/Lüdke. stw 122
Adorno-Konferenz 1983. Hg. von v. Friedeburg/Habermas. stw 460
Analytische Handlungstheorie, *siehe Beckermann und Meggle*
Apel: Der Denkweg des Charles S. Peirce. stw 141
– Transformation der Philosophie. Bd. 1/2. stw 164/165
Apel (Hg.): Sprachpragmatik und Philosophie. stw 375
Avineri: Hegels Theorie des modernen Staates. stw 146
Barth: Wahrheit und Ideologie. stw 68
Bateson: Geist und Natur. stw 691
– Ökologie des Geistes. stw 571
Batscha/Saage (Hg.): Friedensutopien. Kant–Fichte–Schlegel–Görres. stw 267
Beckermann (Hg.): Analytische Handlungstheorie. Bd. 2. stw 489
– *siehe auch Meggle*
Benjamin: Der Begriff der Kunstkritik. stw 4
– Charles Baudelaire. stw 47
– Ursprung des deutschen Trauerspiels. stw 225
Materialien zu Benjamins Thesen ›Über den Begriff der Geschichte‹. Hg. v. Bulthaup. stw 121
– *siehe auch Schweppenhäuser*
– *siehe auch Tiedemann*
Berkeley: Schriften über die Grundlagen der Mathematik. stw 496
Bloch: Werkausgabe in 17 Bdn. stw 550-566
– Bd. 1 Spuren. stw 550
– Bd. 2 Thomas Münzer. stw 551
– Bd. 3 Geist der Utopie. Zweite Fassung. stw 552
– Bd. 4 Erbschaft dieser Zeit. stw 553
– Bd. 5 Das Prinzip Hoffnung. 3 Bde. stw 554
– Bd. 6 Naturrecht und menschliche Würde. stw 555
– Bd. 7 Das Materialismusproblem. stw 556
– Bd. 8 Subjekt–Objekt. stw 557
– Bd. 9 Literarische Aufsätze. stw 558
– Bd. 10 Philosophische Aufsätze. stw 559
– Bd. 11 Politische Messungen. stw 560
– Bd. 12 Zwischenwelten in der Philosophiegeschichte. stw 561

201/1/8.87

201/2/8.87

201/3/8.87

201/4/8.87

201/5/8.87

Schelling: Ausgewählte Schriften. stw 521-526
– Bd. 1 Schriften 1794-1800. stw 521
– Bd. 2 Schriften 1801-1803. stw 522
– Bd. 3 Schriften 1804-1806. stw 523
– Bd. 4 Schriften 1807-1834. stw 524
– Bd. 5 Schriften 1842-1852. Erster Teilband. stw 525
– Bd. 6 Schriften 1842-1852. Zweiter Teilband. stw 526
– Über das Wesen der menschlichen Freiheit. stw 138
– *siehe auch Frank*
– *siehe auch Frank/Kurz*
– *siehe auch Sandkühler*

Schleiermacher: Hermeneutik und Kritik. stw 211

Schlick: Allgemeine Erkenntnislehre. stw 269
– Fragen der Ethik. stw 477
– Philosophische Logik. stw 598
– Die Probleme der Philosophie in ihrem Zusammenhang. stw 580

Schmidt, S. J. (Hg.): Wissen ohne Erkenntnis. stw 636

Schnädelbach: Philosophie in Deutschland 1831-1933. stw 401
– Vernunft und Geschichte. stw 683

Schnädelbach (Hg.): Rationalität. stw 449

Scholem: Die jüdische Mystik. stw 330
– Von der mystischen Gestalt der Gottheit. stw 209
– Zur Kabbala und ihrer Symbolik. stw 13

Schopenhauer: Sämtliche Werke. stw 661-665
– Bd. 1 Die Welt als Wille und Vorstellung 1. stw 661
– Bd. 2 Die Welt als Wille und Vorstellung 2. stw 662
– Bd. 3 Kleinere Schriften. stw 663
– Bd. 4 Parerga und Paralipomena 1. stw 664
– Bd. 5 Parerga und Paralipomena 2. stw 665

Materialien zu Schopenhauers ›Die Welt als Wille und Vorstellung‹. Hg. von Spierling. stw 444

Schwemmer: Ethische Untersuchungen. stw 599
– Handlung und Struktur. stw 669
– Philosophie der Praxis. stw 331

Schweppenhäuser (Hg.): Benjamin über Kafka. stw 341

Serres: Der Parasit. stw 677

Sextus Empiricus: Grundriß der pyrrhonischen Skepsis. stw 499

Simmel: Das individuelle Gesetz. stw 660

Singer: Verallgemeinerung in der Ethik. stw 647

Skirbekk (Hg.): Wahrheitstheorien. stw 210

Sorel: Über die Gewalt. stw 360

Strauss, L.: Naturrecht und Geschichte. stw 216

Taylor: Hegel. stw 416

Theunissen: Sein und Schein. stw 314

Theunissen (Hg.): Materialien zur Philosophie Kierkegaards. stw 241

Tiedemann: Dialektik im Stillstand. stw 445

201/6/8.87

Toulmin: Kritik der kollektiven Vernunft. stw 437
– Voraussicht und Verstehen. stw 358
Tugendhat: Selbstbewußtsein und Selbstbestimmung. stw 221
– Vorlesungen zur Einführung in die sprachanalytische Philosophie. stw 45
Turgot: Über die Fortschritte des menschlichen Geistes. stw 657
Wahl (Hg.): Einführung in den Strukturalismus. stw 10
Waldenfels: In den Netzen der Lebenswelt. stw 545
– Phänomenologie in Frankreich. stw 644
– Der Spielraum des Verhaltens. stw 311
Waldenfels/Brockman/Pazanin (Hg.): Phänomenologie und Marxismus 1-4. stw 195/196/232/273
Wellmer: Ethik und Dialog. stw 578
– Zur Dialektik von Moderne und Postmoderne. stw 532
Whitehead: Prozeß und Realität. stw 690
Whitehead/Russell: Principia Mathematica. stw 593
Winch: Die Idee der Sozialwissenschaft und ihr Verhältnis zur Phil. stw 95
Wittgenstein: Werkausgabe. stw 501-508
– Bd. 1 Tractatus/Tagebücher/Philosophische Untersuchungen. stw 501
– Bd. 2 Philosophische Bemerkungen. stw 502
– Bd. 3 Wittgenstein und der Wiener Kreis. stw 503
– Bd. 4 Philosophische Grammatik. stw 504
– Bd. 5 Das Blaue Buch/Das Braune Buch. stw 505
– Bd. 6 Bemerkungen über die Grundlagen der Mathematik. stw 506
– Bd. 7 Bemerkungen über die Philosophie der Psychologie. stw 507
– Bd. 8 Über Gewißheit. stw 508
– *siehe auch Kenny*
Zimmer: Philosophie und Religion Indiens. stw 26

201/7/8.87